Gakken

きめる！ KIMERU SERIES JH

［きめる！共通テスト］

日本史
Japanese History

著＝石黒拡親（河合塾）

introduction

はじめに

　みなさんの中には、「日本史って暗記がタイヘン」と思っている人が多いでしょう。でも共通テストの日本史では、細かい人名をあえて避け、「なかみ」の理解度をはかる問題が多く問われます。難しいことばよりも、歴史の本質をとらえているかが問われるのです。また、さまざまな表やグラフ、図版などの資料を読み取ることも求められます。そこから得られた情報と自分が学んだ知識を照らし合わせて解く問題が多いのです。この「資料読み解きタイプ」の問題は、共通テストの前身であるセンター試験でも出てはいましたが、より存在感が増しています。

　となれば、大事なのは細かい用語を追いかけることではありません。それぞれのできごとが後にあたえた影響や、前後の時代と比較してどういう状態にあったか、という点に目を向けるべきなのです。これは「日本史は暗記地獄だ」とうなだれていた人にとってはちょっとうれしく思えることではありませんか？

　いっぽうこうした共通テストの特徴を、逆に難しく感じる人たちもいるようです。細かいことにこだわりすぎて、正誤問題を間違えてしまう人たちです。自分の知識とわずかに違っている点があると、そこにばかり目がいって、本質的な大きな誤りを見落としてしまうのです。センター試験が行われていた頃、私立最難関の早稲田大学なら８割５分の高得点が取れるのにセンター試験では69点だった人がいました。早稲田に受かったから良かったものの、冷や汗モノです。

　また、歴史という科目の性質上、英単語などとはちがい、用語の時期（いつのできごとか）をつかんでいることが欠かせません。時期の誤りを見つけさせる正誤問題は、受験生が思うよりずっと多く出題されています。というわけで、共通テスト対策で重要なことは、次の３つです。

1 用語暗記に走りすぎない。
2 細かいことにこだわらず、できごとの本質をつかむ。
3 時期を意識しながら用語を覚える。

　そして、覚えるか捨てるかの線引きは、過去問（共通テストの前身であるセンター試験の過去問を含む）を基準にするのがベターでしょう。大ざっぱだと思う人もいるかもしれませんが、この内容で少ないなんてことはありません。私立大学で日本史を受験する人でも、この本を土台に学習してから、次に細かい知識を積み上げていくと良いでしょう。

河合塾　石黒 拡親

how to use this book
本書の特長と使い方

1 共通テストの傾向と対策をしっかり理解し、
試験本番にむけて効率的に学習ができる

本書の冒頭には、「共通テスト　特徴と対策はこれだ！」というページを
収録してあります。学習のはじめに読むことで、共通テストの出題形式
やどういった点に注意して勉強すべきかをあらかじめおさえ、効率良く
対策をすることができます。

2 日本史の流れをポイントをおさえて理解できる

本書は、日本史をはじめて学ぶ人でもつまずくことなく学習ができるよう、
「面白く、読みやすく、わかりやすい」をコンセプトに制作されました。
本文は話し言葉で書かれているので、スピーディーに読み進めていくこ
とができます。

3 オールカラーの図解やイラストが満載

本書は、オールカラーの図解やイラストが満載で、わかりやすく記憶に
残る工夫が随所に盛り込まれています。また、位置関係など地理的な理
解が求められる箇所には地図を極力掲載するよう努めました。

4 覚えるべき事項がわかりやすい

本書は、覚える事項がわかりやすくなっています。本文の「ここできめ
る！」のコーナーでは、学習の要点を整理してまとめています。また、「ゴ
ロで覚える！」のコーナーでは、短く印象的なゴロで、まとめて一気に
暗記事項をマスターできます。

5 取りはずし可能な別冊「文化史編」で、
共通テスト頻出の文化史もばっちり対策できる

本書の巻末には、取りはずし可能な別冊「文化史編」がついています。
本文同様、徹底した過去問分析にもとづいて、共通テストでの出題が予
想される項目を厳選しているので、効率の良い文化史対策をすることが
できます。

contents

もくじ

はじめに …………………………………………………	2
本書の特長と使い方 ………………………………	3
共通テスト　特徴と対策はこれだ！ ……………	8

1 章　原始・古代

第 1 講	旧石器・縄文時代 …………………………………	18
第 2 講	弥生時代 ………………………………………………	23
第 3 講	ヤマト政権 ……………………………………………	30
第 4 講	律令国家の形成 ……………………………………	43
第 5 講	律令制度 ………………………………………………	50
第 6 講	奈良時代 ………………………………………………	59
第 7 講	平安時代前期の政治 ……………………………	68
第 8 講	摂関政治 ………………………………………………	73
第 9 講	土地政策の転換と寄進地系荘園 ……………	79
第 10 講	武士の台頭 …………………………………………	85

2 章　中世

第 1 講	院政 ……………………………………………………………	90
第 2 講	平氏政権 ………………………………………………………	94
第 3 講	鎌倉幕府の成立 …………………………………………	96

第 4 講	執権政治	100
第 5 講	建武の新政と南北朝時代	108
第 6 講	室町時代の守護大名	112
第 7 講	室町時代の貿易	117
第 8 講	惣村と一揆	122
第 9 講	中世の産業	126
第 10 講	戦国大名	130

3 章 近世

第 1 講	ヨーロッパ人の来航	138
第 2 講	織豊政権	142
第 3 講	幕藩体制	150
第 4 講	江戸時代の農民と武士と町人	159
第 5 講	江戸初期の外交	165
第 6 講	文治政治	173
第 7 講	江戸時代の産業	179
第 8 講	江戸時代の経済	186
第 9 講	三大改革	194
第 10 講	諸藩の改革	214

4 章 近代

| 第 1 講 | 開国 | 218 |
| 第 2 講 | 江戸幕府の滅亡 | 225 |

第 3 講	明治維新	232
第 4 講	明治初期の外交	241
第 5 講	自由民権運動	245
第 6 講	立憲国家の成立	252
第 7 講	条約改正と日清戦争	260
第 8 講	日露戦争と韓国併合	268
第 9 講	明治時代の経済と社会運動	274
第 10 講	護憲運動と第一次世界大戦	284
第 11 講	ワシントン体制と政党内閣	292
第 12 講	政党政治と恐慌	298
第 13 講	満州事変と軍部の台頭	304
第 14 講	日中戦争	312
第 15 講	太平洋戦争	318

5 章 現代

第 1 講	占領と戦後改革	328
第 2 講	日本の復興と高度成長	338
第 3 講	現代の日本	352

さくいん	356

別冊	文化史編

文化史は別冊
で対策！

第 1 講	飛鳥文化 ……………………………………………………	1
第 2 講	白鳳文化 ……………………………………………………	3
第 3 講	天平文化 ……………………………………………………	5
第 4 講	弘仁・貞観文化 …………………………………………	8
第 5 講	国風文化 ……………………………………………………	11
第 6 講	院政期の文化 ……………………………………………	14
第 7 講	鎌倉文化 ……………………………………………………	17
第 8 講	室町文化 ……………………………………………………	21
第 9 講	桃山文化 ……………………………………………………	25
第 10 講	寛永期の文化 ……………………………………………	27
第 11 講	元禄文化 ……………………………………………………	29
第 12 講	化政文化 ……………………………………………………	34
第 13 講	明治の文化 ………………………………………………	40
第 14 講	大正・昭和初期の文化 ………………………………	47
第 15 講	戦後の文化 ………………………………………………	52

共通テスト
特徴と対策はこれだ！

巻頭特集

先生、共通テストの日本史って、私立大学の問題より難しいんですか？

問われる用語だけなら、明治・青山学院・立教・中央・法政大あたりより簡単だよ。でも、出される問題の性質はかなり違うから、難しく感じる人もけっこういるはず。

どういうことですか？？

共通テストでは、こんな文が**正しいかどうかを判別**させる**正誤問題**が出されがちなんだよ。

> 「縄文時代は、狩猟採集の生活を送り、獲物を追って移動していたため、集落を形成することはなかった。」

これ、正しいか誤りか、どっちだと思う？

うーん？　ぜんぜんわからない……。

そりゃそうだ。これから日本史を勉強するところだからね。ごめんごめん。本格的に農業をやるのは、縄文時代の次の弥生時代からなんだ。

そっか。じゃあ「狩猟採集の生活」ってのは正しいのかな。そうすると「獲物を追って移動していた」のも正しいのか！

そうやって推測することは大事なことなんだ！

それなら「集落」なんてつくらないかも！　じゃあ、正しい。

でもこれは誤り。集落はつくってたんだ。「獲物を追って移動していた」のは縄文時代の前の旧石器時代のことで、縄文時代は定住するようになったんだ。定住しながら、狩猟採集の生活をしていたってことなんだよ。

なるほど。

🧑‍🏫 この問題を考えてもらったのには、実は理由があるんだ。これって**歴史用語を問う問題じゃない**よね？

🧑 たしかに……。

🧑‍🏫 日本史っていうと、歴史用語をたくさん暗記しなきゃいけないってイメージが強いと思うけど、共通テストの場合、**ただ単に歴史用語を覚えてるだけじゃ解けない問題の割合が大きい**んだ。中身がわかってるかどうかが勝負ともいえるね。

🧑 えっ、じゃあどうすればいいんですか？

🧑‍🏫 ちゃんと、何が、どういう理由で、どうなったのか、という流れを理解することが大切だね。

🧑 そういえば学校で「教科書を読みこみなさい」っていわれました。

🧑‍🏫 それは定番のアドバイスだね。でも、どこまで詳しく読みこまなきゃいけないか、わかる？

🧑 それはわかりません。

🧑‍🏫 だよねえ。教科書ってすみっこには、恐ろしいほど細かいことが書いてあるしね。いや、本文だって、すんなり理解できないこともよくあるよね。そのうえ共通テストはもちろん、私立の難関大でも問われないような用語が、なぜか太字になってたりもするし。

🧑 エェ？　出ないのに太字なんですか？

🧑‍🏫 うん。たとえば、ある教科書には、「流通」って用語が太字になってるんだ。でもそれ、入試でめったに問われないんだよ。

🧑 重要語句だから太字になってるんじゃないんですか！？

🧑‍🏫 いやあ、**教科書の太字は入試の出題率を調べて設定してるわけじゃない**からねえ。あくまでも教科書の執筆者が、歴史的に重要だと考えている

ものを太字にしてるんだ。

私にとっては、入試で点を取ることが大切なんだけど。

そりゃそうだ（笑）この本は入試の出題率にあわせて太字を設定してるよ。共通テストの前身であるセンター試験15年分の出題データを見ながら、必要なことだけを書いてあるんだ。

でも……共通テストってセンター試験と違うんですよね？

そうだよ。でも作問者が日本史専門の大学教授であることは変わらないから、思考回路は似てるはず。そして問題を作る際には教科書も見るだろうけど、過去のセンター試験の問題を参考にすることは間違いない。

そんなこと言い切れるんですか？

難しく作りすぎて平均点が低くなっちゃったらまずいからね。共通テストは受験者がもっとも多い試験だから、その正解率に高校生の習熟度が如実にあらわれてるんだよ。

なるほど。

だから過去15年分のセンター試験の問題をデータ分析し、その結果をもとにこの本を書きました。

POINT
1. 共通テストでは、歴史用語よりも、歴史の中身を理解しているかが問われやすい。
2. 何が、どういう理由で、どうなったのかをつかむことが大切。
3. 教科書の太字＝入試でよく出る用語とは限らない。

実はさっきの問題には、共通テストらしい特徴が２つもあらわれてるんだ。

そうなんですか？

共通テストの正誤問題って時期をひっかけてくることが多いんだよ。さっきのは旧石器時代の話だったわけでしょ？

はい。

私立大学の正誤問題だと、語句を入れ替えた誤りであることが多いんだ。

語句?

たとえば「織田信長は、1582年の本能寺の変で、豊臣秀吉に殺された。」みたいな。

そっか! 豊臣秀吉じゃなくて明智光秀だ!

そうそう。ま、これほどカンタンな問題は出ないけどね。でも、語句を入れ替えただけっていうのはわかったでしょ?

はい!

これに対して共通テストでは、**歴史の時期を問う問題**が多いんだよ。「歴史」って科目なんだから、「いつ」を大切にするのはあたりまえとも言えるね。

それはそうですね……。

何世紀のことなのか、ときの政権を担っていた人は誰なのかを意識しながら、ストーリーをたどることが肝心だね。この本では、それがよくわかるように、ところどころにまとめをはさんでるから、それを使って頭に残していくといいよ。

それは便利ですね!

そして、さっきの問題にあらわれているもう1つの特徴は、**人々の暮らしにフォーカスした問題が意外と出る**ってことなんだ。

暮らし……ですか。

でもよく考えると派手な事件や戦いより、**各時代の人々の暮らしぶり**って実は重要だと思わない?

あ、さっきの問題の「集落」をつくってたかどうか、か……。

そういうこと。

POINT

❶ 共通テストの正誤問題では、時期のひっかけ問題が多い。

❷「いつのことか」を意識しながらストーリーをたどることが大切。
❸ 共通テストでは、私立大学よりも生活分野の問題が目立つ。

そういえば、共通テストの日本史ってAとBがあるって聞いたんですが、何が違うんですか？

全時代からまんべんなく出題されるのが日本史Bで、近現代が詳しくて、それ以前の時代は易しめな問題が出るのが日本史A。センター試験では、日本史受験者の98％がBを受けてたよ。この本は、どちらの問題にも対応できるよう書いてあるけど、赤字・太字はBにあわせて設定してあるよ。

なんか、いたれりつくせりですね！

すごく丁寧につくった本なんだ。
ここでどんな問題が出るか紹介するよ。解き方も見せるからね。まずはシンプルな**正誤問題**からね。正しい文や誤った文を選ばせる問題なんだけど、正しいものの組み合わせを選ばせるタイプもあるんだ。

2014年センター試験本試験B　第1問　問1

奈良時代の行政に関して述べた次の文a〜dについて、正しいものの組合せを、下の①〜④のうちから一つ選べ。

a　中央に大学、地方に国学が、官人の養成機関としてそれぞれ置かれた。
b　太政官のもとに内務省などの八省が置かれて、政務を分担した。
c　中央政府の支配は、現在の青森県や沖縄県まで広がった。
d　地方からは、戸籍や計会帳などの公文書が中央政府に提出された。

① a・c　② a・d　③ b・c　④ b・d

解くときには、こんなふうに、正しい（○）・誤り（／）・わからない（？）、といった印をつけるといいね。できれば、どう誤っているかも余白に書いちゃおう。答え合わせのときにわかりやすいから。また選択肢dのように、正誤判別がつかなくても正解を絞りこむことを、受験業界では「**消去法で解く**」っていってるよ。

へーえ。逆に、誤ってるところが見つからないことって、あるんですか？

あるよ。受験生のお悩み相談で、「正解だと思う誤文を２つにまでは絞りこめるんですが、いつもハズしてしまいます」っていうのは定番だね。

じゃあどうすればいいんですか？

「ていねいな勉強→問題を解く」をくり返して、自分を鍛えていくこと。そうしたら今度は、解くのに手間のかかる問題ね。この問題にも共通テストの特徴があらわれてるよ。

2018年共通テスト試行調査問題　日本史Ｂ　第2問　問2

問2　播磨国の小犬丸遺跡は，古代の官道跡が見つかるとともに，初めて駅家の構造が発掘調査で分かった遺跡である。次の**表**と**資料**を参考に下の問い(1)・(2)に答えよ。

表　小犬丸遺跡の変遷

7世紀以前	湧水地点があり，谷間の一部で水田耕作が行われていた。
8世紀前半	山のふもとに7ｍ幅の道路が存在する。(7ｍは発見できた道幅)
8世紀後半～10世紀頃	道路は幅を維持したまま使用されている。
11～12世紀	道路部は埋まり，新たに掘立柱建物が建てられる。
13世紀～	掘立柱建物が姿を消し，水田となる。

(『小犬丸遺跡Ⅱ』により作成)

資料　806年に出された勅

勅すらく，「備後・安芸・周防・長門等の国の駅館は，もと蕃客^(注1)に備えて，瓦葺粉壁^(注2)とす。頃年，百姓疲弊し，修造すること堪え難し。あるいは蕃客入朝するに，便りに海路に従う。その破損は，農閑に修理せよ。……」。

(『日本後紀』)

(注1)　蕃客:外国使節

(注2)　瓦葺粉壁:瓦葺ふき屋根で白壁であること。瓦を葺かない掘立柱の平屋建物や竪穴住居が一般的な中で，周囲から目立つ存在であった。

(1)　表と資料が表している官道の名称を，次の①～④のうちから一つ選べ。　**8**

① 山陽道　　**②** 山陰道　　**③** 東海道　　**④** 中山道

(2)　表と資料から古代の官道制度が衰退した背景として考えられる次の文**X**・**Y**について，その正誤の組合せとして最も適当なものを，下の①～④のうちから一つ選べ。　**9**　…**答はどれでしょう？**

　　X　官道制度の衰退の背景には，百姓を雑徭などの労役に動員する律令制の変化がある。
　　Y　官道制度の衰退の背景には，外国使節の交通路の転換がある。

①　X　正　　Y　正　　　　　　**②**　X　正　　Y　誤
③　X　誤　　Y　正　　　　　　**④**　X　誤　　Y　誤

👓　まず(1)は単純なんだ。資料にある「備後・安芸・周防・長門」ってのが瀬戸内海に面する国々の名前で，そこから山陽道ってわかる。広島県から山口県あたりね。難しいのは(2)だよ。ふつうに受験勉強していても「官道制度が衰退した」ことなんて気にもかけないから，表と資料をたよりに推測して解くしかない。

🧑　うーん？　「背景として考えられるか」なんて聞かれても，あいまいすぎてワカリマセン！

👓　いじわるだよねえ（笑）。国語みたいな感じもするね。

🧑　どこにヒントがあるんですか？

👓　まず，表から「官道制度が衰退した」のがいつなのかを読み取ろう。10世紀頃までは「道路は幅を維持したまま使用されている」のに，11世紀以降は道路がなくなっちゃったみたいだね。歴史上このタイミングで何がおきたかを考えるんだ。まだ知らないと思うけど，10世紀には古代の律令制が崩れたんだよ。農民に口分田をあたえて税を取るやり方ができなくなってしまった。これは大学入試ではすごくよく出る話で，この本のP.79に書いてある。

🧑　じゃあその知識を生かして，Xは正しいって判断するんですか？

👓　そうなんだ。そしてYの「外国使節」は資料の注1にも書いてあるでしょ。ということは「蕃客入朝」，つまり，外国使節が来日する際，「海路に従

う」ように変わったと読み取れるんだ。資料をよく読むと「駅館」という施設が、「百姓疲弊」のせいで修理するのが難しくなったってこともわかるね。外国使節はもともと陸路を使っていたことが推測できる。

こんな問題だったら解くのにすごく時間がかかりそうですね。

だろうねえ。こんな感じで**共通テストは表や資料が多い**から、私立大の問題よりページ数も多いんだ。

そういえば、**文化史**って出るんですか？

出るよ。年によって出される問題数にバラツキはあるけどね。この本では**別冊に文化史の整理と説明が入ってる**よ。さすがに文化史は暗記部分が多いから大変だね。だから**試験直前にもこれだけ取り外してチェック**してほしいんだ。

うわー、詰め込み勉強が待ってるんですね。ほかに、共通テストのための勉強って、どんなことに注意したらいいですか？

写真や図版を使った問題も多いんだよ。そこから情報を読み取らせるわけだけど、なかには大学入試で定番の写真や図版も出るんだ。この本には定番の図版を厳選して入れてあるよ。

へーえ、そうなんですか。

絵画や仏像などの美術作品の写真も見ておいたほうがいいよ。

教科書に載ってますね。

そうそう、それ。あとは**史料**（昔の文献）を使った問題で、定番史料が出ることがある。でも私立大を受験しない人は、センターだけのために史料対策をするのは時間的にもったいないね。よーく読解して、考えて解くのがいいよ。

私立大を受ける人は、対策しなきゃいけないってことですか？

出題しない大学もあるけど、私立文系をいくつも受験するなら、史料問題は避けて通れないからね。対策は欠かせないよ。

　さあ、それでは本編の学習に入る前に、次のページでここまででてきたことをまとめておこうか！　準備はいいね？

共通テスト 特徴と対策 5ヵ条
これさえおさえておけばこわくない！

1 歴史の中身を理解しているかが問われやすい
↓
用語の暗記のみでなく**歴史の流れ**に注目しよう！

人々の暮らしは気候の変化や土器の発明から定住生活になった

獲物を追って移動

流れ　旧石器時代　縄文時代

2 正誤問題では、時期のひっかけ問題が多い
↓
できごとの**時期**（いつ起こったか）と**因果関係**（なぜ起こったか）をおさえよう！

正か誤か？
平安時代に東大寺に大仏が造立された

東大寺の大仏ができたのは奈良時代だから誤りだ！

3 生活分野の問題が目立つ

各時代の人々の**暮らしぶり**に目を向けよう！

4 文化史も出題される

↓
文化史は別冊「**文化史編**」を活用しよう！

取り外して持ち運べる！

5 写真や図版を使った問題も多い

↓
教科書・資料等の**写真や図版**をチェックする習慣をつけよう！

Check!

1章 原始・古代

この章でまなぶこと

1. 旧石器・縄文時代 …………………… 18
2. 弥生時代 …………………………… 23
3. ヤマト政権 ………………………… 30
4. 律令国家の形成 …………………… 43
5. 律令制度 …………………………… 50
6. 奈良時代 …………………………… 59
7. 平安時代前期の政治 ……………… 68
8. 摂関政治 …………………………… 73
9. 土地政策の転換と寄進地系荘園 … 79
10. 武士の台頭 ………………………… 85

第❶講
旧石器・縄文時代

> 😀 **この講のポイント**
>
> 今の日本列島に人びとがくらすようになったのは旧石器時代です。その後の縄文時代、弥生時代とあわせた3つの時代は、気候の変化と人びとの生活の変化に注目しましょう。定番問題は、各時代の違いを突いた問題です。住まいや婚姻形態などの「生活」分野はとかく盲点となりがちです。のちのちの時代まで注意すべきテーマです。

≫ むかし日本は島国じゃなかった

　日本列島に人びとが渡ってきた時代は、地質学でいうところの**更新世**です。この時代は気温が低く、氷河がたくさんありました。それが、今から約1万年ほど前を境に変わったのです。**完新世**に入ると、地球が温暖化し、氷河が溶け出して海の水が増えました。このため海水面が高くなり、それまで大陸と陸続きだった**日本列島は、海で切り離された**のです。

≫ 使っていた石器は旧タイプ

　更新世のころの人びとは、狩猟・採集のくらしをしていました。大陸から移ってきたマンモスやナウマン象をとらえたり、木の実を採っ

　＊**更新世**…更新世は日本列島が大陸と陸つづきになるほど、海水面が低かった。このため、人びとは大陸から大型動物を追いかけて日本列島にやってきたのかもしれない。

たりするくらしです。そのときに使う道具は、石を打ちかいてつくっただけの**打製石器**でした。これは、のちにあらわれる磨製石器とくらべると、旧タイプの石器といえますね。だから考古学では、この時代を旧石器時代とよぶのです。

🔸打製石器

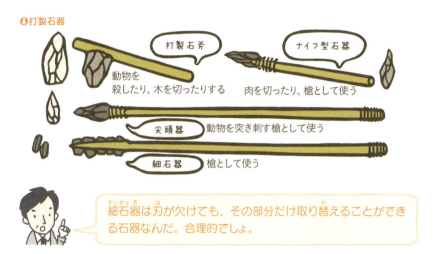

細石器は刃が欠けても、その部分だけ取り替えることができる石器なんだ。合理的でしょ。

≫ 旧石器時代の遺跡

　この時代の日本列島に人びとが住んでいたことがわかったのは、わりと最近で、1946年のことでした。群馬県岩宿遺跡で、更新世の地層から打製石器が発見されたのです。沖縄県の港川では、新人段階の化石人骨も見つかっています。

≫ 土器をつくりはじめた縄文時代

　1万年ちょっと前から、人びとは**土器をつくるようになりました**。縄目模様が特徴の縄文土器です。これは画期的な発明でした。なにしろ

＊旧石器時代の住居…獲物や植物を求めて移動をくり返していたため、簡単なテント式の小屋や洞穴を住まいとしていた。

食べ物を、煮炊きできるようになったのですから。石器は打製石器だけでなく、磨いてつくった**磨製石器**も使うようになりました。考古学的には新石器時代に入ったといいます。しかし、狩猟・採集のくらしは変わりません。動物の骨でつくった釣針や銛を使って、魚をとったりもしました。

❶縄文時代に使われはじめた道具

>> 動物をしとめる最新兵器は弓矢

縄文時代から使われるようになった石器のうち、もっとも重要なものは**石鏃**です。これは弓矢の先につける矢じりですが、なぜ重要なのでしょうか。そこには海水面の上昇が深く関係しています。縄文時代には、日本列島が海で切り離されましたね？　そうすると、大型動

＊**縄文時代**…縄文時代はおよそ１万年間あり、土器の形の変化によって、草創期・早期・前期・中期・後期・晩期の６期に区分される。

物はもう大陸から渡ってこられません。そこで人びとは、イノシシやシカといったすばしっこい動物をとらえる必要にせまられたのです。それには石槍(いしやり)よりも弓矢のほうが有効です。**縄文時代は、弓矢と土器を使うようになった**ことが、道具における大変化なのです。

🔸3つの時代の推移

	旧石器時代	縄文時代	弥生時代
地質学	更新世(こうしんせい)	完新世(かんしんせい)	
考古学	旧石器時代	新石器時代	鉄器時代

考古学というのは遺跡や遺物から歴史を研究する学問だよ。

≫ 貝塚と土偶は縄文人のおみやげ

縄文時代はまだ**農業が本格的におこなわれていない、採集経済の段階**にありました。こういう時代ならではの遺跡が貝塚(かいづか)です。貝塚は食べかすの貝殻(かいがら)が大量に積み重なってできたもので、そこに一緒(いっしょ)に捨てられたものは、貝殻から出るカルシウム分のせいでなかなか分解されず、現在までのこっているのです。

この時代の人びとは、竪穴住居(たてあな)をつくって定住するようになりました。**精霊(せいれい)がいると信じるアニミズム**がさかんで、女性をかたどった**土偶(どぐう)**を用いて祭りをおこなったり、霊を恐(おそ)れて死者を屈葬(くっそう)したりしました。手足を折り曲げて葬(ほうむ)ったのです。

どうして貝塚なんてつくったのかな？

ちょっと補足

＊抜歯(ばっし)…成人の健康な歯を抜く風習で、通過儀礼の一つとして成人式の際などにおこなわれたと考えられる。

つくったんじゃなくて、単にゴミ捨て場だったんだよ。植物性のゴミばかりだったら、分解されて土に還るんだけどね。

≫ 縄文人はお買い物がお好き

　石鏃などをつくる際にはよく**黒曜石**が使われました。切れ味がよく、鋭い形に加工しやすい石だからです。しかし、産出する場所はかぎられていました。もっとも有名な産地は、長野県の和田峠です。そして驚くことに和田峠産の黒曜石でつくった石鏃が、200 kmも離れた場所、たとえば東京からも出土するのです。これは交易がおこなわれていた証しです。

❶旧石器時代と縄文時代の遺跡

＊**三内丸山遺跡**…青森市にある巨大な集落跡がのこる遺跡。道路・住居・墓地などが計画的に配置されており、集合住居と考えられる大型の竪穴住居跡も発掘された。貧しく未開な社会と考えられてきたそれまでの縄文時代のイメージを一新した。

第❷講
弥生時代

> 😊 **この講のポイント**
>
> 弥生時代には水稲耕作が本格化したことで、さまざまな変化がおこりました。長期間蓄えられる米は人びとを豊かにするいっぽうで、それを奪いあう戦いも引きおこしたのです。

≫ 弥生時代のはじまり

今から2千年あまりさかのぼると西暦1年がありますが、その前の年は西暦ゼロ年とはいいません。紀元前1年です。マイナス1みたいなあらわし方ですね。そこからさらにさかのぼって紀元前100年までを、紀元前1世紀といいます。弥生時代のはじまりは、それよりもっと前の紀元前5世紀ごろです。大陸から**水稲耕作の技術と鉄や青銅といった金属器をもった人びとが日本列島に渡ってきて**、稲作文化が急速に広まりました。

≫ おコメのつくりかた

水稲耕作には木製農具が用いられました。鉄製でないのは、当時日本では鉄が産出しなかったせいです。田んぼは、水の出し入れ、つまり灌漑のしにくい湿田が多く使われ、用水路が整うと、灌漑のできる

＊**沖縄と北海道**…沖縄と北海道では弥生時代になっても水稲耕作がおこなわれず、採集経済がつづけられた。その文化をそれぞれ、貝塚文化、続縄文（ぞくじょうもん）文化という。

乾田も増えていきました。稲の刈り取りには**石包丁**が使われ、**穂先だけを刈り取る穂首刈り**がおこなわれました。

湿田じゃいけないの？

水の出し入れができないと、有害物質が溜まってしまって、生産性が低いんだ。

❶さまざまな農具

≫ 蓄えは奪いあいを引きおこした

　人びとの住まいは縄文時代と同じく竪穴住居でした。籾を保管する**高床倉庫**とともに、周りを濠や土塁で囲んだ**環濠集落**もつくられました。米は保存しやすいため多くの人を養えましたが、いっぽうで蓄積された食糧を奪いあう戦いがおこるようになったからです。戦

＊**伸展葬（しんてんそう）**…弥生時代には、縄文時代におこなわれていた屈葬はほとんどなくなり、足を伸ばして葬る伸展葬が多くなった。

いに負けた人びとは奴隷となり、勝った集団はより大きくなって、やがて小さなクニが生まれました。弥生時代には、王様から奴隷まで**身分階級ができた**のです。

❶ 3つの時代の生活の違い

	旧石器時代	縄文時代	弥生時代
食料	狩猟・採集・漁労		水稲耕作も
道具	打製石器	磨製石器	金属器（青銅・鉄）
住居	テント	竪穴住居	竪穴住居
身分差	なし	なし	あり

≫ 弥生時代のいろんなお墓

身分の差が生まれたことは死者の葬り方にもあらわれています。九州北部には甕棺墓や支石墓が、各地では方形周溝墓がつくられました。これらの墓にはエライ人が葬られ、銅鏡や銅剣などの副葬品が納められています。弥生時代の後期には大型の**墳丘墓**がつくられました。

❶ いろいろな墓

支石墓　甕棺墓　方形周溝墓　四方に溝がある

＊**支石墓**…甕棺を埋めた地上部分に大きな石を置く形の墓で、朝鮮半島にも同じような形の墓が分布している。

》金属器を使いはじめた弥生時代

　弥生文化の特徴としては、水稲耕作のほかに金属器と弥生土器を使ったことがあげられます。弥生土器は縄文土器と焼き方や形が異なっていて、高杯（坏）は足のついたお皿のようなものです。

　金属器は，青銅器と鉄器が同時に伝わったものの、その使いみちは違っていました。さびやすくてもろい**青銅器は、祭器として使われました**。銅鐸とか銅剣・銅矛です。これに対し鉄器は工具や農具に使われました。

❶縄文土器と弥生土器

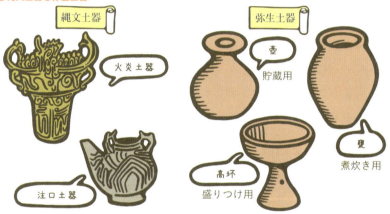

縄文晩期の青森県亀ヶ岡遺跡からは、独特の装飾美と優美さをもつ亀ヶ岡式土器が出土するんだ。注口土器もその1つだよ。

＊銅鐸…釣り鐘型をした青銅器で、近畿地方を中心に分布している。表面に、木製の臼と竪杵を用いて脱穀している様子や高床倉庫が描かれたものがあり、当時の生活がわかる。

❹ 弥生時代の遺跡

》》「倭人」とよばれた日本人

　日本には弥生時代のことを書いた史料はありませんが、中国の歴史書にはわずかに記述があります。漢の歴史書である『**漢書**』の中の「**地理志**」に、紀元前1世紀ころの日本のことが書かれているのです。それによれば、当時中国では日本のことを倭国とよんでおり、倭国は100あまりの小国に分かれていて、定期的に使者を送ってきていたとのことです。このころ朝鮮半島には、漢の武帝が設置した**楽浪郡**があり、そこに**倭人が朝貢の使者を送っていた**わけです。

朝貢って何？

貢ぎ物をエライ人にさし上げて服属することだよ。

ちょっと補足

＊**吉野ヶ里遺跡**…佐賀県にある日本最大級の環濠集落。発見された二重の環濠や望楼と推測される掘立柱の建物跡などは、『魏志』倭人伝に見える邪馬台国の姿を彷彿とさせた。豪華な副葬品をもつ甕棺が埋葬された墳丘墓も見つかっている。

>> 金のハンコをもらった奴国王

紀元1・2世紀の日本のようすは『後漢書』東夷伝に書かれています。西暦57年、九州北部にあった奴国が後漢に使者を送ったところ、「漢委奴国王」と刻まれた金印を光武帝からあた

「漢委奴国王」の金印

えられました。その50年後にも使者を送り、さらに2世紀後半には、倭国で大きな戦いがおこりました。

江戸時代に福岡県志賀島で発見された金印には、「漢委奴国王」と刻まれていて、奴国王がもらったものの可能性が高いんだよ。

>> 魏志倭人伝に見える卑弥呼

弥生時代後期の3世紀の日本については、ずいぶん詳しい史料がのこっています。『魏志』倭人伝です。ここには女王卑弥呼が治める邪馬台国のことが出てきます。邪馬台国は30ほどの小国が集まってできた連合体の中心で、狗奴国と敵対していました。卑弥呼は呪術によって人びとを統率し、239

年には中国の魏に朝貢の使者を送りました。魏の皇帝からは金印や銅鏡が贈られるとともに、「親魏倭王」に任じられました。中国皇帝から王の地位を保障されることは、戦いの時代には有利だったに違いありません。

＊一大率(いちだいそつ)…『魏志』倭人伝に見える検察官で、邪馬台国が九州北部の伊都国(いとこく)に派遣していた。伊都国は邪馬台国を中心とする小国連合の一つ。

> **まぎらわしい中国への朝貢**
> ❶奴国………楽浪郡経由で後漢に朝貢し「漢委奴国王」の金印もらう（金印は福岡県志賀島で出土）。
> ❷邪馬台国……帯方郡経由で魏に朝貢し「親魏倭王」の称号もらう（金印は出土していない）。

≫ どこにあったか邪馬台国

　邪馬台国には大人と下戸という身分がありました。大人は幹部クラスで、下戸は一般農民です。奴隷と間違えないようにしましょう。奴隷はさらにその下に位置する身分です。交易をおこなう市があり、税のしくみもありました。

　卑弥呼は独身だったので、子があとを継ぐようなことはありませんでした。没したのちには、卑弥呼の一族の女の子の壱与を王としました。『魏志』倭人伝からは、これだけいろいろなことがわかるにもかかわらず、邪馬台国の場所はナゾのままです。奈良県などの畿内にあったという説と、北九州にあったという説を中心に、現在も論争がおこなわれています。

❶邪馬台国

＊**帯方郡**…楽浪郡の南部を分割してもうけられた郡。楽浪郡の中心は現在のピョンヤンで、帯方郡の中心は現在のソウルにあたる。

第❸講
ヤマト政権

> 😊 **この講のポイント**
>
> 弥生時代の次は、7世紀までつづく古墳時代です。この時代はヤマト政権が日本を広く支配するようになりました。古墳は3つの時期に分けられるので、それを政治と結びつけてとらえましょう。大陸から伝わった文化は、何世紀にどこから伝わったかに注目してください。

≫ 大きな古墳をつくったヤマト政権

　3世紀後半になると、これまでの墳丘墓よりもさらに大きい墓である古墳がつくられるようになりました。なかでも独特なのは**前方後円墳**です。上空から見ると鍵穴状の形をしていて、ヤマトとよばれた奈良盆地を中心に各地につくられました。これは1つの政治集団が生まれたことを思わせます。のちに天皇とよばれることになる**大王**をトップとするヤマト政権が誕生したのです。

≫ 朝鮮半島に生まれた国家

　日本で統一国家ができたころ、朝鮮半島でも統一国家が生まれていました。3世紀までの朝鮮半島は、北部に**高句麗**という国家があって、その南は小国がたくさん分立している状態でした。それが4世紀

＊**古墳時代**…ヤマト政権は奈良県の飛鳥を拠点にしたため、古墳時代は大和時代とか飛鳥時代ともよばれる。

になると馬韓諸国からは百済が、辰韓諸国からは新羅がそれぞれ小国を統一しました。弁韓だけは相変わらず小国が分立したままで、加耶（加羅）とよばれるようになりました。

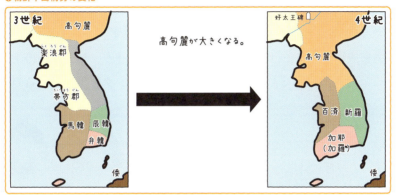

❶朝鮮半島情勢の変化

>> 百済とは仲良し、高句麗とは戦争

ヤマト政権は加耶に進出し、百済と仲良くなりました。4世紀後半には百済から刀をもらっています。現在、奈良県の石上神宮に所蔵されていることから、石上神宮七支刀とよばれている刀です。その後、391年からは朝鮮半島に出兵し、高句麗と戦いました。このことは、**高句麗好太王（広開土王）碑**に刻まれています。

なんでわざわざ朝鮮にまで出兵したの？

朝鮮の進んだ文化と鉄資源がほしかったからだよ。

次の文の正誤を判定し、正しければ正、誤りなら誤と答えなさい。
大和政権は、朝鮮半島南部の高句麗を拠点として、物資や技術の摂取につとめた。
誤　高句麗ではなく加耶（加羅）。高句麗は朝鮮半島北部の国。

氏姓制度で豪族をランクづけ

ヤマト政権は、蘇我氏や物部氏などの有力な豪族による連合国家でした。その豪族をランクづけして、ヤマト政権内での仕事を分担するしくみを氏姓制度といいます。氏姓制度の**氏**とは、血のつながった豪族のひとまとまりのことです。いっぽう**姓**（カバネ）は氏ごとにあたえられた称号で、臣、連、君などがあります。具体的にいうと、有力豪族の蘇我氏には臣、物部氏や大伴氏には連が、地方豪族の毛野氏には君があたえられました。**姓は豪族のランクを示している**のです。

姓って苗字のことじゃないの？

違うよ。氏のほうは今の意味と似てるけど、姓は「伯爵」とか「男爵」みたいな感じで、地位の高さを示すものなんだ。

私有地と私有民

大王や豪族は私有地をもつだけでなく、広く部民とよばれる私有民ももっていました。私有民というととかく奴隷と思われがちですが、その一つ上の層にあたる普通の農民のことです。つまり豪族たちは一般農民を抱えていて、さらにその下にいたのが奴隷（奴婢）なのです。大王家の私有地を**屯倉**、私有民を名代・子代といい、豪族の私有地を**田荘**、私有民を部曲といいました。

❶大王家と豪族がもつもの

	大王家	豪族
私有地	屯倉	田荘
私有民	名代・子代	部曲

＊**豪族の職務**…蘇我氏は財政、物部氏と大伴氏は軍事、中臣（なかとみ）氏は祭祀（さいし）をそれぞれになった。

＊**屯倉と田部**…ヤマト政権は各地の豪族を服属させる際に土地を差し出させ、それを直轄地の屯倉とした。屯倉を耕作する農民は田部とよばれる。

≫ ヤマト政権のエライ役職

ヤマト政権の中央には大臣と大連という役職があり、臣の姓をもつ豪族が大臣に、連の姓をもつ豪族が大連につきました。いっぽう地方豪族は、国造や県主といった役職につきました。

≫ 古墳文化は3つに分ける

古墳がつくられたのは、3世紀後半から7世紀にかけてです。この間を前期・中期・後期の3つに分けてつかみましょう。前方後円墳は前期からあらわれ、中期に最大化しました。その副葬品からは、古墳を築造した支配者たちがどのような人物だったのかがわかります。**前期古墳には鏡や玉などの呪術的な副葬品が多いので、司祭者的性格**をもつ人物です。卑弥呼が亡くなったのは3世紀半ばですから、その後もしばらくは宗教的な人物が統治していたのだとつなげましょう。

≫ 5世紀の中期古墳

5世紀の**中期古墳の副葬品は、武具・馬具など軍事的なものに変わりました**。ということは、支配者が軍事パワーで統治するように変わったというわけです。それを裏づける史料ものこされています。中国の文献の『**宋書**』**倭国伝**に、5世紀に倭の五王とよばれる大王たちが、**宋に朝貢の使者を送っていた**ことが書かれているのです。その1人倭王**武**は478年に使者を送り、自分が軍事的にすぐれていることをアピールして、朝鮮半島にも影響力をもつ安東大将軍に任じられました。武は**雄略天皇**に相当します。

次の文の正誤を判定し、正しければ㊣、誤りなら㊤と答えなさい。
古墳時代中期には、古墳に銅鏡や碧玉製腕飾りなどが副葬されていることから、首長が武人的性格をもっていたことが知られる。

㊤　銅鏡や碧玉製腕飾りは、呪術的・宗教的色彩の強い副葬品で、前期古墳に多く副葬されている。

第③講 ヤマト政権

1章

34　1章　原始・古代

そっか。お祈りするだけじゃ、結局戦争に勝てないからね。

そんなこといっても入試直前には神頼みするんだけどね(笑)。でもホントの話、呪術から軍事力への変化は大学入試でよく出題されるんだよ。

❶埴輪

円筒埴輪　形象埴輪　兵士　家　馬

古墳の表面は葺石という石でおおわれていて、埴輪を並べて飾ったんだ。土偶と間違えないようにね。

≫ ワカタケルの名がのこる2つの古墳

　中期古墳で、雄略天皇に関係の深い古墳が2つあります。熊本県の**江田船山古墳**と埼玉県の**稲荷山古墳**です。どちらの古墳からも雄略天皇を意味する「獲加多支鹵大王」と刻まれた鉄刀や鉄剣が出土しました。これは5世紀に日本で漢字が使われていたことと、

次の文の正誤を判定し、正しければ正、誤りなら誤と答えなさい。
埴輪は、雨乞いのために神社に奉納する目的で作られた。
(誤)　埴輪は神社に奉納するためではなく、古墳の墳丘に並べるためにつくられたもの。

ヤマト政権の勢力が九州から関東にまで広がっていたことの2つを示しています。

6～7世紀の後期古墳

後期古墳の時代になると、巨大な古墳は減って、小さな古墳を集中してつくった**群集墳**(ぐんしゅうふん)が目立つようになりました。これは大王や豪族(ごうぞく)の古墳ではなく**有力農民の古墳**です。農民層までが古墳をつくるようになったのです。

どうして農民が古墳をつくれるの？

有力農民の間に鉄製農具が普及(ふきゅう)して、生産力がアップしたからだよ。

これまでの古墳との違いは、棺(ひつぎ)を納めた石室にもあらわれています。これまでは、上から垂直に掘(ほ)り下げた竪穴式(たてあなしき)石室に1人だけを葬(ほうむ)っていたのが、斜面(しゃめん)に水平に穴を掘った**横穴式石室**をつくるようになったのです。これなら入り口を石でふさいでいるだけなので、その石をどければ**あとから別の人を葬ること（追葬(ついそう)）ができて合理的**です。

正誤でチェック！

次の文の正誤を判定し、正しければ㊣、誤りなら㊥と答えなさい。
弥生時代には乗馬の風習が大陸から伝わり、墓に馬具が副葬されるようになった。
誤　弥生時代ではなく古墳時代中期。馬の埴輪や副葬品の馬具とあわせて、「馬は5世紀から」とつかむ。

❹ 竪穴式石室と横穴式石室

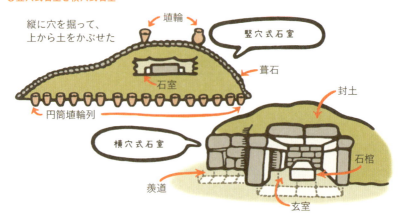

❺ 古墳文化の変遷

	前期古墳（4世紀）	中期古墳（5世紀）	後期古墳（6〜7世紀）
特徴	前方後円墳 ────────────────→		群集墳
石室	竪穴式石室 ────────────────→		横穴式石室
副葬品	鏡・玉（呪術的）→	武具・馬具（軍事的）	
被葬者	司祭者的 ──→	軍事的 ──→	有力農民
代表例	箸墓古墳（奈良県）	大仙陵古墳（伝仁徳陵） 誉田山古墳（伝応神陵）	

石室と被葬者の変化は、時期をひっかける問題がよく出るよ。

≫ 大陸から伝わった文化（5世紀）

　朝鮮半島からやってきた人たちは、進んだ技術や文化をもっていました。ヤマト政権は彼ら渡来人を技術者集団の品部に編成しました。品部には、**須恵器**という朝鮮系の土器をつくる陶作部とか、鉄製

＊5世紀の渡来人…『古事記』や『日本書紀』は5世紀の渡来人の説話を伝えている。西文氏（かわちのふみうじ）の祖とされる王仁（わに）は『論語』や『千字文（せんじもん）』を伝え、東漢氏（やまとのあやうじ）の祖とされる阿知使主（あちのおみ）は文筆にすぐれ、秦氏（はたうじ）の祖とされる弓月君（ゆづきのきみ）は機織り・養蚕の技法を伝えたという。

品をつくる韓鍛冶部、文字による記録をおこなう史部などがあります。「○○部」ってまるで部活みたいだと思いませんか。ちゃんと顧問にあたる役職もありました。伴造です。

古墳時代の２つの土器

ここできめる！

❶**須恵器**……朝鮮の技術で焼かれた、硬質で灰色の土器。
❷**土師器**……従来の弥生土器の系譜を引く土器。

>> 大陸から伝わった文化（6 ～ 7 世紀）

6世紀には、百済から五経博士が来日して**儒教が本格的に伝えられ**、さらに医学・易学・暦学の博士も来日しました。**百済**の**聖明王**からは、仏像などが欽明天皇に送られ、**仏教が公式に伝えられました**。

さらに7世紀の推古天皇の時代には、高句麗僧の**曇徴**によって紙・墨・絵の具の製法が、百済僧の**観勒**によって**暦が日本に伝えられました**。

ゴロで覚える！

推古朝の渡来僧

♪どんぐりころころ紙墨絵　　かんろく　くだらの暦法

曇徴　高句麗　紙・墨・絵の具　観勒　百済　暦法

観勒と百済は、しりとりでつなげて覚えよう。

儒教というのは政治・道徳を説いた孔子の教えだよ。それと百済からのものが多いけど、曇徴だけは高句麗からきたことに注意しよう。

正誤でチェック！

次の文の正誤を判定し、正しければ㊣、誤りなら㊔と答えなさい。
6世紀には、おもに高句麗から医学や易学の知識が伝えられた。
㊔　高句麗ではなく百済。

≫ ゴタゴタつづきの朝鮮政策

　6世紀に入るとヤマト政権は揺れ動きました。まず、外交担当の**大伴金村**が、加耶西部に百済が進出するのを許してしまい、のちにとがめられて失脚しました。つづいて527年には、**磐井の乱**がおこりました。ヤマト政権が朝鮮に出兵しようとしていたのを、筑紫国造の磐井が反乱をおこして阻んだのです。これは、磐井がウラで**新羅**と手を結んでいたからでした。

手を結んでいたってどういうこと？

新羅からワイロをもらってたんだよ。ヤマト政権よりもよいモノをくれるほうになびいたんだ。

　乱はやがて鎮圧され、磐井は福岡県の岩戸山古墳に葬られました。いっぽう加耶諸国は、562年に結局新羅によって滅ぼされました。日本は朝鮮半島における足場を失ったのです。

≫ 仏教でもめた蘇我氏と物部氏

　欽明天皇の時代に仏教が伝来すると、それを受け入れるか否かで論争がおこりました。崇仏論争です。渡来人と関係の深い蘇我氏は、外来宗教の仏教を崇拝しようと崇仏論をとなえ、反対に物部氏は古くから尊んでいる神を信仰すべきだと排仏論をとなえました。

よく、神様、仏様っていうけど同じじゃないんだね？

＊**継体（けいたい）天皇**…6世紀前半の天皇で、大伴金村が越前から迎えて即位したとされる。百済の加耶への進出や磐井の乱は、この天皇の治世のできごと。

そうだよ。神を尊ぶのは神社でやってる神道で、仏を尊ぶのはお寺でやってる仏教だから。

　最終的には587年に決着がつきました。**蘇我馬子**が**物部守屋**を戦いで滅ぼしたのです。**有力豪族の大伴氏と物部氏が没落した**ことで、蘇我氏の権力は強まりました。蘇我馬子は崇峻天皇を擁立したものの、気に入らなくなると殺したほどです。かわりに**推古天皇**を立てました。

6世紀のヤマト政権

512年　大伴金村、朝鮮外交で失敗
527年　磐井の乱
538年　仏教伝来で崇仏論争おこる
562年　新羅が加耶諸国を滅ぼす
587年　蘇我氏が物部氏を滅ぼす
592年　蘇我馬子が崇峻天皇を暗殺

≫ 推古天皇を支えた聖徳太子

　蘇我馬子に擁立された推古天皇は、史上初の女性天皇です。天皇は奈良県の飛鳥に都をおき、おいの**聖徳太子**（**厩戸王**）を摂政として、政治にかかわらせました。摂政とは天皇をたすける立場です。聖徳太子は蘇我馬子と協力して改革に取り組んでいきます。

＊仏教伝来の年代…『上宮聖徳法王帝説（じょうぐうしょうとくほうおうていせつ）』では538年としているが、『日本書紀』では552年としている。どちらであっても欽明天皇の時代にあたる。

>> 聖徳太子の改革

603年に定めた**冠位十二階の制**は、ひとりひとりの能力に応じて冠位をあたえて職務につかせる制度です。ランク分けをする点では氏姓制度の姓と似ていますが、姓は一族ごとにあたえるもので、個々の能力はおかまいなしです。これでは有能な人材が活躍できません。そこで聖徳太子は、姓のランクが低くても、その人が有能であれば高い冠位をあたえて登用することにしました。

その翌年に定めた**憲法十七条**は、官僚つまり役人の心構えを説いたものです。冒頭で「和を以て貴しとなし」としたのが有名ですが、「篤く三宝を敬え」と仏教崇拝も説いています。

>> 中国皇帝をおこらせた遣隋使

5世紀の倭の五王の遣使以来、6世紀のヤマト政権は中国に使者を送ることがありませんでした。しかし、南北朝に分かれていた中国が隋によって統一されると、聖徳太子は**遣隋使**を派遣しました。607年に「日出づる処の天子、書を日没する処の天子に致す」と記した国書を持参した遣隋使の**小野妹子**は、隋の煬帝に激怒されました。日本の天皇も中国の皇帝も同様に「天子」と記している点が皇帝のカンにさわったのです。国書をつくった聖徳太子としては、これまでの朝貢をあらためて対等外交を望むがゆえの表現でした。

「日没する」って表現に怒ったって話を聞いたことあるケド？

---

*『天皇記』『国記』…推古天皇の時代に聖徳太子と蘇我馬子が協力してつくったとされる歴史書。大化改新の際に焼失したと伝えられる。

それは古い学説だね。私立大入試でもそんな風には出ないよ（笑）。

　これに対し隋は、高句麗と交戦中だったため日本までも敵に回すわけにはいかず、やむなく日本に答礼使として裴世清を送りました。608年に裴世清が帰国する際には、ふたたび小野妹子が隋に渡りましたが、そのときには南淵請安や旻、**高向玄理**らも同行し、中国に留学しました。

聖徳太子の政策

- 603年　冠位十二階の制を定める
- 604年　憲法十七条を制定
- 607年　小野妹子を隋に派遣

≫ 古墳時代の人びとのくらし

　古墳時代の人びとの生活を見てみましょう。まず、相変わらず竪穴住居を住まいとしていましたが、一部に掘立柱の平地住居もあらわれました。かつて住居内の中心にあった炉がなくなり、**壁ぎわにカマド**をもうけるようになりました。**豪族たちは、民衆の住む集落から離れた場所に、周囲に濠をめぐらせた大きな居館**をつくりました。

＊**隋に留学した人びと**…南淵請安と旻は学問僧として、高向玄理は留学生として隋に渡り、隋から唐にかわるのを現地で目の当たりにしたうえで帰国した。

>> 古墳時代の信仰

　縄文時代ほどではないにしても、古墳時代には呪術的な風習がありました。鹿の骨を焼いて吉凶を占う**太占**とか、熱湯に手を入れさせて、手がただれるかどうかで真偽を判断する**盟神探湯**がおこなわれていたのです。

　また、農業にまつわる儀礼がおこなわれました。春に豊作を祈る**祈年祭**や、秋に収穫を感謝する**新嘗祭**です。皇祖神つまり大王の祖先神を祀る伊勢神宮（三重県）や、三輪山をご神体とする大神神社（奈良県）などもつくられました。

熱湯に手を入れたらヤケドしちゃうよ！

皮膚が弱いとウソつきよばわりされるなんて、たまったもんじゃないね（笑）。

＊**沖ノ島（おきのしま）**…福岡県の宗像（むなかた）大社は玄界灘（げんかいなだ）の沖ノ島を神として祀る神社で、島には航海の安全を祈る祭祀跡がのこっている。

第❹講
律令国家の形成

> **この講のポイント**
>
> 蘇我氏の滅亡後、日本は唐にならって律令国家をめざします。ゴールの律令制定までには、50年以上もの歳月がかかりました。この間のできごとを天皇別に整理しましょう。おもな天皇は、孝徳・斉明・天智・天武・持統・文武の6人です。

≫ 蘇我氏を滅ぼして大化の改新

　聖徳太子（厩戸王）・蘇我馬子・推古天皇の3人が亡くなると、蘇我氏一族と聖徳太子一族は対立しました。馬子の孫の蘇我入鹿は、太子の子の山背大兄王をおそって滅ぼしたほどです。しかし、こうした蘇我氏のワガママぶりも長くはつづきませんでした。**中大兄皇子**と中臣鎌足らが、**入鹿を暗殺**したからです。入鹿の父の蝦夷も自殺したため、**蘇我本宗家は滅亡**しました。645年のこの事件を乙巳の変といいます。

あれ？　大化の改新じゃないの？

＊**中臣鎌足**…中臣鎌足は669年に亡くなるが、その直前に天智天皇(中大兄皇子)から大織冠(たいしょくかん)という最高の冠位と藤原の姓をあたえられ、藤原氏の祖となった。

そういういい方もあるけど、大学受験レベルでは「大化の改新」はここから始まる改革をさすんだよ。暗殺だけで「改新」できるわけじゃないからね。

≫ 天皇と都をチェンジ

中大兄皇子たちが行動をおこした背景には、中国情勢の変化がありました。618年に隋が滅び、唐にかわったのです。唐は律令というルールで国を動かし、強大な帝国となっていきました。そのさまを現場で見てきたのが、608年に留学した高向玄理たちです。中大兄皇子たちは、帰国した彼らから話を聞いて、改革の必要性を感じたわけです。

改革では、まず天皇が皇極天皇から**孝徳天皇**にかえられ、都も大和の飛鳥から摂津の**難波宮**にうつされました。唐の律令制を取り入れるべく、旻と高向玄理は国博士に登用され、政治アドバイザーになりました。

大化の改新

❶ 天皇……皇極天皇→孝徳天皇
❷ 宮都……飛鳥→難波宮

改革ではトップと場所をかえるのが大切なんだ。

≫ 改革の方針をうたった改新の詔

孝徳天皇は、646年に改新の詔という政治方針を示しました。天

＊難波宮…難波宮は難波長柄豊碕宮（なにわながらとよさきのみや）ともいう。孝徳天皇のあとの斉明天皇の時代には、ふたたび都は飛鳥とされた。また、斉明天皇は皇極天皇と同一人物で、ふたたび即位したものだった。このように2度天皇になることを重祚（ちょうそ）という。

皇を中心とする中央集権国家をめざしたのです。ポイントは次の4つです。

❶私有地の屯倉や田荘を廃止して、**公地公民制**とする。
❷中央・地方の行政制度や交通・軍事の制度を定める。
❸戸籍・計帳をつくり、班田収授をおこなう。
❹新しい租税制度を整える。

これは方針としてかかげたもので、すぐに実施できたわけじゃないよ。

≫ 東北にも支配の手をのばした

このころ東北には、ヤマト政権に従わない「蝦夷」とよばれる人びとがいました。そこで**孝徳天皇**の時代には、現在の新潟県に蝦夷支配の拠点として、**淳足柵**と**磐舟柵**（→P.68に地図）をもうけました。その後、孝徳天皇にかわって即位した斉明天皇の時代には、阿倍比羅夫を東北に派遣しました。

柵ってどんなの？

はっきりはわかってないけど、砦というか城というか基地みたいなものだよ。

≫ 白村江の戦いで日本軍敗北！

斉明天皇の時代には朝鮮で大きな動きがありました。隋につづいて

================================

＊**高句麗滅亡**…668年、唐・新羅の連合軍は高句麗を滅ぼした。その後は唐と新羅が戦い、新羅は朝鮮半島から唐の勢力を追い出して、676年に半島統一をはたした。

唐も高句麗と敵対していたため、唐は、高句麗を間にはさんで位置する新羅と手を結んだのです。唐・新羅の連合軍は、660年にまず百済を滅ぼしました。このとき多数の百済人が日本に亡命してくるとともに、**百済復興の兵を出してくれないか**という要請もありました。これにこたえて出兵した日本軍は、663年に**唐・新羅の連合軍と戦い敗れました**。この戦いを**白村江の戦い**といいます。

❶白村江の戦い

守りを固めた中大兄皇子

白村江の戦いに敗れた日本があせったことは、いうまでもありません。唐と新羅が日本を攻めてくるかもしれないからです。中大兄皇子は九州に**防人**という兵をおき、現在の福岡県においた**大宰府**という役所を守るため、**水城**や大野城を築きました。水城は長い濠で、大野城は西日本各地につくられた**朝鮮式山城**の一つです。そして都を飛鳥から**近江大津宮**にうつしました。

琵琶湖の南端に都をおけば、西から敵が迫ってきても船で逃げやすいところがいいね。

中大兄皇子は近江大津宮で即位して**天智天皇**となり、近江令という法典の編纂にとりかかりました。670年にははじめての全国的戸籍として**庚午年籍**をつくりました。

==

＊**大宰府**…外国への窓口となるとともに国防をになう役所で、防人もここに属した。西海道(さいかいどう)（九州）諸国の統括もおこない「遠(とお)の朝廷(みかど)」とよばれた。

＊**近江大津宮**…琵琶湖の南端に遷都したのは、西から敵が迫ってきた際に船を利用して避難できると考えた可能性がある。

> **この時期のできごと**
> ❶孝徳天皇……改新の詔（646年）・渟足柵・磐舟柵
> ❷斉明天皇……阿倍比羅夫の蝦夷征討・
> 　　　　　　　百済滅亡→白村江の戦い（663年）
> ❸天智天皇……近江令制定・庚午年籍（670年）

≫ 壬申の乱に勝った天武天皇

　天智天皇が亡くなると、672年に次の天皇の座をめぐって**壬申の乱**がおこりました。天智天皇の子の**大友皇子**と、天智天皇の弟の**大海人皇子**が戦ったのです。これに勝った大海人皇子は、都を**飛鳥浄御原宮**にうつして**天武天皇**となりました。

≫ 天皇のスゴさを高める天武の政策

　壬申の乱は多くの豪族を巻きこんだ戦いでした。天武天皇に従わない豪族は、大友皇子側に味方して敗れたため、乱後は天皇の地位がかなり高まりました。天皇は飛鳥浄御原令の編纂に着手し、新しく**八色の姓**を定めました。**豪族よりも皇族を上位にして姓をあたえ直したのです。**ほかには富本銭というお金をつくりました。

飛鳥浄御原宮でつくったから飛鳥浄御原令っていうんだ！？

その通り！　近江大津宮で天智天皇がつくったのも近江令だったね。

＊帝紀・旧辞…『帝紀』は天皇家の系譜、『旧辞』は歴史的事件をそれぞれ記したもので、ともに6世紀ころにつくられた。天武天皇はこれらの再検討を命じ、やがて『古事記』『日本書紀』として実を結んだ。

≫ ダンナのあとをついだ持統天皇

天武天皇が亡くなると、皇后があとをついで**持統天皇**となりました。持統天皇は夫がつくった**飛鳥浄御原令**を施行し、690年には**庚寅年籍**という戸籍をつくりました。そして、改新の詔でめざしていた班田をついに実施したのです。詳しいことはあと（● P.54）で説明しますが、農民たちに田んぼをあたえたのです。

持統天皇は宮都のグレードもアップさせました。これまでとは違い、中国の都城にならって役人や農民が住むスペースを広く取った大きな**藤原京**をつくり、694年に遷都しました。

この時期のできごと　

❶ **天武天皇**……飛鳥浄御原令編纂・八色の姓・富本銭
❷ **持統天皇**……飛鳥浄御原令施行・庚寅年籍（690年）・藤原京遷都（694年）
❸ **文武天皇**……大宝律令制定（701年）

年代が書いてないものは天皇さえ覚えていればいいんだよ。

≫ 大宝律令でついに律令が完成！

持統天皇の次の文武天皇のもとで、701（大宝元）年に**大宝律令**が完成しました。これは**刑部親王**や藤原不比等らによって編纂さ

ちょっと補足
＊**都城制**…天皇の住まいと役所をおいた宮城と、条坊制で道路が区画されて役人や民衆が住むスペースで都を構成する制度。飛鳥浄御原宮までは宮城部分しかつくられていなかった。
＊**大和三山**…藤原京にあった耳成(みみなし)山・畝傍(うねび)山・天香久(あめのかぐ)山。

れたもので、ついに律と令がそろったところがポイントです。**律は犯罪者を裁く刑法、令は行政法や民法**に相当します。これまでは近江令・飛鳥浄御原令と、役人や税のしくみを整えることばかり優先していました。

❶ 4つの律令

律　令	制　定	施　行
近江令	天智天皇	？
飛鳥浄御原令	天武天皇	持統天皇
大宝律令	701年・文武天皇	文武天皇
養老律令	718年・元正天皇	孝謙天皇

養老律令はこのあとで出てくるから、待っててね。

近江令の施行のところは、なんで「？」になってるの？

本当に実施されたかどうか疑わしいからだよ。この時点では班田はできずに、戸籍をつくるところで終わっちゃったみたいなんだ。

次の文の正誤を判定し、正しければ正、誤なら誤と答えなさい。
天武天皇の時に飛鳥浄御原令が施行された。
　誤　天武天皇ではなく持統天皇。天武天皇は飛鳥浄御原令の編纂に着手したものの、施行(実施)までにはいたらなかった。

第❺講
律令制度

> 😊 **この講のポイント**
>
> 律令国家を動かす機関や大宝律令の中身を見ていきましょう。ドラマ性はありませんが、ルールを知らなければスポーツ観戦も十分楽しめません。この後に続く奈良・平安時代のストーリーを楽しむためにマスターしましょう。しかも農民の税負担は、共通テストでは要注意事項です。

≫ 中央におかれた機関

🔸中央官制

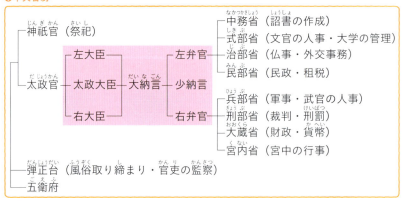

律令国家を動かしていたのは、都にあった上のような機関です。全

＊**市司(いちのつかさ)**…宮都の左京と右京にはそれぞれ東市と西市があり、そこでの交易などを市司が管理した。

体をまとめて「二官八省一台五衛府」といいます。二官とは**神祇官**と**太政官**のことです。太政官は　　で示した役職全部のことで、行政を担当します。一番エライのは太政大臣です。その下には**八省**がありました。中務省・**式部省**・治部省の3つの職務が難しいですが、それ以外は省の名前からだいたい職務が想像できます。

中央官制の八省

なか まと しき るじ みん党　　　兵士の刑はおおくない

中務省　式部省　治部省　民部省　兵部省　刑部省　大蔵省　宮内省

>> 地方の区分と役人

全国は畿内と**七道**に分けられました（● P.52の地図）。全国には60を超える国があり、国の中はいくつもの郡に分けられ、さらに郡の中はいくつもの里に分けられました。国・郡・里には、それぞれ**国司**・**郡司**・里長という役人がおかれ、とりわけ国司と郡司の違いは正誤問題の定番です。

● 国司と郡司の違い

	つとめる人	任期	役所
国司	中央貴族	あり	国衙
郡司	地方豪族	なし	郡衙

ヤマト政権の国造たちは郡司になったんだよ。

つまり**国司は、中央から派遣される貴族**なのです。そのまま地方に骨を埋めるのではなく、一定期間をつとめたらふたたび都に帰っ

＊里…1里はおよそ50戸（50家族）で構成され、その長を里長（りちょう）といった。

ていくのです。いっぽう**郡司**は、死ぬまでつとめる役職で、親から子へ、子から孫へと世襲されました。

> ### 📝 郡評論争
>
> 　行政単位の「郡」は、これまで「**評**」とよんでいたものです。しかし中国志向が強まって、**大宝律令では「郡」に改めました**。注目すべきは720年編纂の『日本書紀』の中にある改新の詔です。そこには「郡」と書かれていて、まるで646年時点から「郡」を使っていたように装っているのです。**改新の詔を改竄して歴史書に載せた**わけですね。このウソが明らかになったのは、**藤原京**出土の**木簡**に「評」の字が書かれていたからです。木簡とは木の荷札で、紙が貴重だった時代によく使われていたものです。細かい話に見えますが、大学入試では意外と出る話です。

🔶 五畿七道

これから旧国名が出てきたら、できるだけこのページで場所を確認しよう。共通テストでは地図問題が結構出るよ。

次の文の正誤を判定し、正しければ正、誤りなら誤と答えなさい。
治部省は、刑罰に関する政務を担当した。

誤　治部省ではなく刑部省。「刑罰」から刑部省を思い起こす一方で、治部省の職務内容を仏事・外交と思い出す。中務省から民部省の4つの省は職務内容に注意しよう。

大津宮があった近江国は、畿内には含まれないんだ。東山道の1つめというのがポイントだよ。

ゴロで覚える！ 畿内の5国

せ　か　い の　山　だい
摂津国　河内国　和泉国　山城国　大和

駅制

七道にはそれぞれを貫く官道が通っていました。官道には約16kmごとに**駅家**がもうけられ、そこにおかれた**駅馬を乗り継いで素早く移動できる**システムがつくられました。もっとも**馬を使えたのは駅鈴をもつ役人**だけでした。庶民が利用できなかったことは正誤問題の定番です。

🟥宮都

藤原京・平城京・平安京が南北に並んでいることに注目しよう。

>> 役人たちのさまざまな制度

おもな官庁のエライ役人は、**長官・次官・判官・主典**の4つのランクに分けられていました。八省はもちろん、国司や郡司もです。このしくみを**四等官制**といいます。

＊**司法制度**…刑罰には笞（ち）・杖（じょう）・徒（ず）・流（る）・死（し）の五刑があった。笞刑はむちたたき、杖刑は棒たたき、徒刑は懲役、流刑は遠方へ移住させる刑。

国司って国に1人じゃないの？

違うよ。四等官だからって4人ともかぎらないんだ。国の大きさによってバラバラなんだよ。

　役人になるには位階が必要で、位階の高さによって官職が決まるようになっていました。これを官位相当の制といいます。位階を得るには中央の**大学**や、地方の**国学**で学び、試験に通らなければなりません。大学では貴族の子弟が、国学では郡司の子弟らが学びました。学ぶ科目には次の4つがありました。

❶明経道……儒教を学ぶ。
❷明法道……律令を学ぶ。
❸紀伝道……漢文・中国史を学ぶ。
❹算道………数学を学ぶ。

国学で学んだのは国司の子弟じゃないことに注意！

　もっとも、貴族の子や孫には自動的に位階がもらえる蔭位の制がありました。貴族には位階や官職に応じてさまざまな収入があたえられたほか、調・庸（● P.56）などの税が免除されました。

≫ 農民に田んぼをあたえるしくみ

　人びとには良民と賤民の2つの身分がありました。良民は貴族や役人（官人）や庶民など、賤民は奴隷です。班田収授法では、この良民

＊**五色（ごしき）の賤（せん）**…賤民は陵戸（りょうこ）・官戸（かんこ）・公奴婢（くぬひ）・家人（けにん）・私奴婢の「五色の賤」という区分があった。「りょかんでこけた私」と覚えると良い。

の男子に面積2段（反）の**口分田**を
あたえるとしていました。口分田の大
きさは、性別や良民か賤民かで異なり
ます。女子は男子の3分の2、賤民は
良民の3分の1とされました。これだ
と賤民女子の口分田が一番小さくなり

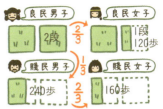
❶区分田の大きさ比較

ますね。口分田は6歳以上の男女に班給され、死ぬと回収されました
が、それは6年サイクルでした。なぜなら、班田のもとになる**戸籍
をつくるのが6年ごとだった**からです。

面積の単位は1段＝360歩だよ。

　戸籍にはその家族の名前などが書かれましたが、同じような帳簿に
計帳がありました。こちらは**毎年作成**されて、調や庸という税を
かけるために使われました。

班田するのが6年ごとってことは、6歳になってもすぐに
口分田がもらえるわけじゃないの？

そうなんだよ。そして死んだ場合にも、すぐに回収されるわ
けじゃないんだ。そっちもやっぱり6年サイクルなんだよ。

戸籍と計帳　　　　　　　　

❶戸籍……6年ごとに作成→班田のため
❷計帳……毎年作成→調・庸の課税のため

＊条里制（じょうりせい）…口分田の区画のしくみを条里制という。宮都の道路の区画制度である
　条坊制とまぎらわしい。

≫ モノで納める税

　租は口分田にかかる税です。田んぼ1段につき2束2把の稲を納めます。これは収穫の約3%にすぎないので、決して重い税ではありません。江戸時代の農民なんて、収穫の半分くらいを取られていたのですから。また、**役人（官人）は租だけ納めて、他の税は免除**されました。国家から給料をもらう立場であることを考えれば納得できますね。

　租が口分田をもらっている人なら誰もが納める税だったのに対し、**調・庸・雑徭**などは違いました。まず、女子にはかかりません。おもに正丁とよばれた成年男子だけかかるのです。

　調は絹などの特産物で、庸は年10日の都での労働（歳役）のかわりに、麻布を納めるものです。たった10日間の労働のためだけにはるばる都に行くくらいなら、布で納めたほうがラクですね。

律令制の税の種類（1）

❶ 租……田1段につき稲2束2把（収穫の約3%）→地方
❷ 調……絹などの特産物→中央
❸ 庸……歳役のかわりに麻布→中央

税を納める先に注意しよう！

≫ 労働によって納める税

　盲点は租・調・庸を納める先です。租は地方の役所に納めましたが、

次の文の正誤を判定し、正しければ正、誤りなら誤と答えなさい。
調・庸・雑徭は、良民の一員である官人にも賦課された。
誤　官人つまり役人は、租以外の調・庸・雑徭を納める必要はない。

調と庸は中央に納めました。つまり都までもって行かなければならないのです。農民の誰かがまとめてもって行くわけですが、その負担を**運脚**といいます。**雑徭は国司のもとでの労働**です。これは庸とは違い、実際に働かされました。

兵役

　そしてなによりも重い税だったのは兵役です。成年男性3人に1人の割合で兵士が徴発され、**諸国の軍団に配属**されました。軍団とは陸上自衛隊みたいなものです。そこで訓練をうけ、一部が**都での警備をおこなう衛士**や、**九州の防衛にあたる防人**になりました。衛士は1年間ですが、防人は3年間もつとめなければならず、大変だったのです。しかも防人はあえて東国出身者に限定されたため、逃げ出して帰ることもままなりませんでした。『万葉集』には防人の悲しみを歌った「防人の歌」がいくつも載せられています。

律令制の税の種類（2）　

❶ 雑徭……国司のもとで年60日以内の労役。
❷ 運脚……調・庸の運搬。
❸ 兵役……正丁3人に1人が諸国の軍団に配属後、衛士や防人に。

税の中ではこれらの労役負担が重かったんだ

＊義倉（ぎそう）…凶作に備えて粟を蓄える制度。
＊仕丁（しちょう）…各地の公民を一定の割合で上京させ、中央官庁の雑務に従事する労役。

≫ さらにまだある思わぬ税

春に種まきをするための籾を、国司が農民に貸すしくみを**出挙**といいます。秋の収穫の際には5割の利子をつけて返すわけです。

利子が5割って高いの？

1,000円借りたら1,500円も返さなきゃいけないってことだから、現代から見たらかなり高いよ。でも、種籾1粒が育つとふさふさの稲穂ができるから、もちろん返すことは可能なんだ。

種籾まで食べつくしてしまった農民の場合は、これを借りて稲作ができるため助かるしくみです。ところが、種籾をちゃんと残しておいた農民にも、**国司は強制的に貸しつけるようになりました。利子を取ってかせぐため**です。これも税の一種となったのです。

正誤でチェック！　次の文の正誤を判定し、正しければ正、誤りなら誤と答えなさい。
調は、21歳以上の男女に賦課されたものである。
誤　調は女性には賦課されない。

第❻講
奈良時代

😊 この講のポイント

710年、元明天皇は都を平城京にうつしました。ここから奈良時代のはじまりです。奈良時代は、政権担当者の移り変わりを軸にして、できごとを整理しましょう。藤原不比等→長屋王→藤原四家→橘諸兄→藤原仲麻呂→道鏡→藤原百川です。藤原氏とそれ以外の勢力が、かわるがわるあらわれてますね。

≫ 奈良時代の最初は藤原不比等

　藤原不比等は、刑部親王とともに大宝律令の編纂にあたった人です。天皇家に娘を嫁がせて関係を結び、政権をにぎりました。そのころ、708年には**和同開珎**というお金がつくられました。ところが、その価値が人びとに理解されなかったためなかなか流通しません。このため政府は711年に蓄銭叙位令を出し、お金を蓄えて差し出せば位を授けるとして、**貨幣の流通を促しました**。しかし効果はあまりなく、結局、貨幣は畿内でしか流通しませんでした。これ以後も地方では、米や布帛による物々交換がつづくのです。

　平城京は唐の長安にならった都です。北部には大内裏（宮城）がおかれ、その中に天皇のお住まいや役所が建てられました。そこか

＊**和同開珎**…武蔵国秩父（ちちぶ）郡で銅が見つかり、それが政府に献上されたのをきっかけにつくられた貨幣。以後、250年間につくられた12種類の貨幣は皇朝(本朝)十二銭とよばれる。最後のものは958年につくられた乾元大宝。

ら南に向かってのびる道が朱雀大路で、それを境に都は右京と左京に分けられました。注意すべきは大内裏から見た右が右京だということです。みなさんの視点から見た右が右京ではありません。

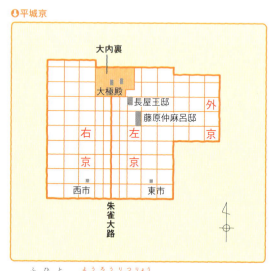
❶平城京

718年、藤原不比等は**養老律令**をつくりました。しかし、これは大宝律令を少しバージョンアップしただけのものです。そして、不比等が亡くなったこともあり、すぐには実施されませんでした。

≫ 土地政策に取り組んだ長屋王

藤原不比等の死後には、**長屋王**が政権をにぎりました。長屋王は、壬申の乱の勝利者である天武天皇の孫でした。このため天皇になる予定もあった人です。

長屋王は土地不足の解消に取り組みました。まず、722年に**百万町歩開墾計画**を立てたのです。しかしコトは簡単には進みませ

＊**三世一身法**…新しく池や溝をつくって開墾した土地については3代にわたって私有を認め、以前からある池や溝を使う場合には1代に限って私有を認めた。

ん。翌年には計画をあきらめ、かわって**三世一身法**を出しました。農民に対して「一定期間の私有を認めてやるから開墾しないか」と、土地の開墾を奨励したのです。

>> 妹を皇后に立てた藤原四家

藤原不比等の子の**四兄弟**（武智麻呂・房前・**宇合**・麻呂）は、729年、長屋王をおそって自殺させました。四兄弟が妹の光明子を聖武天皇の皇后に立てようとしたのを、長屋王が反対していたからです。この事件は長屋王の変とよばれ、**事件後、光明子は皇后となりました**。しかし、まもなく四兄弟は病にかかり、ひとり残らず死んでしまいました。バチがあたったのでしょうか。その後に登場したのは**橘諸兄**です。

長屋王をおそった藤原四兄弟は処罰されないの？

長屋王が謀叛をたくらんでいたから、それを四兄弟が防いだってことになってるんだ。長屋王はハメられたわけだね。「死人に口なし」だから反論できないんだ。ひどい話だけど、歴史では勝者が正義といい張るのがキホンなんだよ。

>> 重要なできごと満載の橘諸兄政権

橘諸兄政権では、唐から帰国した**玄昉**と**吉備真備**が**聖武天皇**に重用されていました。これに不満をもったのが、**藤原広嗣**（式家の藤原宇合の子）です。大宰府の役人となっていた広嗣は、740年に大宰府で反乱をおこしました。乱そのものはまもなく鎮圧されます

＊藤原四兄弟…武智麻呂は南家、房前は北家、宇合は式家、麻呂は京家をそれぞれおこした。彼らと光明子は、父は不比等で同じだが、母は異なる腹違いの兄妹だった。逆に橘諸兄と光明子は母が同じで父が異なる兄妹だった。

が、あせった聖武天皇は平城京を離れ、都をコロコロ変えました。恭仁京→難波宮→紫香楽宮という順番です。

その間、聖武天皇は仏教への思いを強め、741年には**国分寺建立の詔**を発し、国ごとに国分寺と国分尼寺をつくるよう命じました。さらに743年には、**紫香楽宮で大仏造立の詔**を発しました。そうしてできたのが、東大寺の大仏です。大仏については、別冊の文化史編でくわしく説明します。

≫ 初期荘園のはじまり

政府は、大仏造立の詔を発したのと同じ743年に、**墾田永年私財法**を定めました。これをきっかけに貴族や寺社が荘園とよばれる私有地をもつようになるため、大変重要な法律です。そのちょうど20年前の723年には、三世一身法が定められていました。その法律では、たとえ**開墾しても期限がくれば政府に土地が奪われてしまう**ため、農民たちはやる気をもてませんでした。そこで今回政府は、「墾田は永久に私有できるよ」と改めたのです。私有といっても租は納めなければなりません。政府としては「租が得られるだけでヨシとしよう」と妥協したわけです。

これに勢いづいたのが**貴族・寺社・地方豪族**です。彼らは**農民を使って大規模に開墾し、その土地を農民に貸して賃貸料を得る**ようになりました。こうした私有地を荘園といい、とりわけ10世紀以降にあらわれる寄進地系荘園と区別するため、**初期荘園**とよんでいます。

＊**初期荘園**…租税収入があるため、開墾の際には国司や郡司も協力した。正誤問題になりやすい。具体例としては、東大寺が開いた越前国道守荘（ちもりのしょう）が有名。

奈良時代の土地政策

ここできめる!

❶百万町歩開墾計画（722年）……長屋王が、口分田不足をおぎなおうと計画。

❷三世一身法（723年）……長屋王が、期限つきで墾田の私有を認める。

❸墾田永年私財法（743年）……橘諸兄・聖武天皇が墾田の永久私有を認める。

※位階（身分）によって開墾面積に制限があったことは、正誤問題の定番!

>> 藤原氏が返り咲いた藤原仲麻呂政権

聖武天皇が病にかかって娘の孝謙天皇が即位すると、今度は**藤原仲麻呂**が政権をにぎりました。ふたたび藤原氏の登場です。大仏が完成したのはそのころでした。752年に大仏開眼供養がおこなわれています。そして757年に、仲麻呂は祖父の藤原不比等がつくった養老律令を施行しました。

この仲麻呂に刃向かった人がいます。橘諸兄の子の橘奈良麻呂です。757年、橘奈良麻呂は仲麻呂を倒そうとして、逆に滅ぼされました。これを**橘奈良麻呂の変**といいます。ひとつ前の政権担当者の子どもというのは不満をもちがちなんですね。藤原広嗣もそうでした。

養老律令は、どうして今ごろになって施行されたの？

正誤でチェック!

次の文の正誤を判定し、正しければ㊣、誤りなら㊇と答えなさい。

墾田を集積した初期荘園の多くは、田租を免除された。

㊇ 初期荘園は、「田租」つまり租は免除されない。

それは、藤原氏がつくった律令を使うことで、藤原氏の地位を上げようとねらったからだよ。大宝律令とあまり変わらないにもかかわらず、藤原仲麻呂はあえて実施したんだ。

≫ 天皇とラブラブな坊さん道鏡

孝謙天皇が病におちいると、仲麻呂は自分と関係の深い淳仁天皇を立て、天皇から恵美押勝という名前をもらいました。いっぽう、天皇を引退して上皇となった孝謙上皇は、お坊さんの**道鏡**の力で回復し、道鏡を寵愛するようになりました。ここに変わった組み合わせのカップルが生まれたわけで

す。かたや天皇ＯＢというセレブ女性、かたや戒律で男女の色恋を禁じられている僧侶という、異色のペアです。

こうして道鏡が台頭すると、764 年、仲麻呂（恵美押勝）はこれを倒そうとして反乱をおこしました。**恵美押勝の乱**です。しかし仲麻呂は敗れ、勝った道鏡は恋人の孝謙上皇をふたたび天皇に立て、**称徳天皇**としました。

道鏡は、称徳天皇のもとで太政大臣禅師、さらに法王という高い地位につきました。僧侶の道鏡らしい政策があります。墾田永年私財法を改めて、寺院以外が開墾することを禁じたのです。もっともこれは、道鏡が失脚したあとにはまた元にもどされました。勢いを増した道鏡は、天皇の地位をねらうほどでしたが、称徳天皇が没すると力を失い、

＊**宇佐八幡宮神託（うさはちまんぐうしんたく）事件**…大分県の宇佐八幡宮で、道鏡を天皇につけよというお告げがあったため、称徳天皇は和気清麻呂に神意を確かめさせた。しかし、清麻呂はそれとは逆の神託を得て、道鏡が天皇になるのをはばんだ。

下野国（栃木県）の薬師寺に左遷されました。

≫ 政治の一新をはかった藤原百川

　道鏡を追放したのは、式家の**藤原百川**たちでした。百川は新たに光仁天皇を立て、**律令制の再建**に取り組みました。大宝律令を定めた段階では最高と思われた制度も、約70年も経過すると、いろいろとつごうの悪い部分が出てきてしまっていたのです。そこで、これまでとは違う血筋の天皇を立てて、改革に挑みました。光仁天皇は天智天皇の孫にあたる人物です。壬申の乱後は、天武天皇の血を引く天皇がつづきましたから、天智系から天皇を立てることで、一新しようとしたのです。光仁天皇のあとには、子の**桓武天皇**がさらなる改革をおこなっていきます。

≫ 唐・渤海・新羅との交流

　このころ日本は、中国に遣唐使を送って唐の進んだ文物を手に入れていました。遣唐使は、630年の犬上御田鍬にはじまり、危険な航海で命を落とすこともあったのです。中には阿倍仲麻呂のように玄宗皇帝につかえ、帰国できないまま中国で一生を終えた人もいました。逆に日本に帰国し、留学経験を生かした人たちもいました。たとえば、聖武天皇に重く用いられた**玄昉**と**吉備真備**です（→P.61）。平安時代に入ると、**最澄**と**空海**が中国に渡り、帰国後はそれぞれ天台宗と真言宗をおこしています。

＊**渤海使（ぼっかいし）**…越前国（福井県）の敦賀におかれた松原客院や能登国の能登客院は、渤海使を迎えるための施設で、渤海から人参や毛皮などがもたらされ、交易もおこなわれた。

❶遣唐使・渤海使

遣唐使のコースは、はじめ安全な朝鮮半島沿いの北路を使っていたが、8世紀に新羅との関係が悪くなると、新羅のそばを通るのをさけて、南島路や南路を使うようになった。

　ところで、奈良時代の日本が国交を結んでいた国は、唐だけではありません。中国東北部の**渤海**や、朝鮮半島の新羅とも国交がありました。使者の往き来がおこなわれ、新羅とは関係が悪化することもありました。

≫ 東北・九州への拡大と反発

　奈良時代も、朝廷はひきつづき勢力範囲を広げようとしました。8世紀前半の東北では、日本海側に出羽国をもうけ、太平洋側には**多賀城**を築いて、そこに陸奥国府と、軍事拠点の**鎮守府**をおきました。しかし、奈良時代末期には蝦夷の抵抗にあい、多賀城は奪われました。いっぽう九州南部には**大隅国**をもうけましたが、その地域に住む隼人とよばれる人びとの反発もありました。

次の文の空欄にあてはまる語句は、①渤海　②遼(契丹)のうちどちらか。
8世紀末には、すでに新羅使の来航はとだえていたが、〔　　〕との通交がさかんに行われた。
答えは①。渤海は、10世紀前半に北方民族の契丹(遼)に滅ぼされるまで、日本に渤海使を派遣しつづけた。

奈良時代の政権

ここできめる！

❶藤原不比等……平城京遷都（710年）、蓄銭叙位令（711年）、養老律令制定（718年）

↓

❷長　屋　王……百万町歩開墾計画（722年）、三世一身法（723年）、長屋王の変（729年）

↓

❸藤 原 四 家……光明子立后

↓

❹橘　諸　兄……藤原広嗣の乱（740年）、国分寺建立の詔（741年）
墾田永年私財法・大仏造立の詔（743年）

↓

❺藤原仲麻呂……養老律令施行・橘奈良麻呂の変（757年）、恵美押勝の乱（764年）

↓

❻道　　鏡…… 加墾禁止令

↓

❼藤 原 百 川……光仁天皇擁立

正誤でチェック！

次の文の正誤を判定し、正しければ㊣、誤りなら㊥と答えなさい。
聖武天皇の時代に、養老律令が施行された。
誤　聖武天皇ではなく孝謙天皇。養老律令を施行した藤原仲麻呂は、孝謙天皇と淳仁天皇のもとで政権をにぎっていた。

第❼講
平安時代前期の政治

> **この講のポイント**
>
> 平安京遷都から鎌倉幕府がはじまるまでの約400年間を平安時代といいます。これを3つに分けると、1つめは桓武天皇や嵯峨天皇が活躍した平安前期。律令制の再建をがんばった時代です。2つめは、藤原北家の人が摂政や関白につくようになった摂関政治期。この時期は班田がおこなわれなくなる、律令制崩壊の時代です。3つめは、上皇(院)が政治をおこなった院政期。この時期には武士が台頭しました。

≫ 政治改革のリーダー桓武天皇

光仁天皇のあとをついだ桓武天皇は、積極的にさまざまな改革をおこないました。まず、784年に都を平城京から**長岡京**にうつしました。大和国にあった都を山背(城)国にうつすことで、政治を刷新しようとしたのです。しかし、造営長官の藤原種継が暗殺されたこともあり、794年には平安

❶東北の城柵

ちょっと補足　＊藤原種継暗殺事件…暗殺の首謀者として、桓武天皇の弟で皇太子の早良(さわら)親王がとらえられたが、親王はみずから食を絶って死んだため、桓武天皇はその怨霊に苦しめられた。

京に遷都しました。政治と宗教を切り離す目的から、平安京の中には官立以外の寺院はおきませんでした。

桓武天皇が進めた大事業には、この平安京造営のほかに蝦夷征討があります。**坂上田村麻呂**を征夷大将軍に任じ、東北に派遣しました。田村麻呂は多賀城の奪還に成功しただけでなく、北上川沿いに**胆沢城**を築き、そこに**鎮守府を移しました**。鎮守府はそれまで多賀城におかれていた軍事拠点です。

ゴロで覚える！　東北経営の基地

ぬ　　　　い　　　　で　　　たが　やせ　秋の　田　を　いざ、　しあわせ
淳足柵　　磐舟柵　　出羽柵　　多賀城　　秋田城　　胆沢城　　志波城

農民にやさしい桓武の政策

805年、桓武天皇の二大事業を続けるべきか中止すべきかの論争がおこなわれました。**徳政相論（論争）**です。藤原緒嗣が「軍事（蝦夷征討）と造作（平安京造営）が農民を苦しめている」として中止を主張すると、桓武天皇はこの意見を採用しました。意外と農民にやさしい天皇ですね。ほかにも、農民から兵士をとっていた軍団をほとんど廃止しました。かわりに郡司の子弟から兵士をとる、**健児の制**を定めたのです。また、**国司が交代する際に不正がないように**、新たに**勘解由使**という官職をおいて監督させることにしました。

平城天皇と嵯峨天皇の兄弟衝突

桓武天皇のあとには、皇子の**平城天皇**が即位しました。平城天皇は寵愛する式家の藤原薬子と、その兄の仲成を用いましたが、まもなく

 ＊桓武天皇の政策…出挙の利息を下げたり、雑徭の日数を半分に減らしたりしたほか、班田のサイクルを6年ごとから12年ごとに変えた。

病に倒れ、かわって弟が即位しました。**嵯峨天皇**です。

しばらくして平城上皇（太上天皇）の病気が回復すると、上皇は自分の住む平城京を都とすることと、ふたたび天皇になることを求めて、嵯峨天皇と対立しました。つまりこれは、いったんゆずった天皇の地位を取りもどそうというクーデタです。

にらみ合う嵯峨天皇は、自分の動向が相手に筒抜けにならないよう、新たに**蔵人頭**という官職をおきました。**機密文書はここに扱わせる**ようにしたのです。任命されたのは藤原冬嗣です。おかげでクーデタは失敗に終わり、藤原仲成・薬子兄妹は死にました。**式家は没落し、これをきっかけに藤原冬嗣の北家が台頭していく**ことになります。810年のこの事件は薬子の変や平城太上天皇の変とよばれています。

≫ 令外官をおいて律令制を立て直せ

大宝律令によって定まった官職に、新たに追加された官職を令外官といいます。「令の外におかれた官職」ってことですね。桓武天皇がおいた**勘解由使**や嵯峨天皇がおいた蔵人頭が有名で、嵯峨天皇はほかにも**京都の治安維持をおこなう検非違使**をおきました。これらは設置した天皇が問われる令外官です。ほかにも次のものを令外官だと意識しておきましょう。

❶**中納言**……大納言を補佐。
❷**参議**……中納言につぐ官職。
❸**征夷大将軍**……蝦夷の征討。
❹**摂政**……幼少の天皇を補佐。
❺**関白**……成人後の天皇を補佐。
❻**押領使・追捕使**……諸国の治安維持。

＊**摂政**…摂政は聖徳太子がなったことがあるが、当時はまだ律令自体が存在していなかった。律令では摂政という役職は定められなかったため、866年に藤原良房がつくことになる摂政は令外官である。

> もともと律令で設置された官職か、それとも令外官かを判別させる問題が出るんだよ。

≫ 律令をおぎなう格や式

　大宝律令を制定したのちにも、三世一身法とか墾田永年私財法など、さまざまな追加法令が出されていましたね。それらを「格」といいます。また政策を実施する際の細かい決めごとを「式」といいます。嵯峨天皇はこれらを整理させて、弘仁格式をつくりました。格式の編纂はその後もおこなわれ、**弘仁格式・貞観格式・延喜格式**の3つをあわせて三代格式といいます。

≫ 令の解釈はバラバラじゃダメ

　現代社会でもそうですが、法律の条文は人によって解釈が異なることがあります。当時は律令の「令」の解釈がバラバラだったので、それを統一するために令の注釈書がつくられました。国がつくった官撰注釈書の『**令義解**』と、それぞれの家でつくったものを集めた私撰注釈書の『**令集解**』があります。

❶令の解釈

＊『令義解』と『令集解』の編纂者…『令義解』は清原夏野が、『令集解』は惟宗直本（これむねのなおもと）がそれぞれ中心となって編纂された。

格式と令の注釈書

＜三代格式＞
- ❶ 弘仁格式……嵯峨天皇の命で編纂。
- ❷ 貞観格式……清和天皇の命で編纂。
- ❸ 延喜格式……醍醐天皇の命で編纂。

＜令の注釈書＞
- ❶『令義解』……官撰
- ❷『令集解』……私撰

次の文の正誤を判定し、正しければ正、誤りなら誤と答えなさい。
嵯峨天皇は、8世紀以来出されていた格と式を、延喜格式として編纂した。
誤　延喜格式ではなく弘仁格式。延喜格式の編纂を命じたのは醍醐天皇。

第❽講
摂関政治

😊この講のポイント
薬子の変をきっかけに台頭してきた藤原北家は、摂政や関白となって政治をおこなうようになります。こうした政治を**摂関政治**といいます。一時的に、天皇がみずから政治をおこなった延喜・天暦の治をはさみますが、やがて常に藤原氏が摂政・関白につくようになります。北家の台頭→天皇親政→摂関常置の3段階に分けてとらえましょう。

▶▶ ライバルをつぶして摂政 GET

　藤原冬嗣の子の**藤原良房**は、承和の変と応天門の変の2つの事件でライバル貴族をしりぞけて、みずからは孫にあたる清和天皇を補佐する摂政になりました。ここにいたるまでの2つの事件を見てみましょう。

　842年におこった承和の変は、**伴健岑**と**橘逸勢**が反乱をくわだてたとして処罰された事件です。866年の応天門の変はちょっと複雑です。ことのはじまりは、大納言の**伴善男**が応天門に火を放ち、それを左大臣の源信のしわざだといい立てたことです。源信をワナにはめて追い落とそうとしたのです。しかしくらみがばれて、伴善男は処罰されました。このストーリーは院政期の作品『伴大納言絵

＊**招婿婚（しょうせいこん）**……平安時代の貴族は、夫が妻の家で生活する婚姻形態がふつうだった。これを招婿婚、または婿入婚（むこいりこん）という。このため、子どもは母方の家で育てられることが多かった。母方の親戚のことを外戚（がいせき）という。

巻』に描かれています。

2つの事件で伴氏や橘氏が失脚したことによって、藤原良房の地位は高まりました。良房は娘を天皇に嫁がせており、その**娘が生んだ幼い清和天皇のおじいちゃんとして、天皇の政治を代行する立場**になったのです。この立場を**摂政**といいます。

他の一族をけ落とすことを他氏排斥というよ。事件名とけ落とされた人の名前をセットにして覚えよう。

>> クレーマーの関白藤原基経

良房の養子の**藤原基経**は、光孝天皇を立てて、**成人後の天皇を補佐**する**関白**になりました。正式に任命されたのは、次の宇多天皇のときですが、そのときに**阿衡の紛議**がおこりました。これは関白の任命状にクレームをつけて、藤原氏のチカラを見せつけた事件です。

摂政と関白の2人で天皇をたすけるの？

いやいや違うんだ。天皇をたすける人は1人なんだけど、天皇が幼かったらその人は摂政とよばれて、天皇が大人だったら関白ってよばれるんだよ。

>> 醍醐天皇がおこなった延喜の治

藤原基経が亡くなると、宇多天皇は関白をおかず、天皇親政つまりみずから政治をおこないました。このとき宇多天皇が重用したのが、

正誤でチェック！

次の文の正誤を判定し、正しければ㊣、誤りなら㊅と答えなさい。
清和天皇の外祖父だった藤原基経は、天皇を補佐する摂政を設け、はじめてその地位についた。
㊅　藤原基経ではなく藤原良房。

「学問の神様」として有名な、**菅原道真**です。道真は894年に遣唐使に任命されました。しかし、唐の衰退や航海の危険性などを理由に、派遣の中止を意見したため、**遣唐使は停止**されました。

宇多天皇にかわって即位した**醍醐天皇**も、摂政・関白をおかず、**天皇親政**をおこないました。その政治を**延喜の治**といいます。このとき**菅原道真は、藤原氏のワナにはめられて大宰府に左遷**されました。901年のことです。左大臣の藤原時平が、「道真は醍醐天皇を引きずりおろそうとしている！」といい立てて、大宰府に追放したのです。道真はとびきりのアタマのよさで出世した人でしたが、藤原氏にとっては煙たい存在だったからです。道真は左遷先の大宰府で、失意のうちに亡くなりました。

道真ってかわいそうだね。でも、なんでそんな人が学問の神様なの？

道真が死んだあと、都で不吉なことがつづいて、「道真のたたりじゃないか」って噂が広まったんだ。それで怖くなった醍醐天皇は、怨霊を鎮めるために、道真を神として北野神社、つまり今の北野天満宮に祀ったんだよ。資料集には、この話を描いた『北野天神縁起絵巻』があるから見てほしいな。

道真が左遷された翌年の902年は、2つの点で重要な年です。まず、**延喜の荘園整理令**が出されました。貴族たちが私有地を広げるのを禁止したのです。これ以後何度も出されることになる**荘園整理令の最初**というわけです。もう1つは、**口分田の班給がこの年におこなわれたきり、最後になってしまった**ことです。税を払いたくない農民が、どんどん本籍地から逃げ出していたせいで、班田が正しく

＊昌泰(しょうたい)の変…菅原道真は大宰権帥(だざいごんのそち)という大宰府の仮の長官職に左遷された。この事件を昌泰の変というが、事件名が入試で問われることはほとんどない。

おこなえなくなってしまったのです。こうした地方政治の乱れについて、天皇に意見した人がいます。あちこちで国司をつとめた経験をもつ三善清行です。「意見封事十二箇条」を書いて醍醐天皇に提出しました。

≫ 村上天皇がおこなった天暦の治

醍醐天皇の子の村上天皇も、天皇親政をおこないました。その政治は天暦の治とよばれています。このとき、958年に乾元大宝という貨幣を鋳造したのですが、これが皇朝（本朝）十二銭の最後となりました。延喜・天暦の治以後は、班田もできないし、お金をつくることもできなくなってしまったわけです。というわけで10世紀は、律令制度が崩壊した時代なのです。

≫ 栄華をきわめた藤原道長

藤原氏の他氏排斥事件をいくつも見てきましたが、その最後となったのが、969年の安和の変です。これは、藤原実頼が左大臣の源高明を左遷に追いこんだ事件で、以後、つねに摂政か関白がおかれるようになりました。その地位を独占したのはもちろん、藤原北家です。

＊日本三代実録…『日本書紀』にはじまる6つの正史を「六国史」といい、その最後の史書。醍醐天皇時代の901年に編纂された。

他氏排斥事件と排斥された貴族

❶ 薬子の変（810年）……藤原仲成・薬子（式家）・藤原冬嗣が蔵人頭になる
❷ 承和の変（842年）……伴健岑・橘逸勢
❸ 応天門の変（866年）……伴善男・藤原良房が摂政になる
❹ 阿衡の紛議（888年）……藤原基経が関白になる
❺ 昌泰の変（901年）……菅原道真
❻ 安和の変（969年）……源高明

安和の変のあとには、藤原北家内部での争いがおこりました。それに勝ち残ったのが**藤原道長**です。道長は4人の娘をつぎつぎと天皇に嫁がせ、そこに生まれた孫が3人も天皇になりました。その1人目である後一条天皇が1016年に即位した際には、天皇の外祖父、つまり母方のおじい

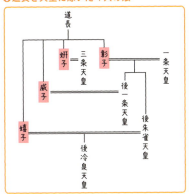
❹道長と天皇に嫁いだ4人の娘

ちゃんとして摂政になっています。しかし、なんといってもトクをしたのは道長の子**藤原頼通**です。頼通は1017年に摂政となり、3代の天皇の摂政・関白をつとめたのです。その間およそ50年（！）です。

＊**道長の歌**…藤原道長は3人目の娘が後一条天皇の皇后になったとき、「此の世をば　我が世とぞ思ふ　望月の　かけたることも　なしと思へば」と詠んだ。望月とは満月のこと。この歌は道長自身の日記『御堂(みどう)関白記』ではなく、藤原実資(さねすけ)の日記『小右記(しょうゆうき)』にのこされている。

>> 藤原摂関家のつまずき

しかし、藤原北家にとっての栄華はここまででした。なぜなら頼通には娘が1人しかおらず、その娘を天皇に嫁がせても皇子を生まなかったからです。その後も藤原北家が摂政・関白を独占しますが、天皇の外戚(母方の親戚)というポジションを失ったことは大きなダメージとなりました。このつづきが気になる人は、第2章第❶講(➡ P.90)に飛んで読んでもかまいません。

道長と頼通

ここできめる!

❶**藤原道長**……後一条天皇の摂政となる。日記『御堂関白記』の「御堂」は、道長が建立した法成寺の阿弥陀堂に由来。(日記の名前には「関白」とあるが、実際には関白になっていないことに注意!)

❷**藤原頼通**……後一条天皇・後朱雀天皇・後冷泉天皇の3代の摂政や関白となる。「宇治関白」とよばれたが、その名前は京都の宇治に平等院鳳凰堂を建立したことに由来する。

☑ 10世紀の日本周辺の国々

10世紀には中国・朝鮮で変動がおこりました。中国では唐が滅亡し、**宋**がおこりました。**日本と宋は正式な国交を結びません**でしたが、宋の商船がさかんに博多に来航し、**貿易がおこなわれました**。これを日宋貿易といいます。同じころ朝鮮では高麗がおこり、新羅を滅ぼしました。日本は高麗とも国交を結びませんでした。また、渤海も10世紀に契丹という民族に滅ぼされました。国交の有無は正誤問題で出されやすいので注意しましょう。

正誤でチェック!

次の文の正誤を判定し、正しければ㊣、誤りなら(誤)と答えなさい。

藤原道長が建てた法成寺は、宇治の別荘を寺院に改めたものである。

(誤)「宇治の別荘」は藤原頼通によって平等院という寺院になった。法成寺の元となったものはとくにない。のちに白河天皇が建てた法勝寺(→P.91)とまぎらわしいので注意しよう。

第❾講
土地政策の転換と寄進地系荘園

> 🙂 **この講のポイント**
>
> 10世紀はじめの班田を最後に、ふたたび班田がおこなわれることはありませんでした。朝廷は新しい方法で税を取るようになります。この土地制度の変化のいっぽうで、新しいタイプの荘園があらわれました。初期荘園とは違い、税を納めない特権をもった寄進地系荘園です。以後長く存在しつづけるので、しっかり理解しましょう。

≫ 国家が直接経営した田んぼ

重い労役負担に苦しむ農民は、本籍地から浮浪・逃亡するようになりました。これでは国家の税収入が減ってしまいます。そこで朝廷は、収入を確保すべく823年に大宰府の管轄下に **公営田** をもうけました。これを有力農民に貸しあたえて耕作させるのです。同じころ畿内には官田を、天皇家の財政収入のためには勅旨田をもうけています。3つをセットで覚えておきましょう。

≫ 税の取り方を変えよう

902年に班田をおこなったのを最後に、朝廷は土地政策を大きく転換しました。ひとりひとりの農民を戸籍をつくって把握することをあ

＊浮浪・逃亡・偽籍…浮浪・逃亡は、どちらも戸籍のある本籍地から逃げ出すことだが、浮浪は逃げた先で浮浪人として登録され、調・庸や労役を課税されたもの。税から逃れる方法としては、ほかに男子を女子と偽って戸籍に登録する偽籍もおこなわれた。女子のほうが税が軽かったためである。

きらめ、口分田をあたえて税を取るやり方をやめたのです。これからは**土地を新たに名（名田）という単位に編成し、それを有力農民に耕作を請け負わせ、面積に応じて税を納めさせる**というのです。名を請作する有力農民は、田堵もしくは負名とよばれました。田堵にとっては、一定額の税さえ納めればのこりは自分の取り分になるため、税が重すぎないならポジティブに耕作を請け負ったわけです。

いっぽう**国司には、徴税や地方支配の権限が大きくあたえられ**、税率などは国司が自由に決められるようになりました。そのかわりに、中央への一定額の納税を請け負ったのです。

なんか、宿題終わったら、あとは思う存分遊んでいいみたいな感じだね。

 そうだね。だからある意味やりがいのあるしくみになったともいえるね。この変化は共通テストでは要注意なんだよ。

≫ どん欲になった国司

1つの国に国司は何人かいましたが、実際に**任国におもむく国司のうちで、最上級の人**のことを**受領**とよぶようになりました。受領は権限を大きくゆだねられた人でもあります。つまり稼げば稼ぐほど、受領のふところは豊かになったのです。このため貪欲な受領があらわれました。つぎの2人はその典型です。

❶藤原元命……尾張国司だったが、農民から収奪しすぎたため、「尾張国郡司百姓等解（文）」で郡司と農民から訴えられ、国司を罷免された。（郡司と農民が訴えていることは、

 ＊**官物（かんもつ）・臨時雑役（ぞうやく）**…田堵に課された税。律令制の租・調・庸・雑徭などにみあうもの。

正誤問題の定番！）

❷藤原陳忠……『今昔物語集』に登場する信濃国司で、道から転げ落ちてもキノコを採ってからはい上がってくるほどで、「受領は倒るるところに土をつかめ」といった。

☑カネを払って国司になる風潮

これまでの国司は、郡司が徴税をおこなうのを監督するような立場でしたが、10世紀以降はみずからが田堵と契約を結ぶようになり、利益をむさぼることができる立場になりました。このため中・下級貴族は、**国司になるために私財を投じて朝廷の儀式や造寺を請け負った**のです。まるでワイロを贈るようなものですが、こうした行為を成功といいます。とりわけ同じ官職につくことを、重任といいました。

そして、現地に赴任した国司を受領とよぶのに対し、**国司に任命されても赴任しないことを遙任**といいました。そういう国司は自分のかわりに目代とよばれる人物を派遣して、政務にあたらせました。国司が不在の国衙は留守所とよばれます。

>> 土地の権利が認められた開発領主

田堵のうちで、大きな名（名田）を請け負ったものを大名田堵といいます。大名田堵はさかんに土地を開墾したため、開発領主とよばれるようになりました。彼らの多くは国衙の役人としても仕事をして、その立場は**在庁官人**とよばれました。つまり農業もしながら、国司や目代のもとで役人としてもはたらくわけです。まるで兼業農家ですね。

11世紀に入ると開発領主たちは、請作している名と開墾した土地の権利を、国司に認めてほしいと思うようになりました。なぜなら請負耕作というのは1年契約だったからです。そこで国司は、国内を

正誤でチェック！

次の文の正誤を判定し、正しければ㊣、誤りなら誤と答えなさい。

10・11世紀の受領は、都から任国に在庁官人を派遣して、政務の処理に当たらせるようになった。

誤　受領はみずから任国に赴任する。赴任しないのは遙任国司。また、その遙任国司が任国に派遣するのは、在庁官人ではなく目代。

郡・郷・保に再編成しました。これらは名よりも大きい土地の単位です。そして開発領主にその土地の権利をあたえ、郡司・郷司・保司に任命しました。

へーえ。開発領主たちはよくそんな権利が認められたものだねえ。

国司にとって開発領主は、自分が採用した在庁官人であることが多いんだ。彼らに土地の権利を認めてやることで開墾がいっそう進めば、その分たくさん税を取れるから、国司にとってもよいことだったんだよ。

≫ 税を納めない寄進地系荘園

いっぽうで開発領主の中には、国司ではなく、中央のもっとエライ人に土地の権利を認めてもらおうとする者もいました。自分が現地の管理人（荘官）となることを条件に、**土地を中央の貴族や寺社に寄進**（さしあげること）したのです。こうした土地を**寄進地系荘園**といいます。そして、荘園領主となった貴族や寺社は、その地位を利用して**税を納めなくてよい権利**（**不輸の権**）を獲得しました。

つまり土地を寄進した開発領主は、これまで国衙に納税してきた分を、これからは荘園領主である貴族や寺社に納めることで、現地における土地支配権を保障されたのです。不輸の権を得た荘園には、次の2タイプがあります。

❶官省符荘……太政官符と民部省符の2つの文書を得て納税を免除された荘園。
❷国免荘………国司によって納税を免除された荘園。

＊荘官の種類…荘園の管理人を荘官というが、一人ではなく預所（あずかりどころ）や公文（くもん）・下司（げし）などの複数がいた。

荘園では、不輸の権につづいて**不入の権**も獲得しました。これは、**国司が土地調査のために派遣する検田使の立ち入りを拒否する権利**です。

荘園と公領の違うとこ・同じとこ

荘園の中はいくつかの名（名田）に分けられていました。それを請負耕作していた田堵は、やがて名の支配権を認められ、**名主**とよばれるようになりました。今まで耕作を請け負っているだけだったのが、本当に名の主となったのです。だから名主というわけですね。名主のもとには、名主から土地を借りている作人と、隷属農民の下人がいました。そして名主が領主に納めるものは、**年貢・公事・夫役**の3つでした。年貢は米、公事は特産物、夫役は労役のことです。

こうした荘園に対して、**国衙に税を納める土地は大きく公領（国衙領）**とよばれました。その中には郡・郷・保があります。そしてここでも、荘園と同じ構造ができていきました。たとえば、郡の中にもいくつかの名があって、そこに名主・作人・下人がいる形になったのです。納めるものも年貢・公事・夫役といいます。

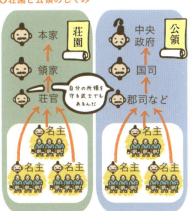

❶荘園と公領のしくみ

荘官や郡司・郷司らは自分の所領を守る武士でもあったんだよ。

＊**本家と領家**…領家の力がおとろえると、さらに上位の皇族や摂関家などに寄進することがあった。その家を本家という。とくに院政期には上皇への寄進が集中し、鳥羽上皇の八条院領（はちじょういんりょう）や後白河上皇の長講堂領（ちょうこうどうりょう）といった皇室領荘園がうまれた。

名を耕作する農民の変化

❶ 田堵……10世紀に名(名田)の耕作を国司から請け負った
　　　　有力農民。1年契約のため土地に対する権利が弱い。
　　　　やがて名主に成長する。

※大名田堵は大きな名(名田)を請負耕作し、やがて開発領主となった。

❷ 名主……12世紀前後にあらわれた、荘園や公領内の名(名
　　　　田)の管理人。土地に対する権利が強い。年貢・
　　　　公事・夫役を領主に納める。

❹神護寺杣田荘

荘園の端を示す「牓示」と呼ばれる印

地図中の地名は覚える必要はありません

ちょっと補足　＊肥後国鹿子木荘(かのこぎのしょう)…典型的な寄進地系荘園で、開発領主が所領を寄進して荘官(預所)となり、寄進を受けた領家がさらにエライ人に寄進して、それが本家となる様子が史料にのこされている。

第⑩講 武士の台頭

この講のポイント

10世紀以降、武士の存在が目立ちはじめました。いくつもの戦いがおこる中で、東国には源氏武士団がうまれ、対する西国は平氏武士団の拠点となっていったのです。平安末期には武士の平清盛が政権をにぎるほどになります。いくつもあった戦いの順序と鎮圧者の組み合わせに注意しましょう。

>> 平将門と藤原純友が東西で反乱

10世紀におこった**平将門の乱**と**藤原純友の乱**は、あわせて承平・天慶の乱とよばれています。これを武士のデビュー戦ととらえましょう。

まず平将門の乱ですが、将門は桓武平氏の血を引く人物でした。桓武天皇のひ孫に高望王という人がいて、彼が皇族から臣下、つまり一般人にくだったときに、「平」という姓を名のったのです。これが桓武平氏のはじまりでした。将門は平高望の孫で、下総国を拠点に反乱をおこし、**関東一帯を制圧して939年には自分のことを「新皇」と称しました**。天皇になぞらえたネーミングです。しかし、平貞盛と藤原秀郷によって鎮圧されました。

ちょうど同じ年の939年、伊予国の元国司の藤原純友が反乱をおこ

正誤でチェック!

次の文の正誤を判定し、正しければ㊣、誤りなら㊮と答えなさい。

平安時代、海賊を率いて藤原秀郷らが反乱をおこし、大宰府などを襲撃した。

㊮ 藤原秀郷ではなく藤原純友。藤原秀郷は平将門の乱を鎮圧した人物。

しました。純友は**瀬戸内海一帯を制圧し、大宰府を焼き討ち**するほどの勢いでしたから、朝廷は東西同時の反乱にかなりあせらされたのです。しかし、源経基と小野好古によって鎮圧されました。

将門と純友は打ち合わせして反乱したの？

いやそうじゃなかったみたいなんだ。でも、同じ年ってのが意味深だよね。10世紀という時代は律令国家が崩壊していく時期だけど、地方支配も今までのようにはいかなくなったことがわかるね。

ところで、藤原純友の乱を鎮圧した源経基は清和天皇の孫で、やはり臣下にくだったときに「源」と名のったのです。だから**清和源氏**の祖といわれていて、この一族からやがて鎌倉幕府をひらく源頼朝が出てくるのです。

≫ いくさに強い清和源氏

1028年、房総（現在の千葉県）で**平忠常**が反乱をおこしました。それを鎮圧したのは、源経基の孫にあたる**源頼信**です。これをきっかけに**源氏は関東に進出**していくことになります。

1051年には、陸奥の豪族の安倍氏が反乱をおこし、それを今度は源頼信の子の**源頼義**が鎮圧しました。この戦いを**前九年合戦**といいます。ついで1083年には**後三年合戦**がおこりました。今度は源頼義の子の**源義家**が、藤原清衡をたすけて奥羽の清原氏を滅ぼした戦いです。なんだかごちゃごちゃしていますね。系図で整理しましょう。

＊**棟梁（とうりょう）** …武士団のボスのこと。源氏は関東の武士を動員し恩賞をあたえるなどしたため、関東に源氏を棟梁とする武士団ができた。動員された武士は荘官クラスや郡司・郷司クラスの人たちだった。

> 清和源氏が活躍した戦い
>
> 経基―――満仲―――頼信―――頼義―――義家
> 藤原純友の乱　　平忠常の乱　前九年合戦　後三年合戦
> （939年）　　　（1028年）　（1051年）　（1083年）

≫ 砂金でウハウハな奥州藤原氏

　後三年合戦で勝利した藤原清衡は、陸奥国の**平泉**を拠点として陸奥・出羽の奥羽地方の支配権を確立し、奥州藤原氏の祖となりました。陸奥国では金が産出するため、清衡、基衡、秀衡の3代に渡って一族は栄えたのです。平泉には清衡による**中尊寺金色堂**が今ものこっています。約100年間の栄華のあと、源頼朝によって滅ぼされます。

> **奥州藤原氏**
> 　き　　も　　ひ　　やす
> 藤原**清**衡　**基**衡　**秀**衡　**泰**衡

奥州藤原氏

＊**刀伊（とい）の入寇（にゅうこう）**…1019年、中国東北部に住む女真族（じょしんぞく）（刀伊）が博多湾を襲撃した。大宰府にあった藤原隆家（たかいえ）は現地の武士を動員してこれを撃退した。この事件を刀伊の入寇という。

88   1章　原始・古代

史料問題をどう解くか❶　2010年度日本史Ｂ追試験から

　共通テストでは、初めて目にする史料を読解して解く問題が出題される。どうやって解くのかを知ろう。まず、問題を解いてみよう。

　次の史料は、律令国家が地域の状況を調べるために各国に命じて編纂させた書物の一部である。

行方郡*1

古老いへらく、難波の長柄の豊前の大宮に馭宇しめしし天皇*2の世、癸丑の年*3、茨城の国造小乙下*4 壬生連麿・那珂の国造大建*5 壬生直夫子ら、惣領*6 高向の大夫・中臣幡織田の大夫らに請ひて、茨城の地の八里と那珂の地の七里とを合せて七百余戸を割きて、別きて郡家を置けり。

＊１　行方郡：常陸国の郡の一つ
＊２　難波の長柄の豊前の大宮に馭宇しめしし天皇：孝徳天皇
＊３　癸丑の年：西暦653年　　＊４　小乙下：7世紀の冠位の一つ
＊５　大建：7世紀の冠位の一つ　＊６　惣領：東国を総轄統治する役人

問　史料に関して述べた文として**誤っているもの**を、次の①〜④のうちから一つ選べ。
①　史料には、「古老」の語りが記録されている。
②　史料にある「行方郡」の「郡」は、設置された当初、「評」と表記されていた。
③　史料にある「里」は、一里がおよそ五十戸であったと考えられる。
④　史料にある「壬生連麿」と「壬生直夫子」は、中央から派遣された役人である。

【正解】④
【解説】①「古老いへらく」から、古老が言った話だと考える。②郡評論争を思い出そう。「郡」は最初「評」だった。③律令制では1里＝50戸と定められていた。④史料中の「壬生連麿」と「壬生直夫子」の手前には、どちらも「国造」とある。これはヤマト政権のころの地方官だ。それが律令制度では、郡司になったことを思い出そう。史料の末尾にも「郡家」、つまり郡衙を置いたことが見える。律令制下の郡司は地方豪族がつとめる役職で、「中央から派遣された役人」ではない。誤文である。ここで、中央から派遣されたのは国司だったことを思い出せば、より安心して誤文と判別できる。国司と郡司の違いは正誤問題の定番だった。
　こういう感じで、史料を注も見ながら読解し、その上で選択肢を一つずつ正誤判別していこう。そうすれば、初めて見る史料でも解ける！

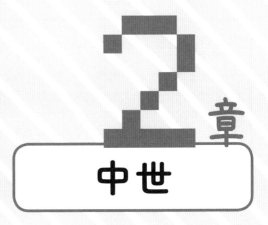

この章でまなぶこと

1. 院政 …………………………………… 90
2. 平氏政権 ……………………………… 94
3. 鎌倉幕府の成立 ……………………… 96
4. 執権政治 ……………………………… 100
5. 建武の新政と南北朝時代 …………… 108
6. 室町時代の守護大名 ………………… 112
7. 室町時代の貿易 ……………………… 117
8. 惣村と一揆 …………………………… 122
9. 中世の産業 …………………………… 126
10. 戦国大名 …………………………… 130

第1講 院政

この講のポイント

平安後期の約100年間は、上皇が政治をとった時代です。摂関政治が天皇の母方の親戚による政治だったのに対し、院政は天皇の父である上皇による政治です。このため摂関家の勢力はおとろえていきました。白河上皇・鳥羽上皇・後白河上皇の3人の院政がありますが、その前のイントロにあたる後三条天皇の政治から見ていきましょう。

>> 摂関家を無視した後三条天皇

藤原道長・頼通の親子が栄華をきわめたあと、藤原氏を外戚としない**後三条天皇**が即位しました。後三条天皇の母は皇族だったので、天皇は藤原氏に気がねすることなく政治をおこないました。その典型が1069年に発した**延久の荘園整理令**です。**記録荘園券契所**（**記録所**）を設置して、**一定の条件を満たしていない荘園を禁止**しました。たとえ藤原摂関家の荘園であっても禁止の対象にしたところが、摂関家を母にもたない後三条天皇らしい点です。このときはお米をはかる統一枡として、**宣旨枡**も定めました。

正誤でチェック！

次の文の正誤を判定し、正しければ㊣、誤りなら㊥と答えなさい。

記録荘園券契所を設けた後三条天皇は、鳥羽上皇や後白河上皇に寄進された荘園をも整理の対象とした。

㊥　「鳥羽上皇や後白河上皇」は、後三条天皇よりもあとの時代の人物。これが「摂関家」なら正文。

荘園の禁止ってどういうこと？

国家から「その土地は荘園とは認めません！　ちゃんと国に税金を払ってください」っていわれて、公領になっちゃうことだよ。

≫ 天皇OBの上皇による院政

　後三条天皇のあとをついだ**白河天皇**は、1086年に子の**堀河天皇**に天皇の地位をゆずり、みずからは上皇として政治の実権をにぎりつづけました。上皇のことを院ともいうので、こうした形の政治を**院政**といいます。上皇は部活のOBみたいなもので、制約の多い現役の天皇と違って、フリーな立場で政治ができました。もっとも、上皇となった誰もが政治をおこなえたわけではありません。上皇が複数いても主導権をにぎれたのはひとりだけです。たとえば、白河上皇のあとに院政をおこなったのは、子の堀河天皇ではなく、次の鳥羽上皇なのです。そのあとには後白河院政がつづきました。

≫ あつい仏教心の上皇たち

　上皇たちは仏教をあつく信仰し、高野山金剛峰寺や熊野三社に何度も出かけました。これを高野詣・熊野詣といいます。そして出家してお坊さんになると、法皇とよばれました。この時期には、白河天皇による**法勝寺**をはじめとする**六勝寺**が、天皇らによってつくられました。
　その反対に、お坊さんサイドではわがままな人たちが出てきました。

＊**院政**…上皇が政治をおこなう役所を院庁（いんのちょう）といい、上皇みずからが出す命令書は院宣（いんぜん）、院庁が出す命令書は院庁の下文（くだしぶみ）といった。上皇を支えたのは受領などの貴族で、彼らは院の近臣（きんしん）とよばれた。

「**南都・北嶺**」とよばれた奈良の**興福寺**と比叡山の**延暦寺**の僧兵です。どちらの寺院も荘園をたくさんもっていて、神仏を利用して朝廷にさまざまな要求をぶつけたのです。

六勝寺っていうのは、尊勝寺とか最勝寺みたいに「〇勝寺」って名前のお寺なんだ。6つあるけど、共通テストで出るのは法勝寺だけだよ。

僧兵の強訴

❶ **南都**……興福寺をさし、春日神社の神木をかついで強訴した。
❷ **北嶺**……延暦寺をさし、日吉神社の神輿をかついで強訴した。

南都・北嶺の僧兵の強訴
なんてこう福　春の日　木の下　　北の暦は吉日　おみこし
南都　興福寺　春日神社　神木　　北嶺　延暦寺　日吉神社　神輿

≫ ブームとなった知行国制

院政期には、上皇・貴族・大寺社などに**一国の支配権をあたえ、その国の公領（国衙領）からあがる年貢を得させる制度**がはやりました。これを**知行国制**といいます。支配権をもつ人は知行国主とよばれ、子弟や近親者を国司に任じてその国を支配したのです。

荘園はどうなっちゃったの？

＊**北面（ほくめん）の武士**…白河上皇は院の警護のために北面の武士を設置した。のちに後鳥羽上皇が設置する西面（さいめん）の武士とまぎらわしい。

＊**興福寺**…興福寺は藤原氏の氏寺（うじでら）で、中世には大和国の守護にあたる立場を保ちつづけた。いっぽう春日神社は藤原氏の氏神（うじがみ）だった。

相変わらず存在してるよ。でも、荘園の年貢は荘園領主に納められるから、国司が取ることはできないよ。つまり知行国主であっても、荘園には手を出せないんだ。

>> 保元の乱と平治の乱

1156年、鳥羽法皇が亡くなると、朝廷の中では崇徳上皇と**後白河天皇**が主導権をめぐってぶつかりました。そこに摂関家の頼長・忠通の対立も結びつき、武士の源氏や平氏を動員しての戦いとなったのです。これを**保元の乱**といいます。これに勝った後白河天皇は、上皇となって院政をおこないましたが、今度は**源義朝**と平清盛がぶつかりました。2人は保元の乱で後白河天皇方についた武士団の棟梁です。ここに、院の近臣の藤原信頼と**藤原通憲（信西）**が結びついて戦いとなりました。1159年の**平治の乱**です。2つの戦いに勝って武士の力を見せつけた平清盛は、急速に力を伸ばしました。

❶保元の乱と平治の乱

保元の乱のときは源氏と平氏が一族内でも敵味方に分かれて戦ったんだ。

＊**平治の乱**…源義朝らは藤原通憲を自殺に追いこんだが、平清盛の反撃にあって敗死した。義朝の子の頼朝は伊豆に流され、平氏の一族である北条氏に監視されることになった。

第❷講
平氏政権

> 😊 **この講のポイント**
> 平清盛は武士団の棟梁でありながら、摂関政治にも似た政治をおこないました。つまり平氏政権は、武士的性格と貴族的性格をあわせもったものだったのです。そして日宋貿易は、輸出入品が盲点となりがちです。

≫ 平清盛の貴族っぽいところ

平清盛は1167年、**武士ではじめて太政大臣**になりました。清盛はその地位を利用して、一族で高い官職を独占し、荘園や知行国をたくさん支配しました。一族内には「平家一門でなければ人ではない」とのたまった人もいたほどです。娘の徳子を高倉天皇に嫁せるあたりは摂関家と同じですね。

≫ お金のなる木の日宋貿易

10世紀におこった宋とは国交はありませんでしたが、民間の貿易はおこなわれていました（→ P.78）。清盛は貿易を積極的におこなおうとして、摂津国の**大輪田泊**を修築しました。ここは現在の神戸港です。宋船にここまできてもらって貿易したのです。貿易品はつぎのとおりです。

＊**唐物（からもの）**…中国からの輸入品は、唐の時代でなくても「唐物」といった。なかでも中国銭は、貨幣がつくられなくなった日本国内で流通し、平氏政権の重要な財源となった。

❶輸出品…砂金・刀剣・硫黄・水銀
❷輸入品…宋銭・陶磁器・書籍・織物

⬇日宋貿易

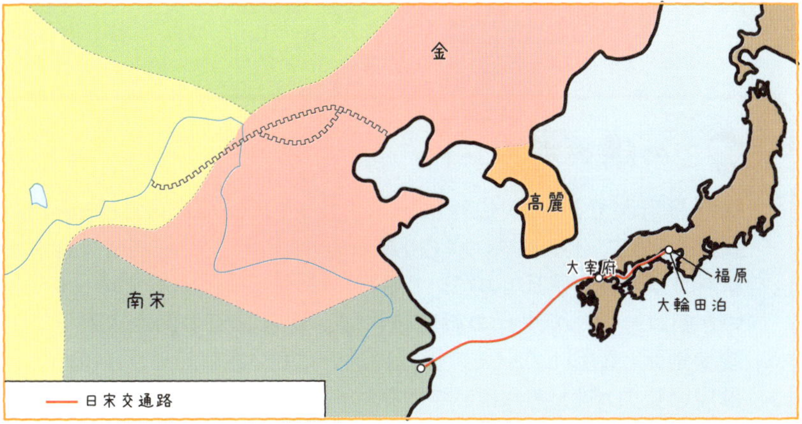

後白河法皇の反発

平家一門ののさばりぶりを苦々しく思った**後白河法皇**は、1177年に鹿ヶ谷の山荘で、近臣らと**平氏打倒の陰謀**をめぐらしました。しかし、それがばれると近臣らは処罰されました。これを鹿ヶ谷事件といいます。清盛はそのあと、後白河法皇を幽閉し、娘の徳子が生んだ孫を天皇に立てました。安徳天皇です。

清盛は天皇のおじいちゃんになったんだ。じゃあ摂政ってこと？

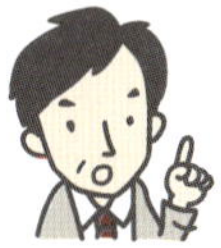

いや、それが摂政にはなってないんだ。
摂政・関白は藤原摂関家がやるものと決まっていたんだよ。

正誤でチェック！
次の文の正誤を判定し、正しければ㊣、誤りなら㊥と答えなさい。
鎌倉時代には、日本から中国に大量の陶磁器が輸出された。
誤　鎌倉時代も日宋貿易がつづけられたが、陶磁器は輸出品ではなく輸入品。

第❸講
鎌倉幕府の成立

😊 この講のポイント

鎌倉幕府ができていく過程は、年を追ってていねいにたどる必要があります。「イイクニつくろう鎌倉幕府」と暗記するだけでは単純すぎです。平氏との戦いと並行して幕府の組織はととのっていきました。そして平氏の滅亡後には、鎌倉幕府の御家人が守護や地頭となりました。その役割の違いにも注意しましょう。鎌倉幕府の勢力がまだそれほどではなかった時代の話です。

≫ 源氏たちの挙兵

　1180年に安徳天皇が即位したことで、後白河法皇の子の**以仁王**は、天皇になる可能性を絶たれてしまいました。反発した以仁王は、平氏を討てという命令、以仁王の令旨を発しました。このとき以仁王とともに挙兵したのが 源 頼政です。こうしてはじまった源平の争乱を、治承・寿永の乱といいます。しかし、トップバッターの源頼政は早々に敗死しました。二番手は**源頼朝**です。伊豆国で挙兵し、石橋山の戦いでは敗れたものの、その後は勝ち進みました。同じころ、信濃国では**源義仲**が挙兵しています。これに対して清盛は、半年ほど摂津国の**福原京**に遷都しましたが、また平安京にもどりました。**福原京は大輪田泊のすぐそばにつくられた都**です。

＊**南都焼き打ち**…平安京の南の平城京にある東大寺と興福寺が平氏に反抗すると、清盛の子の平重衡（しげひら）はこれを焼き打ちした。このとき大仏が焼失したが、のちに重源（ちょうげん）が宋から来た陳和卿（ちんわけい）の協力を得て復興した。

≫ 鎌倉幕府のはじまり

　平氏を破った頼朝は、鎌倉に腰をすえて政治機構をととのえていきました。1180年には、頼朝の家来である御家人をまとめるための**侍所**を設置し、長官に**和田義盛**を任じました。1184年には、一般政務をつかさどる公文所と、裁判を担当する問注所を設置しました。長官となったのは、それぞれ**大江広元**と三善康信です。

> **鎌倉幕府成立期におかれた3つの機関とその長官**
> ❶ 侍所………和田義盛
> ❷ 公文所……大江広元
> ❸ 問注所……三善康信

こうした機関がおかれたことで、鎌倉幕府がはじまったとみなされたりするんだ。

≫ おごる平氏は久しからず

　平清盛が没したあと、1183年に**源義仲が都入りをはたしたため、平氏は西日本に逃れました**。頼朝は弟の源義経らに命じて義仲を討ち、ついで1185年に平氏を長門国の**壇の浦の戦い**で滅ぼしました。

　この過程で頼朝は、1183年に東国の支配権を後白河法皇から認められました。さらに1185年の平氏滅亡後には、**守護・地頭**という役職を設置することを認められました。

＊**源義経**…壇の浦の戦い後、源義経は頼朝と対立して奥州藤原氏(◎P.87)に身を寄せた。最初はかくまわれたが、やがて1189年に頼朝を恐れた藤原泰衡によって殺された。しかし、その泰衡も頼朝によって滅ぼされ、奥州藤原氏は滅亡した。

≫ いざ鎌倉！ 御家人制度

　関東で荘園や公領を管理している荘官や郡司・郷司たちは、所領の支配を荘園領主や国司から保障されていました。しかし、いくらエライとはいえ貴族なので、戦いになったらたよりになりません。武士が力をもつ時代と変わっていっているのです。そこで関東の武士たちは源頼朝と主従関係を結び、**頼朝に対して奉公するかわりに、頼朝から所領の保障（これを安堵といいます）を受けた**のです。奉公とは年貢を納めることではありません。戦いや警備の仕事をすることです。年貢は今までどおり、荘園領主や国司に納めるのです。

❶御恩と奉公

御恩…もともともっている所領を保障する本領安堵と、新たに所領をあたえる新恩給与
奉公…戦いに参じる軍役と、平時に警備をおこなう番役

番役をおこなう場所は京都と鎌倉で、それぞれ京都大番役、鎌倉番役というんだ。

≫ 守護と地頭のオシゴト

　頼朝は平氏を滅ぼすと、御家人を守護や地頭に任じました。**守護は国に1人の役職で、大犯三カ条という権限をもっています。**

＊**大犯三カ条**…国内の御家人を京都大番役につかせる大番催促と、謀叛人(むほんにん)の逮捕、殺害人の逮捕の3つ。

地頭は荘園や公領ごとに1人おかれる役職で、年貢を徴収して領主に納めたり、治安維持をおこないました。1つの国の中に何人かの御家人がいて、彼らがそれぞれの所領で地頭となり、そのうちの1人が守護を兼ねたのです。

守護や地頭になると何がトクなの？

地頭は管理してる土地から収入が得られたけど、守護になっても特別手当が出るわけじゃないからトクじゃないかもね。その国の御家人の中で一番エライというだけだね。

鎌倉時代の守護と地頭

❶ **守護**……国ごとに1人おく。権限および任務は大犯三カ条。
❷ **地頭**……荘園・公領ごとにおく。任務は年貢徴収・治安維持など。

≫ 源頼朝ついに征夷大将軍

1189年に奥州藤原氏を滅ぼした頼朝は、翌年、右近衛大将に任じられました。そして1192年に後白河法皇が亡くなると、ついに念願の**征夷大将軍**になれたのです。

右近衛大将って役職を覚えておくと、史料問題で役に立つよ。鎌倉時代の史料では、よく頼朝のことが「右大将」って書かれていて、誰をさすかが問われやすいんだ。

＊**鎌倉幕府の財政基盤**…源頼朝は、関東御分国（ごぶんこく）とよばれる知行国と、関東御領とよばれる荘園を多数もっていた。

第❹講
執権政治

> 😊 **この講のポイント**
>
> 源頼朝の死後は、妻の一族である北条氏が執権という役職を独占するようになり、将軍は飾りにすぎなくなりました。このため鎌倉時代のできごとは、7人の執権ごとに区切ってつかみましょう。時政→義時→泰時→時頼→時宗→貞時→高時です。幕府の機関がいつ設置されたかにもこだわってください。

≫ 頼朝亡きあと……

1199年に源頼朝が没すると、子の頼家が2代将軍となりました。しかし、頼朝のような指導力はもてず、有力御家人たちによる合議政治がおこなわれました。その中で台頭したのが**北条時政**、頼朝の妻政子のお父さんです。これ以後、北条氏は有力御家人を倒しながら、勢力を強めていくことになります。

≫ 北条時政と北条義時

2代将軍頼家の妻は有力御家人比企能員の娘でした。北条時政は比企氏と対立し、1203年にこれを滅ぼしました。翌年には頼家も殺され、3代将軍には弟の実朝がつきました。

時政のあとをついだ子の**北条義時**は、1213年に侍所別当の**和**

次の文の正誤を判定し、正しければ㊣、誤りなら㊤と答えなさい。
鎌倉幕府第3代将軍源実朝が暗殺された後、和田義盛が滅ぼされた。
㊤ 和田義盛が滅ぼされたのは、源実朝の暗殺より前。

田義盛を滅ぼしました。このとき義時は、政所（以前の公文所）の別当と侍所別当を兼任しました。その地位を執権といって、これ以後代々北条氏がつくようになります。

源氏将軍の断絶

1219年、3代将軍源実朝がおいの公暁によって殺されると、源頼朝の血を引く男子はいなくなりました。そこで北条義時は、かわりに摂関家の幼子をまねいて将軍に立てました。藤原（九条）頼経です。こうした将軍を摂家将軍といいます。当時、公家勢力のトップだった後鳥羽上皇は、これを幕府を倒すチャンスだと考えました。

どうしてチャンスなの？

源氏でもない2歳のガキが将軍じゃあ、幕府は空中分解するだろうと考えたんだよ。

後鳥羽上皇がいどむ承久の乱

1221（承久3）年、ついに後鳥羽上皇は北条義時追討の命令を出しました。しかし、幕府側にはいまだに頼朝の妻政子が健在で、政子は動揺する御家人に語りかけて、頼朝のご恩を思い出させました。おかげで御家人の結束は崩れず、幕府軍は京都に攻めのぼって上皇方を破りました。この承久の乱のあとには、幕府の勢力が西日本にも広くおよぶようになり、幕府が公家勢力よりも優位に立つようになります。

＊公暁…源頼家の子で、自分の父を殺したのは叔父の実朝だと思っていた。父の敵とばかりに実朝を殺したが、直後に討たれた。

＊新補率法（しんぽりっぽう）…新補地頭の収益分を定めた法。11町につき1町の免田（年貢を納めなくていい田地）や、1段につき5升の加徴米（かちょうまい）を徴収してよいことなどが定められた。

承久の乱後の処理

❶後鳥羽上皇ら3上皇を配流し、後堀河天皇を立てた。
❷朝廷の監視と西国御家人の統括にあたる**六波羅探題**をおいた。
❸上皇方についた武士の所領を没収し、そこに新補地頭をおいた。

≫ 武家のルールをつくった北条泰時

　義時のあとには子の**北条泰時**が執権となりました。泰時は、組織やルールをととのえて幕府を安定させた執権です。まず執権を補佐する連署という役職をおきました。初代をつとめたのはおじの北条時房です。それとともに約10名の有力御家人を選んで**評定衆**とし、執権・連署・評定衆による合議政治のしくみをつくりました。

　ついで1232（貞永元）年には、**御成敗式目**（貞永式目）を定めました。これは51カ条からなる武家社会の根本法典です。このルールのベースとなったのは、**頼朝以来の先例と、「道理」とよばれた武家社会の慣習**です。つまり**御成敗式目が使われたのは、幕府の影響力のおよぶ範囲だけ**なのです。公家社会ではこれまでの律令などの公家法が使われました。

2つ法律があったの!?

＊式目追加…御成敗式目の制定後に幕府が出した追加法令。

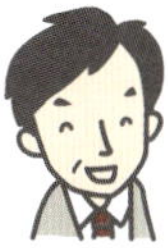

そうなんだよ。公家の中でのトラブルには幕府は口出ししないからね。ただし公家と武家がぶつかったときには、武家法が優先された。これは正誤問題の定番ポイントだよ。

北条氏の地位を高めた北条時頼

やがて所領訴訟が増えてくると、執権**北条時頼**は1249年に**引付（衆）**をおき、**裁判のスピードアップ**をはかりました。この時頼の時代には、1247（宝治元）年に**宝治合戦**がおこっています。時頼が有力御家人の**三浦泰村**を滅ぼして、北条氏の地位をいちだんと強めた事件です。また、摂家将軍にかえて天皇家から**宗尊親王**を将軍に迎えました。皇族将軍とよばれます。

鎌倉時代の執権（1）

ここできめる！

❶**北条時政**……比企能員の乱（1203年）
❷**北条義時**……和田義盛の乱（1213年）、源実朝暗殺、承久の乱（1221年）
❸**北条泰時**……連署・評定衆設置（1225年）、御成敗式目制定（1232年）
❹**北条時頼**……宝治合戦（1247年）、引付設置（1249年）

武芸にはげむ武士の生活

武士たちは堀でかこまれた館に住み、武芸練習にはげみました。館の周囲には佃や門田とよばれる直営地があり、下人たちに耕作させました。武家では、本家の長である惣領がのこりのメンバーの庶子をひ

正誤でチェック！

次の文の正誤を判定し、正しければ㊣、誤りなら誤と答えなさい。
御成敗式目は、律令や公家法を否定すべきものとして制定された。
誤 「否定すべきもの」ではない。御成敗式目は武家社会のための法典で、公家法も併存した。

きいて軍役などにあたりました。このしくみを惣領制といいます。**所領は庶子たちに分割相続**していましたが、相続をくり返すうちに所領は小さくなっていきました。

❶笠懸

笠を的にして矢を放つ

武士は戦にそなえて武芸練習にはげんだ。**笠懸・犬追物・流鏑馬**をあわせて騎射三物という。

≫ 地頭の荘園侵略

　公家勢力に対する幕府の地位が高まってくると、地頭の中に幕府の権威をかさに着て、荘園領主への年貢納入をサボる者があらわれました。しかし、地頭を任命したのは幕府なので、いくら領主が腹を立てても勝手にクビにはできません。そこで、地頭請や下地中分といった解決策が取られました。

　地頭請は、**荘園領主が地頭に荘園経営をゆだねるかわりに、地頭が領主への年貢納入を請け負う**というものです。いっぽう**下地中分**は、**荘園を領主分と地頭分に分割**するものです。

❶地頭請と下地中分

地頭請	下地中分
地頭 / 年貢 / 領主	管理人 / 地頭 / 年貢
地頭は自由に荘園経営ができる。領主は年貢だけは確保できる。	地頭は年貢納入をせず、土地からの収入はすべて自分のものになる。 領主は別の管理人を立ててそこから年貢収入を得る。収入は半減するが、ゼロよりはまし。

ちょっと補足

＊**女性の地頭**…鎌倉時代は女性でも所領の相続を受け、夫が亡くなった場合などに地頭になることもあった。

＊**一期分(いちごぶん)**…分割相続のくり返しで所領が小さくなると、女性は一代限りの相続(一期分)となった。つまり、所領をもらって嫁いでも、その女性が死ぬと所領を実家にもどすのである。

≫ 2度に渡る蒙古襲来

13世紀、大陸では広大なモンゴル帝国が生まれていました。そのトップに立つフビライ=ハンは、国号を元とあらため、朝鮮半島の高麗も服属させました。さらに日本にも手をのばしましたが、執権**北条時宗**は元からの服属要求を拒否しました。このため、元は2度にわたって日本をおそったのです。その戦いは文永の役と弘安の役で、2つをあわせて**元寇**、もしくは蒙古襲来といいます。

1度目の**文永の役**は、1274（文永11）年のことでした。元と高麗の軍勢が九州北部に来襲し、集団戦法と火薬兵器「てつはう」に日本軍は苦しめられました。しかし、おりからの暴風雨にもたすけられ、追い返せたのです。幕府は元の再来に備え、博多湾に石塁（石築地）を築き、九州の御家人にはあらたに異国警固番役を負担させました。

元はその後、中国南半にあった南宋をくだしたため、1281（弘安4）年には高麗と南宋の兵を含めた大軍で日本をおそいました。これが2度目の戦い、**弘安の役**です。日本はこのときも暴風雨にたすけられ、なんとかピンチを切り抜けました。

幕府は元の再来に備えて、博多に**鎮西探題**をおき、**北条氏一門を送って九州地方を統括**させました。

≫ 北条氏のボス「得宗」の専制政治

武家では、本家のボスを惣領といいましたが、北条氏の場合は**得宗**といいます。役職名の執権とまぎらわしいので注意しましょう。**得宗は役職ではなく、北条本家のボスという立場**なのです。

ちょっと補足

＊紀伊国阿氐河荘（あてがわのしょう）…地頭に酷使された農民が、地頭の横暴を荘園領主に訴えた荘園。カタカナだらけの訴状が有名。
＊蒙古襲来絵巻…肥後国の御家人の竹崎季長が、自分の奮戦ぶりを絵師に描かせた絵巻物。
＊異国警固番役…御家人だけでなく、非御家人(将軍と主従関係のない武士)にも課せられた。

執権と得宗って、結局同じ人のことだよね？

いや、同じとはかぎらないんだ、なぜなら本家のボスだからといって、死ぬまで執権をやってるとはかぎらないから。つまり北条氏の分家の人が執権をやることもあったんだよ。

元寇のころから得宗の権限が強くなり、**得宗の私的な家臣**の**御内人**まで出しゃばりはじめました。これに不満をもったのが御家人たちです。両者の対立は**霜月騒動**に発展しました。1285年に内管領（御内人の中のトップ）の**平頼綱**が、有力御家人の**安達泰盛**を滅ぼしたのです。これ以後は、評定衆は形ばかりとなって、**得宗と御内人による得宗専制政治が確立**しました。

≫ 永仁の徳政令で借金帳消し

鎌倉時代に国内でお金がつくられることはありませんでしたが、中国から入ってきた宋銭が流通していました。武士たちもお金を使うようになり、お金に困ると**土地を担保に借金**するようになりました。

元寇は負けなかったものの、敵から所領を奪った戦いではありません。このため幕府は、御家人がいくら手柄を立てても大したほうびを出せず、御家人をがっかりさせました。さらに分割相続が何世代もつづいて所領が細分化したため、御家人の収入が減って生活は苦しくなりました。そこで幕府は1297（永仁5）年に**永仁の徳政令**を出し、**御家人の借金を帳消し**にしたのです。

＊**御家人と御内人**…御家人は、あくまでも将軍と直接主従関係を結んだ人。これに対し御内人は得宗家の私的な家臣。得宗も一御家人であるため、その家臣は御家人とはいえない。

＊**永仁の徳政令**…御家人が借上とよばれる高利貸業者に売却した所領を、無償で取りもどさせた。つまり借金のカタに取られた土地が、借金を返さなくてももどってきたのである。

≫ 北条高時で終わった鎌倉幕府

最後の得宗となったのは**北条高時**でした。高時の時代には内管領の長崎高資が政治を動かし、高時は遊びにふけってばかりいました。武士社会では、**分割相続のゆきづまり**にともない、血縁的結合にもとづく惣領制が崩れていきました。また、畿内では幕府や荘園領主にはむかう武士があらわれ、**悪党**とよばれました。

「悪党」って入試によく出るコトバなの？

うん、今は「悪党」って広く「善人」の反対語として使うけど、この「悪党」はちょっと違うからね。
支配者にさからって、秩序を乱す武装集団のことなんだ。

鎌倉時代の執権（2）

❶ **北条時宗**……文永の役（1274年）、弘安の役（1281年）
❷ **北条貞時**……霜月騒動（1285年）、永仁の徳政令（1297年）
❸ **北条高時**……建長寺船派遣（1325年）

次の文の正誤を判定し、正しければ㊣、誤りなら㊥と答えなさい。
御家人の所領相続形態は、永仁の徳政令を契機に次第に単独相続から分割相続へと移行していった。

㊥ 単独相続と分割相続が逆。分割相続のくり返しで所領が小さくなり、単独相続に移行せざるをえなくなった。また、それは永仁の徳政令が契機というわけではなく、徐々に進んだものだった。

第❺講
建武の新政と南北朝時代

😊 この講のポイント

鎌倉幕府の滅亡後、短期間の建武の新政をはさんで室町幕府がはじまります。しかし、幕府は対立する南朝勢力を倒せず、約60年に渡って同時に2人の天皇がならび立つ南北朝時代となりました。足利尊氏の立ち位置に注目しながら流れをたどりましょう。

≫ 2つに分かれた皇統

鎌倉時代後期、天皇家では2つの皇統が主導権争いをおこしていました。皇統とは天皇の血統のことで、1つは後深草天皇にはじまる**持明院統**。もう1つは亀山天皇にはじまる**大覚寺統**です。そこで幕府は、交互に天皇を立てる両統迭立を勧めましたが、対立はやみませんでした。

🔸持明院統と大覚寺統

次の文の空欄にあてはまる語句は、①持明院統 ②大覚寺統のうちどちらか。
足利尊氏は〔　〕の光明天皇を擁立して幕府を開いた。
答えは①。

鎌倉幕府の滅亡

　大覚寺統の**後醍醐天皇**が即位すると、天皇はかつて後三条天皇が設置した記録所を再興しました。後醍醐天皇は側近たちと討幕計画をくわだてたものの、2度に渡って失敗しました。1324年の正中の変と1331年の**元弘の変**です。側近らは処罰され、後醍醐天皇も隠岐に流されました。

　後醍醐天皇に味方した河内の悪党**楠木正成**は、なおも幕府に反抗しつづけ、その鎮圧に幕府からは有力御家人の**足利尊氏**が派遣されました。しかし、尊氏も幕府をみかぎって六波羅探題を攻め、関東では**新田義貞**が鎌倉を攻撃して、1333年鎌倉幕府は滅亡しました。

> **鎌倉幕府を倒した武士たち**
> ❶ 楠木正成……河内の悪党でいち早く挙兵。
> ❷ 足利尊氏……幕府の有力御家人で六波羅探題を攻略。
> ❸ 新田義貞……上野の武士で鎌倉を攻略。

後醍醐天皇の建武の新政

　隠岐から京都にもどった後醍醐天皇は、醍醐・村上両天皇の延喜・天暦の治を理想とし、天皇親政をおこないました。後醍醐天皇という名前にそのリスペクトぶりがあらわれていますね。

　中央には一般政務をおこなう記録所、所領の裁判をおこなう**雑訴決断所**をおき、**各国には国司と守護の両方をおきました**。しかし、所領の保障にはあらたに天皇の**綸旨**が必要とされたため混乱がおこ

＊**護良（もりよし）親王**…元弘の変で後醍醐天皇が隠岐に流されたのちも、皇子の護良親王は、楠木正成らとともに悪党などの反幕勢力を結集して幕府軍と戦った。

り、公家びいきの政策は武士の不満をよんだのです。京都の二条河原には、「此比都ニハヤル物。夜討、強盗、謀綸旨。」ではじまる落書がかかげられました。ここには当時の社会の混乱ぶりがうかがわれます。

建武の新政の組織

中央
- 記録所（重要政務）
- 恩賞方（恩賞事務）
- 雑訴決断所（所領関係の裁判）
- 武者所（警備）

天皇

地方
- 鎌倉将軍府
- 陸奥将軍府
- 国司・守護（諸国に併置）

＊後醍醐天皇の子を鎌倉将軍府と陸奥将軍府に派遣した。

≫ 足利尊氏、2度目の反乱

鎌倉幕府打倒に貢献した足利尊氏は、建武政権では何の役職にもついていませんでした。尊氏は新政権のお手並み拝見とばかりに、一歩距離をおいていたのです。

1335年、北条時行が**中先代の乱**をおこして鎌倉を占拠すると、尊氏はこれを鎮圧したあと、後醍醐天皇に反旗をひるがえしました。建武政権に不満をもつ武士を集め、湊川の戦いで楠木正成を破り、後醍醐天皇をとらえて持明院統の**光明天皇**を立てました。

≫ 室町幕府のはじまり

1338年に**足利尊氏**は征夷大将軍となって室町幕府を開きますが、それに先だって**17ヵ条の施政方針**をかかげました。**建武式目**です。鎌倉幕府が定めた御成敗式目と名前は似ていますが、あちらはルールでこちらは方針、つまり目標。政党がかかげるマニフェストみたいなものです。これは正誤問題の定番の引っかけポイントです。

＊**中先代の乱**…北条高時の子である北条時行が、鎌倉幕府の再興をはかっておこした反乱。

それならルールは？　というと**御成敗式目を基本法典として用いました**。室町幕府が出した独自の法令は建武以来追加といいます。

北条氏を滅ぼした尊氏が、なんで御成敗式目を使うの？

それは御成敗式目が、武家社会の慣習をベースにつくったルールだからだよ。尊氏が求めているのは武家政権の復活なんだ。

南北朝の動乱

対する後醍醐天皇は、京都を脱出し奈良県の吉野に逃れ、自分が天皇であることを主張しました。このため京都と吉野の両方に天皇がいる状況が生まれたのです。京都の朝廷を北朝、吉野の朝廷を南朝といい、およそ60年間つづく南北朝時代がはじまりました。

戦いが長びいたワケ

南北朝時代が長くつづいた理由の1つに、北朝サイドの内輪もめがあります。**観応の擾乱**です。これは1350（観応元）年に、足利尊氏と弟の足利直義の対立からはじまったものでした。尊氏の重臣高師直は急進的で、それを嫌う**直義が高師直を殺すと、尊氏は逆に直義を毒殺**したのです。南北朝の対立も、観応の擾乱も、全国の武士をまきこんでの争乱となりました。各地の武士が3つの旗色に分かれたため決着がつきづらく、戦いは長びいたのです。

＊**北畠親房（きたばたけちかふさ）**…南朝では後醍醐天皇が亡くなると、後村上天皇があとをつぎ、それを北畠親房が支えた。北畠親房は『**神皇正統記（じんのうしょうとうき）**』を著し、南朝の正当性を主張した。

112　2章　中世

第❻講
室町時代の守護大名

> **この講のポイント**
> 尊氏のあと足利将軍は15代つづきますが、応仁の乱以前で重要な将軍は、義満（3代）→義持（4代）→義教（6代）です。それぞれの時代の政治と外交をつかみましょう。まずは政治面の話です。

≫ 強くなった室町時代の守護

鎌倉時代とくらべると、室町時代の守護は大きな権限をもつようになりました。他人の田の稲を刈り取ってしまう刈田狼藉を取り締まったり、幕府の判決を強制的におこなう使節遵行の権利が認められたのです。さらに1352年には足利尊氏が**半済令**を出しました。これは、近江・美濃・尾張の3国にかぎって、領国内の**荘園年貢の半分を兵粮米として徴発**してよいというものです。

> それじゃあ荘園領主が取る年貢が半分になっちゃうんじゃないの？

＊**半済**…荘園年貢の半分を徴発することを半済といい、最初は1年かぎりの権利だったが、やがて全国化・恒常化し、守護と荘園領主が土地を折半するようになった。守護は家臣に取りこんだ国人に、その土地の管理をゆだねた。

そうなるね。貴族が大きな顔をしていられる時代は終わったわけだ。しかも残った半分の荘園の管理を、領主は守護にたのんだりしたんだ。守護は手数料を取って年貢納入を請け負ったから、そういうのを守護請というんだよ。

　このころの地頭などの在地武士を、国人といいます。守護は大きくなった権限を利用して、国人たちを家臣に取りこんでいったので、領国に対する支配が強まり、守護大名とよばれるようになりました。

> **鎌倉時代の地頭と室町時代の守護の違い**　ここできめる！
> ❶鎌倉時代の地頭……地頭請や下地中分で荘園を侵略した。
> ❷室町時代の守護……半済や守護請で荘園を侵略した。

>> 室町幕府のしくみ

　室町幕府の組織がととのったのは、3代将軍足利義満の時代でした。どんな役職があったのか見てみましょう。**管領**は将軍を補佐する役職で、**細川・斯波・畠山**の3家が交代でつとめました。交代制でつとめる役職には、ほかに**侍所**の長官があります。こちらは四職とよばれる、**京極・山名・赤松・一色**の4家がつと

❹室町幕府の職制

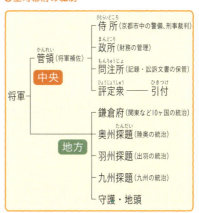

＊九州探題…九州では、後醍醐天皇の皇子である懐良親王らの南朝勢力が強かった。このため3代将軍足利義満は、今川了俊（りょうしゅん）（貞世（さだよ））を九州探題に任じて南朝勢力を制圧していった。

めました。侍所といっても鎌倉幕府のように御家人の統轄が仕事ではありません。**京都市中の警備**をおこないました。正誤問題に注意しましょう。

地方機関では、関東10カ国を支配する**鎌倉府**が大きな存在です。その長官を**鎌倉公方**といって、尊氏の子の**足利基氏**の子孫がつとめました。それを補佐するのが関東管領で、上杉氏が代々つとめました。

三管領・四職はセットで覚えようね。

さまざまな税金

室町幕府の財源となったのは、**御料所**とよばれる直轄領からの年貢収入とさまざまな税金です。おもな税金にはつぎのものがあります。

おもな税金

税金	内容
段銭	田畑の面積に応じてかける。
棟別銭	家屋の棟数に応じてかける。
倉役（土倉役）	土倉とよばれる高利貸業者にかける。
酒屋役	酒屋にかける（酒屋は高利貸を兼業した）。
関銭	関所を通過する際の通行税。
津料	港を使用する際の入港税。

こんなにたくさん税金取ったのなら、幕府はお金持ちだね？

正誤でチェック！

次の文の正誤を判定し、正しければ㊣、誤りなら(誤)と答えなさい。

室町時代の侍所は京都市中の警察業務を中心とし、その長官には斯波氏らが任命された。

(誤)　斯波氏は管領をつとめる一族。侍所の長官をつとめるのは、四職の京極・山名・赤松・一色の4氏。

いやそれが国家的行事の際にだけかける臨時の税ばかりだから、収入は安定しなかったんだ。

≫ 南北朝を合体させた足利義満

3代将軍**足利義満**の時代は、室町幕府がもっとも栄えた時代です。義満は強大化する守護大名を倒し、足利氏の地位を高めようとしました。1391（明徳2）年の**明徳の乱**では、西国に勢力をはっていた**山名氏清**を倒し、1399（応永6）年の**応永の乱**では、周防の**大内義弘**を倒しました。この間の1392年には、勢力が弱まった南朝の**後亀山天皇**に対し、北朝の**後小松天皇**に譲位するようせまり、**南北朝の合体**を成しとげました。

❶足利義満の事績

＊**花の御所**…足利義満が京都の室町につくった邸宅。ここで政治をおこなったことから、室町幕府とよばれるようになった。

≫ 守護大名に殺された足利義教

　6代将軍**足利義教**はくじ引きで将軍になりましたが、謙虚さはなく、むしろ専制的な政治をおこないました。これに鎌倉公方の足利持氏が反抗すると、関東管領の上杉憲実がいさめたため、持氏は将軍と上杉憲実を相手に対立する形となりました。幕府は1438（永享10）年に討伐軍を送り、持氏を滅ぼしました。この戦いを永享の乱といいます。

　義教の強権的な姿勢は結局、災いをまねきました。1441（嘉吉元）年、播磨国の守護大名**赤松満祐**によって殺されてしまったのです。もっとも、この嘉吉の乱のあと赤松満祐自身も幕府軍に討伐されました。

室町時代の戦乱

❶ **明徳の乱**（1391年）……足利義満が山名氏清を滅ぼす。
❷ **応永の乱**（1399年）……足利義満が大内義弘を滅ぼす。
❸ **永享の乱**（1438年）……足利義教が鎌倉公方足利持氏を滅ぼす。
❹ **嘉吉の乱**（1441年）……足利義教が赤松満祐に殺される。

＊**古河公方（こがくぼう）と堀越（ほりごえ）公方**…永享の乱後、足利持氏の子の足利成氏（しげうじ）が鎌倉公方となったが、1454年に享徳の乱をおこして下総国の古河に移ったため古河公方とよばれた。幕府はこれに対抗して新たに足利政知（まさとも）を鎌倉公方に任じたが、政知は鎌倉に入れないまま伊豆国の堀越にとどまったため、堀越公方とよばれた。

第❼講
室町時代の貿易

> **この講のポイント**
> 室町時代には、中国・朝鮮・琉球との貿易がおこなわれました。3つの貿易をよく区別して理解しましょう。輸入品の違いにも注意です。

≫ 北条高時と足利尊氏の日元貿易

元寇のあと、日元間で貿易がおこなわれました。なかでも有名なのは、**建長寺船**と**天龍寺船**です。どちらも日本が派遣した船で、利益は寺院の修復・建立の費用にあてられました。建長寺船は**北条高時**が、**天龍寺船**は**足利尊氏**が派遣しました。

> **日本から元に派遣した貿易船**
> ❶ 建長寺船（1325年）……建長寺修復のために北条高時が派遣。
> ❷ 天龍寺船（1342年）……天龍寺建立のために足利尊氏が派遣。

＊**天龍寺船**…足利尊氏は禅僧夢窓疎石（むそうそせき）から、「後醍醐天皇の冥福を祈るために天龍寺を建立するべきだ」と勧められ、その費用を調達するために天龍寺船を派遣した。

》》中国・朝鮮を荒らす海賊倭寇

このころ中国・朝鮮半島沿岸を、日本人海賊が荒らし回っていました。九州北部をアジトとする**倭寇**です。いっぽう中国では、1368年に朱元璋（のちの洪武帝）が元を北方に追い出して明を建国し、海禁政策をとりました。**周りの国に朝貢を求め、勝手な貿易を禁じた**のです。

そのころの九州はまだ南朝の勢力下にあり、後醍醐天皇の子の懐良親王が支配していました。明が朝貢と倭寇の禁圧を求めると、懐良親王は明と関係を結びました。

》》日明貿易のはじまり

日本のトップをねらう**足利義満**は、九州を攻略して南北朝合体を実現すると、1401年、**明に朝貢の使者を派遣して、国交をひらきました**。遣唐使停止以来の国交です。義満は明の皇帝から「日本国王」の称号をもらい、**朝貢形式での貿易**をはじめました。倭寇と区別するために**勘合**という証票を使ったので、この貿易を**勘合貿易**といいます。日本からは銅などが輸出され、明からは銅銭（明銭）や生糸がもたらされました。朝貢といっても返礼品のほうが多くもらえたうえに、関税も取られません。滞在費も明側の負担だったので、**貿易は幕府にとって大きな利益**となりました。

◉勘合

日本船が片割れを持って行き、港にあるもう一方の片割れと照らし合わせる

ちょっと補足

＊**明への使者**…足利義満が1401年に明に派遣したのは、僧の祖阿（そあ）と博多商人の肥富（こいづみ）だった。

じゃあ逆に明のほうがソンするんじゃないの？

そうなんだよ。でも皇帝は太っ腹なところを見せていばりたいし、周囲の国を服属させて安定させたかったんだよ。

>> 日明貿易のその後

義満が死ぬと、4代将軍足利義持は朝貢形式を嫌って貿易を中断しました。しかし、6代将軍義教は利益を求めて貿易を再開しました。その後、応仁の乱（→P.130）で幕府の力が衰えると、貿易は大名や寺社がになうようになりました。そうした中でおこったのが、1523年の**寧波の乱**です。

寧波の乱は、**博多商人と結ぶ大名大内氏**と、**堺商人と結ぶ大名細川氏**の貿易船が、中国の港の寧波で争った事件です。大内氏が勝って貿易を独占しましたが、その大内氏も1551年に家臣に滅ぼされ、勘合貿易は断絶しました。

○日明貿易

○寧波の乱の対立

次の文の正誤を判定し、正しければ正、誤りなら誤と答えなさい。
日本国王が明の皇帝に朝貢する形式をとる勘合貿易は、幕府財政の大きな負担となった。
（誤）勘合貿易は朝貢形式であったが、見返りのほうが大きかったため、幕府に大きな利益をもたらした。

日明貿易の変遷

❶ 貿易開始（1401年）……足利義満
❷ 貿易中断（1411年）……足利義持
❸ 貿易再開（1432年）……足利義教
❹ 貿易断絶（1551年）……大内氏滅亡

≫ 宗氏がになった日朝貿易

　日本で南北朝が合体した1392年、朝鮮では李成桂が高麗を倒し、李氏朝鮮を建国しました。日本と朝鮮との間には国交がひらかれ、貿易がおこなわれました。貿易のまとめ役は**対馬の宗氏**でしたが、1419（応永26）年には、朝鮮が倭寇の根拠地とみなした対馬を襲撃する事件がおこりました。これを応永の外寇といいます。

なんで朝鮮が対馬をおそうの？対馬の宗氏は倭寇だったの？

いや、宗氏は倭寇じゃないよ。ただ、対馬には倭寇がひそんでいたんだよ。なのに宗氏が倭寇を退治しきれないから、朝鮮がいらだって攻めてきたってわけ。

　この事件で貿易は一時中断したものの、すぐに和解しました。貿易は、三浦とよばれた朝鮮の3つの港でおこなわれ、**朝鮮からは木綿や仏教経典の大蔵経**がもたらされました。しかし、1510年に三浦に住む日本人と朝鮮人が衝突する**三浦の乱**がおこると、**以後、貿易は衰退**しました。

＊**日朝貿易**…貿易に参加したのは、大名・寺社・武士・商人など、さまざまな人たちであった。
＊**宋希璟（そうきけい）**…応永の外寇後に朝鮮から来日した使節。その時の見聞を著した『老松堂（ろうしょうどう）日本行録（こうろく）』には、日本で三毛作（◯P.126）がおこなわれていたことが見える。

❶日明貿易と日朝貿易の輸出入品

	輸出品	輸入品
日明貿易	銅・硫黄・刀剣	銅銭・生糸
日朝貿易	銅・硫黄・蘇木	木綿・大蔵経

蘇木は東南アジア産の赤色染料が取れる木だよ。

>> 琉球王国の誕生

　本州から遠く離れて独自の文化を歩んできた沖縄では、按司とよばれる小領主がグスク（城）という防衛拠点を築いて対立しあっていました。14世紀には、北山・中山・南山の3つの国がありましたが、1429年に中山王の**尚巴志**が統一をはたし、**琉球王国**をつくりました。中国・東南アジア・日本・朝鮮などと交易し、**ある地域の産物を別の地域に届ける中継貿易**をおこなって栄えました。

＊**琉球の中継貿易**…琉球王国の王府は首里（しゅり）で、外港の那覇（なは）から各方面に貿易船が出向いた。たとえば東南アジア産の蘇木は、琉球によって日本や朝鮮にもたらされた。琉球船が来航した港に薩摩の坊津（ぼうのつ）がある。

第❽講
惣村と一揆

> 😊 **この講のポイント**
>
> 農民たちが自立したらどんなことをするのでしょう。自治をおこなう惣村が何をしたのかを見ていきます。団結した人びとはさまざまな要求をおこない、一揆の規模はどんどん大きくなりました。

≫ 自治をおこなう惣村

　鎌倉時代後期から、荘園の中に**惣**（**惣村**）とよばれる自治をおこなう村があらわれました。これは**神社の祭りをおこなう組織の宮座**がモトとなって生まれたもので、畿内ではじまりやがて各地に広がっていきました。

　惣村では、**寄合**という会議をひらき、入会地とよばれる共同利用地の管理をおこなったり、自分たちで惣掟（村掟）とよばれるルールをつくって違反者を裁いたりしました。さらには、**惣がまとめて年貢を納める**ようになったほどです。これを**地下請**（**百姓請**）といいます。

≫ 農民たちの抵抗

　ここまで惣村が自立性を強めると、領主に対しても「年貢を減らし

＊惣村の指導者…おとな(長・乙名)や沙汰人とよばれる指導者たちがいた。

てくれ！」などと要求をするようになりました。その際にメンバーが団結することを、一揆を結ぶといいます。当時は一般庶民のことを土民といったので、土民による一揆を **土一揆** といいます。室町時代には大きな一揆が５つありました。それを見ていきましょう。

室町時代の一揆

1. 正長の土一揆（1428年）
2. 播磨の土一揆（1429年）
3. 嘉吉の土一揆（1441年）
4. 山城の国一揆（1485年）
5. 加賀の一向一揆（1488年）

正長の土一揆と嘉吉の土一揆は徳政を要求したから、徳政一揆とよぶこともあるよ。

≫ 土民蜂起の初め正長の土一揆

1428（正長元）年、**足利義教** が６代将軍になる際に、近江国坂本の馬借とよばれる運送業者が、**代始めの徳政を求めて** 立ち上がりました。「将軍がかわるんだから、俺たちの借金をチャラにしてくれ！」と叫んだのです。しかし、幕府は庶民のための徳政令など出しません。そこで畿内周辺の人びとは、高利貸を営む土倉などを襲撃し、借用書を破くなどして強引に借金を帳消しにしました。これを私徳政といいます。奈良県の柳生には、このときのことを刻んだ碑がのこされています。

＊**播磨の土一揆**…正長の土一揆の翌年におきた播磨の土一揆は、武士に対して国外に出て行けと要求したが鎮圧された。播磨国の守護はのちに嘉吉の乱をおこす赤松満祐だった。

>> 徳政令を出させた嘉吉の土一揆

1441（嘉吉元）年の**嘉吉の乱**で将軍義教が殺されると、数万人の土一揆が京都を占拠して、代始めの徳政を要求しました。このときは、さすがに**幕府が折れて、山城国に徳政令を出しました**。

土民たちはよく京都を制圧できたね？武士に立ち向かったんだよね？

うーん、武士の中にも土民と同じく、徳政令を望んでいた人が多かったんじゃないかな。そしたら逆に土民を応援するよね？（笑）

>> 国を乗っ取るほどの一揆

応仁の乱（→P.130）後、下剋上の風潮が高まる中でおこった大きな一揆が2つあります。1つめは1485年におこった**山城の国一揆**です。一族内が2つに分かれて争っていた**守護家の畠山氏**を、山城国の国人たちが国外へ追い出すことに成功しました。国人は以後8年間に渡り、農民と結んで南山城で自治をつづけました。

それ、一揆ダァ〜！！！

2つめは1488年におこった**加賀の一向一揆**です。こちらは一向宗徒の国人や農民たちが、加賀国の守護富樫政親を倒したものです。その後およそ100年にも渡って、一向宗のボスである**本願寺が加賀国を支配**しました。

＊**本願寺**…一向宗（浄土真宗）の総本山で、加賀の一向一揆がおこったころの本願寺のトップは、蓮如（れんにょ）（→別冊P.21）だった。北陸地方は、蓮如の布教によって一向宗が広まっていた。

室町時代の戦乱と日明貿易と一揆

将軍	戦乱	日明貿易	一揆など
尊氏	観応の擾乱（1350年） 半済令（1352年）	天龍寺船（1342年）	
義満	明徳の乱（1391年） 南北朝合体（1392年） 応永の乱（1399年）	貿易開始 ↓ 中断	明に遣使（1401年）
義持		↓	
義教	永享の乱（1438年） 嘉吉の乱（1441年）	再開	正長の土一揆（1428年） 播磨の土一揆（1429年） 嘉吉の土一揆（1441年）
義政	応仁の乱（1467年） ↓		
義尚			山城の国一揆（1485年） 加賀の一向一揆（1488年）

正誤でチェック！

次の文X・Yの正誤を判定し、正しければ正、誤りなら誤とそれぞれ答えなさい。
X 足利義満が将軍職を退いた直後に正長の土一揆が起こった。
Y 応仁の乱の最中に、畠山氏の軍を退去させた山城の国一揆が起こった。

X誤・Y誤　どちらも時期が誤り。Xは足利義教が将軍と決定した直後。Yは応仁の乱の後。

第❾講
中世の産業

> 😊 **この講のポイント**
> 中世の農業・手工業・商業の発達ぶりは、鎌倉時代と室町時代をくらべて、どこがどう変わったかを押さえていきましょう。

≫ スキルアップする農業

農業に使われた肥料は、鎌倉時代が刈敷と草木灰だったのに対し、室町時代には**下肥**も使われるようになりました。刈敷は刈った草を腐らせたもの、草木灰は草を焼いて灰にしたもの、そして下肥は、シモの肥つまり人糞尿です。

🟠 牛馬耕
「中世には牛馬耕がさかんになり」
「鉄製農具も普及した」

1年間に同じ土地で米と麦をつくる**二毛作**が、**鎌倉時代に畿内ではじまりました**。室町時代になると二毛作は各地に広まり、畿内では三毛作がはじまりました。畿内は先進地域だったのです。また、灯油の原料となる荏胡麻や、和紙の原料となる楮など、商品作物も栽培されるようになり、戦国時代には三河で綿花の栽培がはじまりました。

ちょっと補足

＊**大唐米（だいとうまい）**…中世には、中国からもたらされた大量収穫品種の大唐米(赤米)が、西国を中心に普及した。

平安時代の貴族って綿を使ってなかったっけ？

あれはカイコの繭からつくった綿で、真綿ってやつなんだよ。綿花は木綿ともいって植物だ。朝鮮からの輸入にたよっていたのを、日本でも栽培するようになったんだ。

❶鎌倉時代と室町時代の農業の変化

	鎌倉時代	室町時代
肥料	刈敷・草木灰 ──→ プラス下肥	
二毛作	畿内で二毛作開始 ──→ 全国化	
		畿内で三毛作開始

≫ 定期市と行商人

　鎌倉時代には定期市もはじまりました。**月に3回ひらくため三斎市**といいます。たとえば4のつく日にひらく市なら、毎月4日、14日、24日で四日市ですね。現在も五日市とか八日市などの地名にそのなごりがあります。これが室町時代には、**月6回の六斎市**もはじまりました。**連雀商人**とか振売とよばれた行商人の活動がさかんになるいっぽうで、**見世棚とよばれる常設のお店**もあらわれました。

＊**女性の行商人**…炭や薪を頭にのせて売り歩く大原女（おはらめ）や、鮎を売る桂女（かつらめ）がいた。

❶鎌倉時代の定期市

 入試で出やすい『一遍上人絵伝』の中の一場面だよ！

≫ 商人クラブの座

　中世には、**座とよばれる商工業者の同業組合**がつくられ、本所とよばれた有力な寺社などの保護をうけて活動しました。たとえば大山崎油座は、本所の石清水八幡宮に営業税を納めるかわりに、荏胡麻油の独占販売権を認められたのです。ほかには北野神社を本所とする麴座などがありました。

≫ 中国のコインで年貢納入

　鎌倉幕府も室町幕府もお金をつくりませんでしたが、鎌倉時代はおもに**宋銭**が、室町時代は**明銭**が流通しました。商品経済がさかんになって、お金を使うことが増えたからです。いずれも中国との貿易で輸入されたお金です。荘園領主への**年貢も、生産物ではなく貨幣**

 ＊明銭…明銭には洪武（こうぶ）通宝や永楽（えいらく）通宝などがあり、もっとも多く流通した永楽通宝は標準貨幣とされた。

で納める銭納がはじまりました。

> 遠くまで重いお米を運ばなくてすむならラクだね。

> そうなんだよ。でも大金を運ぶとなったら、山賊におそわれたりしそうで危険だね。だから為替を使うようになったんだよ。

≫ 勝手につくったお金はイヤよ

室町時代には貨幣の需要が高まったため、民間で鋳造された質の悪い**私鋳銭**も出回りました。しかし、お金のやりとりの際に、悪銭を嫌って**良銭を選ぶ撰銭がおこなわれたため流通が滞りました**。そこで幕府や戦国大名はたびたび**撰銭令**を出して、撰銭を禁止したり、悪銭の使用を制限したりしました。

≫ モノやカネを送るには

遠隔地の物資の輸送には、鎌倉時代は**問丸**が、室町時代には**馬借**や廻船があたりました。現金をそのまま運ぶのは危険がともなうため、かわりに手形で決済する**為替**が利用されました。

❶鎌倉時代と室町時代の経済の変化

	鎌 倉 時 代	室 町 時 代
定期市	三斎市	六斎市
貨　幣	宋銭	明銭
高利貸	借上	土倉・酒屋
運　送	問丸（問）	問屋 馬借・車借・廻船

＊**問丸と問屋**…鎌倉時代に出てきた問丸は、室町時代になると販売や商人宿をいとなむ問屋に発展した。

第⑩講
戦国大名

この講のポイント
応仁の乱をきっかけに戦国時代がはじまると、これまでの守護大名とは異なるタイプの大名があらわれました。幕府に依存せずに強力に領国支配をおこなった戦国大名です。守護大名と戦国大名の違いに注目しながら、戦国大名の領国経営を理解しましょう。

>> 京都が焼けた応仁の乱

8代将軍の**足利義政**の時代には、1467(応仁元)年から約10年間におよぶ**応仁の乱**がおこりました。戦いの原因は、まず**将軍家の跡継ぎをめぐる争い**でした。義政の弟の義視が管領家の**細川**勝元をたよったのに対し、義政の妻の日野富子は、子の義尚を将軍に立てようとして、**山名**持豊をたよりました。ここに斯波家や畠山家内の跡継ぎ争いもからみ、多くの大名が京都にやってきて東西両軍に分かれて戦ったのです。

❶応仁の乱

西　軍		東　軍
山名持豊	VS	細川勝元
足利義尚 (日野富子)		足利義視

P124も

ちょっと補足

＊**足軽**…応仁の乱では足軽とよばれる歩兵が集団戦をおこない、焼き打ちや略奪をくり返した。このため京都は焼け野原になった。

>> 戦国時代の幕開け

応仁の乱の最中に将軍は足利義尚にかわりましたが、戦いの勝敗がつかないまま両軍の大将山名持豊と細川勝元が没しました。京都で戦っていた守護大名たちは、国元が家臣に乗っ取られそうになって、つぎつぎと国元に帰っていきました。こうして**応仁の乱が終わると、今度は地方での戦乱となった**のです。この**戦国時代**は約100年間におよび、足利将軍の権威が失墜し、下の者が上の者を倒してのし上がる**下剋上**の時代となりました。

戦国時代になっても室町幕府は存在したってこと？

そうなんだよ。足利将軍は15代までつづいたからね。でも山城国にしか力がおよばないダメダメ幕府になっちゃったんだ。

>> 下の者がのし上がる下剋上

下剋上の典型的な例が2つあります。1つは、周防の大名の大内義隆が家臣の陶晴賢に国を奪われ、その陶晴賢を安芸の国人出身の**毛利元就**が討った例です。やがて毛利元就は広く中国地方全体を支配する大名となります。もう1つは、幕府の実権をにぎる管領の細川氏を家臣の三好長慶が追放したものの、その三好もまた、家臣の松永久秀に実権を奪われたという例です。

食うか食われるかの乱世じゃよ。
毛利元就

次の文の正誤を判定し、正しければ正、誤りなら誤と答えなさい。
畠山氏は三管領の一つとして将軍を補佐し、応仁の乱後の幕府政治を左右したが、やがて実権を家臣の三好氏に奪われていった。
誤　畠山氏ではなく細川氏。

❶戦国大名

≫ チカラで支配する戦国大名

　戦国大名は守護大名とくらべて強力に領国経営をおこないました。そもそも守護大名は、幕府から任命されて守護の地位に座っているにすぎません。幕府の命令でクビになることもしばしばです。ところが戦国大名は、みずからの力でそのポジションを得ているわけで、幕府など関係ありません。そして隣り合う大名とはライバル関係にあるので、強い国と軍をつくる必要にせまられました。

戦国大名って戦ってるだけじゃなかったんだ？

次の文の正誤を判定し、正しければ㊣、誤りなら㊤と答えなさい。
今川氏は国人から成長して戦国大名となった。
　㊤　国人ではなく守護。

> そりゃそうだよ（笑）。国を富ますこととか、人心掌握術に長けていなきゃダメだね。

　戦国大名は守護大名のように幕府の要職につくわけではないので、京都に住む必要がありません。国元に腰をおちつけて領国の経営にあたりました。**有力な家臣を寄親とし、そのもとに地侍を寄子としてあずける形**をとりました。これを**寄親・寄子制**といいます。

>> 戦国大名の経済政策

❶城下町

　守護大名が荘園制に依存して収益を得たのに対し、戦国大名は荘園制を否定しました。荘園を力ずくで奪ったのです。領国内では**指出検地**をおこないました。これは、**家臣がもっている田畑の面積や収量などを自己申告**するタイプの土地調査です。そこから上がる**年貢を銭に換算した金額**を**貫高**といい、家臣には貫高に応じて軍役を負担させました。このしくみを貫高制といいます。

　ライバルの大名を出し抜くには、領国経済の発展がカギでした。そのため城下町の振興をはかって**楽市令**を出し、**座をなくして自由な取引を認めました**。また、輸送・流通がスムーズにいくことを優先し、関所をなくしたり、撰銭令を出したりしました。

> 関所って何するところだっけ？

＊地侍…荘園領主や地頭に年貢を納める有力農民で、守護などと主従関係を結び、侍身分を獲得した者。多くは惣村の指導者だった。

関銭という通行税を取るところだよ。幕府だけでなく守護大名も関所をかまえてたんだけど、戦国大名はそんなところで小銭を稼ぐのをやめたんだ。フリー通行にして商人たちにどんどんきてもらったほうがよいと考えたんだよ。

>> 戦国大名の分国法

家臣団の統制や領国支配のため、**分国法**とよばれる独自のルールを定めました。おもなものを紹介します。

●おもな分国法

大名	国	分国法	含まれている規定のうち代表的な内容
伊達氏	陸奥	塵芥集	犯罪者の親族まで処罰する縁坐制
結城氏	下総	結城氏新法度	
武田氏	甲斐	甲州法度之次第	家臣同士の喧嘩を否定する喧嘩両成敗
今川氏	駿河	今川仮名目録	家臣の婚姻の許可制
朝倉氏	越前	朝倉敏景十七箇条	家臣の城下町集住（城下町は一乗谷）

>> 戦国時代のさまざまな都市

戦国時代には城下町のほか、寺院や神社を中心とする門前町や、とりわけ一向宗（浄土宗）の寺院を中心とする寺内町などが発達しました。また、**自治をおこなう都市**もあらわれ、応仁の乱で荒廃した京都では、**町衆**が自治をおこない、途絶えていた**祇園会（祇園祭）**を復興させました。

＊**戦国大名が開発した鉱山**…上杉氏の佐渡金山、武田氏の甲斐金山、大内・尼子（あまご）・毛利の3氏が奪いあった石見（いわみ）大森銀山のほか、但馬生野（たじまいくの）銀山などがある。

❹ 戦国時代の都市

共通テストでは、位置を問う地図問題が意外と出るよ！

＊**自治都市堺**…宣教師ガスパル＝ヴィレラが、堺をベニスにたとえてヨーロッパに紹介したことが、『耶蘇会士(やそかいし)日本通信』に見える。

136　2章　中世

史料問題をどう解くか❷　2000年度日本史B本試験から

　　次の史料は、吉田兼好の『徒然草』の一節で、当時さかんであった遊芸である白拍子と平曲の起源について述べている。

　　多久資が申しけるは、通憲入道、舞の手の中に、興ある手どもを選びて、磯の禅師といいける女に教えて、舞わせけり。白き水干に鞘巻をささせ、烏帽子を引き入れたりければ、男舞とぞいいける。（中略）これ、白拍子の根元なり。（中略）
　　後鳥羽院の御時、信濃前司行長、（中略）学問を捨てて遁世したりけるを、慈鎮和尚、（中略）この信濃入道を扶持し給いけり。この行長入道、平家の物語を作りて、生仏といいける盲目に教えて、語らせけり。さて、山門のことを、ことにゆゆしく書けり*1。九郎判官*2のことは詳しく知りて書き載せたり。蒲の冠者*3の方はよく知らざりけるにや、多くのことども記し洩らせり。武士のこと、弓馬の業は、生仏、東国の者にて、武士に問い聞きて、書かせけり。

*1　「ことにゆゆしく書けり」とは、とくに意を用いて書いたの意。
*2　九郎判官とは、源義経のこと。
*3　蒲の冠者とは、源範頼のこと。

問　史料から読みとれることがらと、その説明の文章として正しいものを、次の①～④のうちから一つ選べ。
①　磯の禅師が白い水干を着て舞ったのが白拍子の根元であるという。水干は当時の男性の衣服として広く用いられていた。
②　『平家物語』を作った行長が遁世したのは、鎌倉時代後期のことであるという。このころの幕府では、得宗による専制政治が行われていた。
③　『平家物語』には園城寺のことが記されているという。園城寺はいわゆる南都北嶺の北嶺にあたる。
④　『平家物語』には源範頼のことが詳しく書かれているという。範頼は源義経とともに、兄頼朝の命により平家や藤原秀衡の軍と戦った。

【解答】①
【解説】①史料1～3行目を読んで、だいたい正文だろうと推測するが、のこりの選択肢が誤りであることも確認しよう。②「行長入道、平家の物語を作り」とはあるが、行長が遁世つまり死去したのがいつかは書かれていない。「後鳥羽院の御時」で判断する。後鳥羽上皇は1221年に承久の乱をおこした上皇（●P.101）。ということは鎌倉時代前期なので誤文。③南都北嶺の北嶺は、園城寺ではなく延暦寺（●P.92）。④史料の「九郎判官のことは詳しく……蒲の冠者の方はよく知らざり」から、「源範頼のことが詳しく書かれている」が誤りとわかる。注を利用しながらていねいに史料を読解すれば、十分正解できる。

3章 近世

この章でまなぶこと

1. ヨーロッパ人の来航 ……………………… 138
2. 織豊政権 ……………………………………… 142
3. 幕藩体制 ……………………………………… 150
4. 江戸時代の農民と武士と町人 ………… 159
5. 江戸初期の外交 …………………………… 165
6. 文治政治 ……………………………………… 173
7. 江戸時代の産業 …………………………… 179
8. 江戸時代の経済 …………………………… 186
9. 三大改革 ……………………………………… 194
10. 諸藩の改革 ………………………………… 214

第❶講
ヨーロッパ人の来航

> **この講のポイント**
>
> ポルトガル人やスペイン人などのヨーロッパ人が来航したのをきっかけに、中世から近世にうつります。ヨーロッパ人がもたらしたものは、日本に大きな影響をあたえました。鉄砲は天下統一を早め、キリスト教は江戸幕府が禁圧して、鎖国することにつながります。

≫ 世界は大航海時代

日本で戦国大名が戦いに明けくれていたころ、スペイン（イスパニ

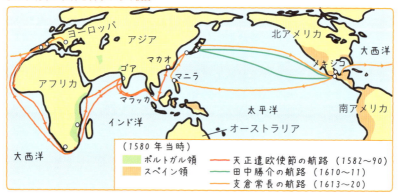

❶16世紀末の世界と日本からの使節

(1580年当時)
- ポルトガル領
- スペイン領
- 天正遣欧使節の航路（1582〜90）
- 田中勝介の航路（1610〜11）
- 支倉常長の航路（1613〜20）

次の文の正誤を判定し、正しければ 正、誤りなら 誤 と答えなさい。
15世紀後半、キリスト教が伝来し、西日本を中心に広まった。
誤　キリスト教が伝来したのは1549年で、16世紀のこと。

ア）やポルトガルはアメリカ大陸やインドへの航路を開拓し、大航海時代の幕があきました。**スペイン**はアメリカ大陸を経由して東アジアに進出し、フィリピンのマニラに拠点を築きました。いっぽう**ポルトガル**はインド経由で東アジアに進出し、中国のマカオに拠点を築きました。

最新兵器の鉄砲伝来

1543年、ポルトガル人の乗った中国船が、鹿児島県の種子島に漂着しました。このとき、種子島の島主は**ポルトガル人**から**鉄砲**を入手しました。これをきっかけに、日本でも鉄砲の生産がはじまります。その産地は、和泉国の堺、**近江国の国友**、紀伊国の根来の3カ所です。

鉄砲が広まったことで変化したことがあります。戦い方が1対1の一騎打ちから、集団戦法に変わりました。また、城のつくり方にも影響をおよぼしました。**山城から、小高い丘の上に築く平山城へ、さらに平地につくる平城へと変わっていった**のです。

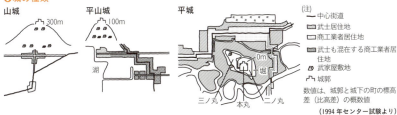

❶城の種類

（1994年センター試験より）

実際の問題では、この図版を時代順に並べさせる問題だったんだ。平城は大きな城下町が発達してるのがわかるかな。

==

＊**スペイン船の来航**…1584年に肥前国の平戸に初めて来航した。

≫ 異国の匂いの南蛮貿易

ポルトガル人とスペイン人をあわせて**南蛮人**といいます。彼らとの**南蛮貿易**では、ポルトガル商人が**中国産の生糸**や鉄砲・火薬などを日本にもちこみ、かわりに**日本の銀**をもち帰りました。

❶南蛮貿易の港

ヨーロッパからはるばるご苦労さんなことね。

ん？ カン違いしちゃだめだよ。ポルトガル船は、中国のマカオと日本を何度か往き来してから、ポルトガルにもどるんだ。日本とポルトガルの往復には何年もかかるから、簡単には往き来できないんだよ。だから、日本・中国・東南アジアを回る中継貿易だったんだよ。

≫ ザビエルが伝えたキリスト教

1549年、**イエズス会**の宣教師**フランシスコ＝ザビエル**が**鹿児島**にやってきて、キリスト教を伝えました。ザビエルは、大内氏の城下町の山口や、大友氏の城下町の豊後府内などでキリスト教を布教し、やがて日本を去りました。その後に来日した宣教師には次の人物がいます。

＊**中継貿易**…ヨーロッパ人による南蛮貿易は、世界をまたにかける中継貿易であったため、琉球による中継貿易(P.121)は衰退に追いこまれた。

イエズス会の宣教師

❶ **ガスパル=ヴィレラ**……自治都市堺を「まるでベニスのようだ」とヨーロッパに伝えた。
❷ **ルイス=フロイス**……『日本史』を著した。
❸ **オルガンティーノ**……南蛮寺やセミナリオ（神学校）を建設した。
❹ **ヴァリニャーニ**……天正遣欧使節の派遣を提案し、活字印刷機を日本にもたらした。

 彼らは各地に教会やコレジオ（宣教師養成学校）、セミナリオ（神学校）などをつくったんだよ。

>> キリスト教の広まり

　キリスト教が広まるにつれて、大名の中にもみずから信者となる者があらわれました。これをキリシタン大名といいます。そのうち九州の**大友義鎮**（**宗麟**）・有馬晴信・大村純忠の3人は、ヴァリニャーニの勧めでローマ教皇のもとに少年使節を派遣しました。派遣されたのは、伊東マンショ・千々石ミゲルらの4人で、**天正遣欧使節**とよばれています。

 大名ってエライ人なのに神をあがめたりするの？

 南蛮貿易が宣教師の布教活動と一体化しておこなわれたから、貿易の利益めあてにキリスト教を信仰したって面があったみたいだよ。キリシタン大名は意外と出るよ！

 ＊**織田信長の宗教政策**…延暦寺焼き討ちや一向一揆との戦いにみられるように、既存の仏教勢力とは対立しがちだったが、新興のキリスト教は保護した。

第❷講
織豊政権

😊 この講のポイント

織田信長とその家臣の豊臣秀吉が、天下統一にチャレンジします。戦いもさることながら、2人の政策にも注目しましょう。とくに秀吉がおこなった太閤検地と刀狩は、兵農分離をひきおこします。これは、江戸時代の士農工商という身分制度につながっていきます。

≫ 戦国最強の織田信長の戦い

尾張国の守護代の家に生まれた **織田信長** は、尾張一国をまとめあげ、天下取りに乗り出しました。1560 年、駿河国の **今川義元** が攻め入ってくると、これを **桶狭間の戦い** で討ち破り、隣国の三河で独立した徳川家康と同盟を結びました。こうして東方を押さえると、今度は北隣の美濃国を攻めて斎藤氏を倒しました。そして **足利義昭** を室町幕府の 15 代将軍として擁立し、京都入りをはたしました。

しかし足利義昭は、信長から政治の実権をもたせてもらえないことにいらだち、周囲の大名らに信長を討つよう誘いました。そのせいで信長は、四方八方を敵に囲まれるハメにおちいります。1570 年の姉川の戦いでは、越前の朝倉義景・北近江の浅井長政連合を倒し、翌年

＊天下布武（てんかふぶ）…天下を武力で統一するという意味。織田信長の使った印判にこの言葉が刻まれていた。

には**延暦寺**を焼き討ちしました。がまんならなくなった信長は、1573年に足利義昭を追放し、ここに室町幕府は滅亡しました。

足利義昭って、ナニ様のつもり？ 誰のおかげで将軍になれたと思ってるの？

ハハハ。反信長勢力をつくって、それを束ねるつもりだったんだろうけど、将軍って肩書きだけじゃムリだよね。

　信長がおこなった戦いでもっとも画期的だったのは、1575年に甲斐国の**武田勝頼**を破った**長篠合戦（長篠の戦い）**です。騎馬隊を得意とする武田の軍勢が攻めてきたのを、徳川軍とともに足軽鉄砲隊を使って大勝利しました。逆に苦戦したのは、伊勢長島など各地の一向一揆との戦いです。なかでも**石山本願寺**の顕如との戦いは、10年におよぶものとなりました。

鉄砲に向かって突撃していく武田の騎馬隊って勇敢だけど、やっぱり無謀だよね。

≫ カタ破りな信長の政策

　長篠合戦の翌年、信長は近江で**安土城**の建設にとりかかりました。安土城は壮大な天守閣をもつ城で、その城下町に**楽市・楽座令**を出しました。これは、**商工業者の組合である座を否定し、安土での自由な売買を認める**法令でした。関銭という通行税を取る関所も撤廃し、フリーにすることで城下町の振興をはかったのです。

　戦いも政治も先進的な信長でしたが、天下統一の途中で倒れることになりました。1582年、京都の本能寺に宿泊していたところを、家

＊堺…織田信長は自治都市堺に矢銭（軍資金）を出すように要求し、屈服させて直轄化した。

臣の明智光秀におそわれたのです。これを本能寺の変といいます。

料金フリーで人にきてもらおうとするのって、インターネットみたいだと思わない？

豊臣秀吉の弔い合戦

本能寺の変がおこったとき、信長の家臣の**豊臣秀吉**は、毛利輝元が支配する中国地方を攻略している最中でした。秀吉は急いで京都にもどり、山崎の戦いで明智光秀を討ちました。

主君のカタキをとったものの、それだけでは信長の後継者にはなれません。信長の家臣団の中には、先輩格の武将がいるからです。そのうちもっとも有力な柴田勝家とは、近江国の賤ヶ岳で戦って滅ぼしました。ついで、信長の子の織田信雄と徳川家康を相手に戦いました。小牧・長久手の戦いです。しかし家康を倒すことはできず、和睦しました。

天下を取った豊臣秀吉

1585年に四国の長宗我部元親をくだすと、秀吉は朝廷から**関白**に任じられました。この地位を利用して**惣無事令**を発したという説があります。それは**諸大名に戦闘を停止するよう命じる**もので、従わないと「朝廷にさからった」という理由で討伐しようというねらいでした。大義名分が立つわけです。

大義名分ってなに？

＊**大坂城**…賤ヶ岳の戦いの後、豊臣秀吉は石山本願寺の跡地に大坂城を築いた。

なにか行動をおこすときの、スジの通った理由とか根拠だよ。それがしっかりしてないと、大勢の人をひっぱっていくのは難しいんだ。

　薩摩の島津義久を討伐すると、京都に**聚楽第**をつくって後陽成天皇をまねき、諸大名に秀吉への忠誠を誓わせました。この期におよんでもまだ抵抗したのは関東の北条氏政です。そこで秀吉が小田原城を包囲すると、奥州の伊達政宗がやってきて秀吉に服従し、北条氏政も滅んで天下統一が実現しました。

信長・秀吉の天下統一　

❶織田信長の戦い
　1 桶狭間の戦い（1560年）……今川義元を滅ぼす。
　2 姉川の戦い（1570年）……浅井・朝倉の連合軍を破る。
　3 長篠合戦（1575年）……武田勝頼を破る。
　4 本能寺の変（1582年）……明智光秀に滅ぼされる。

❷豊臣秀吉の戦い
　5 山崎の戦い（1582年）……明智光秀を滅ぼす。
　6 賤ヶ岳の戦い（1583年）……柴田勝家を滅ぼす。
　7 小牧・長久手の戦い（1584年）……徳川家康と和睦する。
　8 四国平定（1585年）……長宗我部元親を破る。
　9 九州平定（1587年）……島津義久を破る。
　10 小田原平定（1590年）……北条氏政を滅ぼす。

＊**豊臣秀吉の直轄鉱山**…佐渡金山や但馬生野銀山・石見大森銀山を直轄支配した。

◑織田信長・豊臣秀吉の天下統一

≫ 太閤検地で石高計算

豊臣秀吉がおこなった検地は**太閤検地**とよばれ、それまでおこなわれていた指出検地とは異なる画期的な政策でした。生産力がアップした田畑をきちんと把握しようとして、面積や田畑の等級つまり土地のランクを調べ上げ、それぞれの土地の**石高**（米の生産量）を検地帳に

◑検地帳

書きつけていったのです。その際、**土地の貸し借りの関係をなくして、「一地一作人の原則」**で土地ごとの耕作者を確定しました。耕作者には、領主への年貢納入が義務づけられました。

　太閤検地によって石高制が確立したおかげで、**大名にあたえた領地の石高に応じて軍役を負担させる**しくみができました。これを大名知行制といいます。これまでの**荘園公領制は解体**され、朝廷や寺社も秀吉から領地があたえられるようになりました。

＊**太閤検地**…年貢は田畑だけでなく屋敷地にもかけられた。

石高がその土地で取れるお米のすべての量なのに対し、貫高は年貢分のお米をお金に換算した数字だってことに注意しよう！

>> 検地と刀狩で兵農分離

いっぽうで秀吉は**刀狩**をおこないました。これは一揆を防止するために、農民から武器全般を没収する政策で、「農民は農業に専念しろ」と命じました。逆に武士は、これまでのように自分の土地をもつ立場ではなくなり、原則的に主君から俸禄をもらう立場となりました。太閤検地は兵農分離をひきおこしたのです。

❹兵農分離

>> 秀吉のユルい禁教政策

豊臣秀吉は当初キリスト教の布教を認めていましたが、島津氏を倒して九州を平定すると、博多でバテレン追放令を発しました。バテレンとはキリスト教信者という意味ではありません。宣教師のことです。秀吉は宣教師に国外追放を命じたのです。しかし、**南蛮貿易は今までどおり奨励したうえ、一般民衆の信仰も認める**など、禁教政策は不徹底でした。

貿易を許したら、また宣教師がきちゃうってことないの？

＊**刀狩令**…集めた刀で釘をつくり、方広寺の大仏の造立に用いるという口実で出された。

> あるよ。でも、貿易はもうかるからやめられないんだよ。一般民衆の信仰が自由だったこともあわせて、正誤問題の定番だね。

1590年に天下統一を達成した豊臣秀吉は、翌年、身分統制令を出して、武士が町人や百姓になることを禁止しました。その翌年には朝鮮侵略をおこないますが、それにさきがけて全国の戸数・人数を調べさせる人掃令を出しました。

>> 失敗した朝鮮侵略

天下統一をはたした秀吉は、つぎのターゲットを明に定めました。手はじめに朝鮮を従わせようと、対馬の宗氏を通じて要求したものの、朝鮮に拒否されたため出兵しました。出兵の拠点となったのは、肥前国に築いた**名護屋城**です。ここに全国の諸大名を集め、2度に渡る**朝鮮侵略**をおこないました。1度目を文禄の役、2度目を慶長の役といいます。しかし、李舜臣ひきいる朝鮮水軍と明からの援軍に苦戦し、秀吉が亡くなったのを機に撤兵しました。

このとき出兵した大名が日本に連行した**朝鮮の陶工によって、肥前の有田焼などの陶磁器生産**がはじまりました。また、活字印刷の技術も日本に伝えられました。

> あれ？ 活字印刷ってたしか宣教師が伝えたんじゃなかったっけ？

> ああ、ヴァリニャーニの話ね。それとは別に朝鮮からも伝わったんだよ。

＊**海賊取締令**…豊臣秀吉は1588年、倭寇などの海賊行為を禁じる海賊取締令を出し、海上支配を強化した。

豊臣秀吉の政策

ここできめる！

❶**太閤検地**……石高を調べて兵農分離を進めた。
❷**惣無事令**……大名たちに戦闘停止を命じた。
❸**バテレン追放令**……宣教師を国外に追放。
❹**刀狩令**……農民から武器を没収。
❺**海賊取締令**……倭寇の禁圧と貿易統制。
❻**身分統制令**……士・農・商の身分を固定。
❼**人掃令**……全国的戸口調査。

正誤でチェック！

次の文の正誤を判定し、正しければ㊣、誤りなら㊧と答えなさい。
豊臣秀吉は、征服地の武士から武器を取り上げるために、刀狩令を出した。
㊧ 武士ではなく農民。

第❸講
幕藩体制

> 😊 **この講のポイント**
>
> 徳川家康によって江戸幕府がひらかれました。260年あまりつづく江戸時代のはじまりです。長くつづく時代ですから、最初にしっかり、幕藩体制というしくみをつかみましょう。

≫ 天下分け目の関ヶ原

死の床についた豊臣秀吉は、幼な子の秀頼の身を案じ、五大老の徳川家康・前田利家・毛利輝元・宇喜多秀家・上杉景勝をよんでたのみました。「秀頼のめんどうを見てやってくれ」と。しかし秀吉が亡くなると、**徳川家康**は秀頼を無視し、政治の実権を掌握していきました。

❶関ヶ原の戦いの対立

こうした家康の動きに反発したのが、豊臣恩顧の武将で五奉行の1人の石田三成です。三成は諸大名によびかけ、毛利輝元を大将にかついで家康と対決しました。1600年の**関ヶ原の戦い**です。いっぽうの家康は、巧みな人心掌握術で豊臣恩顧の大名までも味方につけ、戦いに勝利しました。

＊**五大老**…豊臣政権下で重要政務を合議する5人の有力大名。
＊**五奉行**…豊臣秀吉の腹心の部下で、実務を分担する5人。

>> 豊臣氏が滅んだ大坂の役

　1603年、徳川家康は朝廷から征夷大将軍に任じられ、**江戸幕府**をひらきました。徳川氏が将軍職を継承していくことを示すため、家康はわずか2年で将軍職を子の**秀忠**にゆずり、前将軍を意味する「大御所」という立場で実権をにぎりつづけました。そして1615年、大坂城にのこっていた豊臣秀頼を**大坂の役**（**大坂夏の陣**）で滅ぼし、戦国時代は終わりました。

家康ってぬかりない人だよね。

歴史に学んで、しくじらないようにしてたんだよ。これまで、平清盛も源頼朝も、織田信長も豊臣秀吉もみんな、一族を繁栄させられなかったからね。

>> 大名のルール武家諸法度

　大坂の役のあと、家康は江戸幕府による支配を安定させようとして、大名を統制するための法令を出しました。まず1615（元和元）年に**一国一城令**を発し、大名の領地内には居城1つをのこして、ほかの城は壊すよう命じました。大名の軍事力を削ごうとしたのです。さらに大名が守るべきルールとして**武家諸法度**を制定しました。そこでは、居城を修理する際や大名どうしの婚姻には、幕府の許可を必要とすることなどを定めていました。違反した大名は、**改易**といって領地が没収されることもありました。以後、**武家諸法度は将軍ごとに改定**されていきます。

＊**最初の武家諸法度**…徳川家康が僧侶の金地院崇伝（こんちいんすうでん）に起草させ、将軍徳川秀忠の名で発布した。

大名の処罰の種類

❶ **改易**……領地を没収する。
❷ **減封**……領地を削減する。
❸ **転封**……領地を別の場所に替える。

≫ 幕府と藩

ところで、江戸時代の大名とはどういう人をさすのでしょう。正確には、将軍から１万石以上の領地をもらった武士のことです。江戸中期にだいたい 260 家ほどあって、３種類に分けられました。次の３つです。

大名の種類

❶ **親藩**……徳川氏一族の大名。なかでも家康の３人の子を祖とする尾張・紀伊・水戸の徳川家は御三家とよばれた。
❷ **譜代**……はじめから徳川氏に仕えていた家臣が、大名となったもの。
❸ **外様**……関ヶ原の戦い以降に、徳川氏に臣従するようになった大名。

大名にあたえられた領地は藩とよばれ、大名はそこからあがる年貢収入で多くの家臣を養いました。藩の財政は独立していて、**将軍に対して年貢を納める必要はありません**。大名が将軍に対して負担しなければならないのは、**戦時の軍役と平時の土木普請**だけです。土木普請は江戸城の修築や河川工事などで、「御手伝い普請」とよば

＊**福島正則(まさのり)**…関ヶ原の戦いで功績のあった外様大名だったが、広島城を無断で修理したことが武家諸法度違反ととがめられ、改易された。

れました。

大名が将軍に年貢を納めないなんて、将軍がソンじゃない？

大丈夫だよ。将軍には幕領（天領）と旗本知行地という支配地があって、そこからしっかり年貢が入ってくるから。その大きさは、なんと全国の4分の1なんだ！　のこりの4分の3の土地に約260家もの大名がいたことを思うと、徳川将軍家がいかにビッグだったかがわかるね。

≫ 大名行列で参勤交代

3代将軍**徳川家光**の時代、1635（寛永12）年に武家諸法度が改定されて、大名の**参勤交代**が義務づけられました。これは大名が国元と江戸を往き来するものですが、**江戸では1年間滞在**しなければなりません。そし

❶参勤交代

て国元に帰って1年経つと、ふたたび江戸に向かうのです。この往復には多くの家臣をともなったため、莫大な経費がかかりました。領民のいる国元とは違って、江戸では何もかもを買わなければならず、藩のフトコロは大きなダメージをうけました。

　また、**大名の妻子は江戸に住まなければなりません**でした。これは、幕府にとられた人質というわけです。城の数や修理にこだわったのと同じように、幕府は大名に反乱をおこさせないよう、いろいろな策をとっていたのです。

==

＊旗本と御家人…大名とは異なり、1万石未満の将軍直属の家臣で、将軍に謁見できる者を旗本、できない者を御家人といった。

でもいっぽうで、藩の中の政治は大名にまかせてありました。たとえば年貢率は自由だし、のちには**藩札**とよばれる紙幣も発行するようになりました。勝手にお札をつくってしまえるなんて、「大名はやりたい放題だなあ」と思いませんか？

≫ 朝廷に力を持たせないために

幕府は朝廷の力も押さえこもうとしました。かつて、後醍醐天皇が鎌倉幕府を倒したことを考えたのでしょうね。最初の武家諸法度を出したのと同じ1615年、朝廷に対しては**禁中並公家諸法度**を出しました。この中で幕府は、天皇がなすべきことは第一に学問だと定めるなど、**天皇が政治に関与しないようはかった**のです。

禁中並公家諸法度には、紫衣についての規定もありました。紫衣とは、お坊さんが着る紫色の衣装です。僧侶が紫衣を着るためには天皇の許可（勅許）が必要だったのですが、天皇がみだりに勅許を出してはならぬと定めました。つまり幕府は、天皇がもっている寺院への影響力を弱めようとしたわけです。

ところが、**後水尾天皇**は法度を無視して勅許を出しつづけました。幕府は1627年にこれをとがめ、**紫衣の勅許を無効**とし、この措置に抗議した僧侶の沢庵を処罰しました。これを**紫衣事件**といいます。後水尾天皇は逆ギレし、幕府にことわりもなく娘の明正天皇に譲位しました。女性の天皇は、なんと奈良時代の称徳天皇以来のことでした。

幕府は天皇制をなくそうとは考えなかったのかな？

＊**武家伝奏**（でんそう）…公家の中から選ばれた、朝廷と幕府の間の連絡役。
＊**禁裏御料**（きんりごりょう）…天皇家の領地。

> 武士の頂点の地位である征夷大将軍は、天皇から任命されたものだからねえ。天皇がいないと将軍の権威も揺らいじゃうから困るんだよ。

≫ お寺を通じて人びとを掌握

　幕府は寺社に対しても領地をあたえ、統制下におき、寺院に対しては宗派ごとに寺院法度を出して、本末制度をととのえさせました。これは、各宗派のトップの寺院である本山が、その傘下の末寺を統制するしくみです。神社に対しては、諸社禰宜神主法度を出しました。

　江戸幕府は豊臣政権と違い、一般民衆のキリスト教信仰も禁じますが、それに役立ったのが寺請制度です。これは、宗門改めとよばれる信仰調査をおこなって、**すべての人びとをどこかの寺院と関係を結ばせる**しくみです。その寺を**檀那寺**、関係を結んだ人を檀家といい、**宗門改帳**（宗旨人別帳）に登録しました。旅行の際には、身分証明書として檀那寺が発行する寺請証文が必要でした。

> 江戸時代には宗門改帳が戸籍の役割をはたしたため、戸籍はつくらなかったんだよ。

各勢力に対して幕府が出した法令　

- ❶**大名**……武家諸法度
- ❷**朝廷**……禁中並公家諸法度
- ❸**寺院**……寺院法度
- ❹**神社**……諸社禰宜神主法度

＊**明正天皇**…２代将軍徳川秀忠の娘と後水尾天皇の間に生まれた。
＊**日蓮宗不受不施派（ふじゅふせは）**…将軍からの布施（ふせ）を拒絶した日蓮宗の一派で、幕府に従わなかったため弾圧された。

🔸江戸初期の3人の将軍の時代整理

	家康	秀忠	家光
戦い	関ヶ原の戦い	大坂の役	島原の乱
武家諸法度		（元和令）居城修理の許可制	（寛永令）参勤交代の義務化
おもな法令		一国一城令 禁中並公家諸法度 禁教令	田畑永代売買の禁令 田畑勝手作の禁令
貿易	糸割符制度	ヨーロッパ船の来航を平戸・長崎に制限	鎖国令

江戸幕府のしくみ

🔸江戸幕府の職制

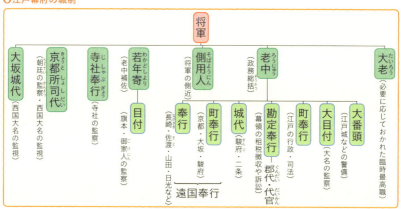

鎌倉幕府や室町幕府の組織より、江戸幕府の組織のほうがよく出るよ！

　江戸幕府の組織を理解するときのポイントは、将軍直下の役職か、老中や若年寄の配下の役職なのかを区別することです。**将軍直下の**

ちょっと補足

＊**大船建造の禁**…3代将軍徳川家光の時の武家諸法度には、500石以上の大船建造を禁じる規定が盛りこまれた。

＊**江戸幕府の職制**…幕府の機構がほぼ完成したのは、将軍家光の時代。

役職は、職務が幕領をこえるものが多く、譜代大名がつとめます。いっぽう**老中・若年寄の配下の役職は、職務が幕領にかぎる**ものが多く、**旗本**がつとめました。

それでは1つ1つの役職を見てみましょう。**大老**は一番エライ役職ですが、つねにおかれているわけではありません。**常置の役職で一番エライのは老中**です。そして、老中を補佐したのが若年寄です。寺社奉行は全国の寺社を統制し、**京都所司代**は**朝廷や西国大名を監視**しました。

老中配下の役職を見てみましょう。**大目付**は大名の監視にあたります。若年寄配下の目付とまぎらわしいので注意してください。目付が監視するのは、旗本・御家人です。ほかに、**江戸の町の行政・司法をになうのが町奉行**、各地の幕領を統轄するのが勘定奉行です。幕領の年貢を徴収する郡代・**代官**は、この勘定奉行の配下におかれました。寺社奉行と町奉行・勘定奉行を、あわせて三奉行といいます。寺社奉行だけは将軍直下に位置しています。

なんで寺社奉行だけ違うの？

町奉行と勘定奉行は幕領限定の仕事だけど、寺社奉行は大名領地の中の寺社にまで口を出すからだよ。将軍直下ってことは、それだけエライってことなんだ。

つぎに各地方におかれた役職を見てみましょう。京都の二条城や大坂城・駿府城に城代と町奉行がおかれ、直轄地の伏見・長崎・山田・日光・堺・佐渡などには奉行がおかれました。長崎には出島、日光には東照宮、山田には伊勢神宮、佐渡には佐渡金山がありました。

===

＊**重職につく大名**…大老や老中などの重職につく大名は、譜代大名にかぎられた。

　ところでこれらの役職は１人ではなく、複数の人が任命されることがほとんどでした。たとえば老中だったら、4～5名の譜代大名が任命されて、**1カ月交代で職務にあたった**のです。こうしたしくみを月番制といいます。そして重要な裁判は、老中に三奉行や大目付らが加わった評定所で裁決しました。

江戸幕府の職制の特徴

ここできめる！

❶**大老・老中・若年寄・寺社奉行**……将軍直下の役職で、譜代大名がつとめた。

❷**大目付・町奉行・勘定奉行**……老中配下の役職で、旗本がつとめた。

❸**目付**……若年寄配下の役職で、旗本がつとめた。

正誤でチェック！

次の文の正誤を判定し、正しければ㊣、誤りなら(誤)と答えなさい。

老中は、将軍の信任がもっとも厚い親藩の大名のうちから選ばれることになっていた。

(誤)　原則的に親藩大名は重職にはつかない。将軍家と同族だから信頼できるというのは、幻想にすぎない。反逆は十分ありえる。

第❹講
江戸時代の農民と武士と町人

> **😊この講のポイント**
> 江戸時代の人びとは、士農工商の4つの身分に分けられていました。それぞれの身分の特徴をつかみましょう。とりわけ、全体の約8割も占める農民を、1割にも満たない武士がどうやって支配していたのかに注目してください。

≫ 農民支配のしくみ

　幕府の農民支配のしくみを見てみましょう。幕領には郡代や代官という役職の武士がいて、その下に**農民の中から選ばれた村役人**がいました。村長さんにあたる**名主**、それを補佐する組頭、名主と組頭を監視する百姓代です。この3つを村方三役といいます。一般農民は**本百姓**とよばれました。

　本百姓の下には、土地を借りて耕作する水呑百姓と、隷属農民の名子・被官がいました。いずれも**土地をもっていない農民なので、検地帳に登録されず、年貢も負**

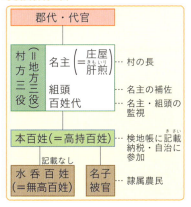

❶農民統制の図

郡代・代官		
村方三役（＝地方三役）	名主（＝庄屋／肝煎）	…村の長
	組頭	…名主の補佐
	百姓代	…名主・組頭の監視
本百姓（＝高持百姓）		…検地帳に記載 納税・自治に参加
記載なし 水呑百姓（＝無高百姓）	名子 被官	…隷属農民

＊**村長のよび名**…関東では名主（なぬし）とよばれ、東北では肝煎（きもいり）、関西では庄屋（しょうや）とよばれた。

担しません。村の自治にも参加できない人たちです。本百姓はその逆なので、違いに注意しましょう。

 土地をもってるか、もってないかに注目しよう！

>> さまざまな農民の負担

農民の負担のメインは、**本年貢**ともよばれた本途物成で、石高の約40％を米や貨幣で納めなければなりませんでした。ほかにも次のようにさまざまな税がありました。

> ### 農民の負担
> ❶**本途物成**……田畑・屋敷にかかる税。
> ❷**小物成**……山や川からの収益などの副収入にかかる税。
> ❸**高掛物**……村高（村の総石高）にかかる税。
> ❹**国役**……一国単位にかけられる、河川や道路工事の労働。
> ❺**伝馬役（助郷役）**……街道の近くの村が、宿場に人や馬をさし出す。

本途物成が田畑にかかるのに、そのうえ村高にかかる税があるって、二重取りされてない？

 されてるね（笑）。

＊**助郷役**…伝馬役だけでは問屋場の人馬が足りない場合、近くの村が不足分をおぎなった。その村を助郷といい、その負担を助郷役という。

≫ 年貢は村でまとめて納入

　江戸時代の村には、自治が認められていました。共同利用地である入会地や用水を管理したり、**村掟（村法）というルール**をつくって、**違反者には村八分などの制裁**をくわえました。村八分とはいわゆる「シカト」のことです。今でも「ハブる」なんていいますね。そして、田植えや稲刈りなどは、「結」や「もやい」とよばれた共同労働でおこなわれました。幕府は、こうした村の自治にたよる形で農村を支配しました。**年貢の徴収も村役人におこなわせる村請制**というしくみをとったのです。

≫ 大切なことは本百姓体制の維持

　幕府の農民統制のキホンは、本百姓からできるだけ多くの年貢を取ることでした。そのためには本百姓が土地を手放さないようにしなければなりません。これはどういうことか、図を見てください。

　実際に耕作する農民と幕府のあいだに地主がはさまってしまうと、地主が賃貸料（小作料）を取るため、耕作する農民は貧しすぎて一揆をおこすかもしれません。それは幕府にとって困ります。しかし、逆になんとかギリギリ生活できたとしても、幕府は不満に思うはずです。なぜなら、農民が5石だけでも生活できるのなら、その農民がまだ本百姓だったときに、

❶本百姓が土地を手放すとどうなるか。
地主はこういう土地をいくつも持っている。

第3章　第④講　江戸時代の農民と武士と町人

＊**五人組**…幕府や諸藩は、村民に数戸ずつで五人組をつくらせ、年貢納入などの連帯責任をおわせた。

幕府が年貢を5石取ってもよかったからです。つまり、**地主などの中間搾取層をはさむことなく、本百姓から直接ギリギリまで年貢をしぼり取る**ことが、幕府収入を最大化するカギなのです。

>> 農民向けの法令

本百姓体制の維持をはかって、幕府はさまざまな法令を出しました。まず、1643年に**田畑永代売買の禁令**を出し、田畑を売買することを禁じました。また、**田畑勝手作の禁令**も出し、たばこ・木綿・菜種などの商品作物を自由につくってはいけないとしました。これは、農民がお金をかせいでぜいたくするのを防ぐためです。

さらに1673年には**分地制限令**を出しました。これは、親から子に田畑を分割相続する際に、**土地が小さくなりすぎないように**定めたものです。田畑の面積が小さすぎると、生活が成り立たないからです。

農民統制のための法令

❶ 田畑永代売買の禁令（1643年）
❷ 田畑勝手作の禁令（1643年）
❸ 分地制限令（1673年）

お父さんから田んぼをもらえなかった人はどうなるの？

＊**慶安の触書**…農民の生活や労働について細かく指示したもので、1649年に幕府が出したとされていたが、近年は異説が強まっている。

余裕のある家で下働きするか、町に出て働いたりするしかないね。だから江戸時代を通じて、農村から人が流出する傾向にあったんだよ。

江戸時代の武士

武士は農民や町人と違って、苗字を名乗ったり、刀をもつ帯刀の特権が認められていました。武士の多くは、主君から俸禄として支給されるお米を売って、生活していました。主君が家臣に土地をあたえるしくみ（地方知行制）は、多くの藩で廃止されていったのです。

❶武士の特権

町に住む人びと

士農工商の「工商」とは、城下町に住む職人や商人たちのことです。つまり町人ですね。この町人の世界にも、農村と同じようなしくみがありました。町奉行の下に、町人の代表である町年寄や町名主がいて、その下に一般の町人がいます。町にも自治が認められていて、自治に参加できるのはこの人たちまでです。その下の土地や店舗を借りている地借・店借といった人たちは、水呑百姓たちと同じように、自治には参加できません。

町で働く人の中には、お店や職人さんのもとで働く奉公人や、日用とよばれた日雇い労働者、棒手振とよばれた行商人など、さまざまな形ではたらく人たちがいました。

＊**被差別民**…賤民（せんみん）身分である穢多（えた）・非人は、牛馬の屍体処理や皮革業などにたずさわった。

農民と同じように、町人も土地をもってるかもってないかがカギなんだ。

>> 江戸時代の家族

　江戸時代の家では、家長とそれを継ぐ長男の権限が強く、嫡子単独相続が基本でした。武士の世界では男尊女卑の考え方が強く、女子教育の書である『女大学』では、女性は幼いときは父に、結婚後は夫に、老いては子にしたがうことが説かれました。**離婚する際は、夫から妻に対して離縁状が出されました。**離縁状は、三行半で書かれることが多かったため、三行半（三下り半）とよばれました。

＊**離縁状**…基本的に夫が妻に出したものだが、離婚したい妻が夫にせまって出させたケースもあった。また、離縁が成立してこそ再婚ができるため、再婚許可証の役割もはたした。

第❺講
江戸初期の外交

😊 この講のポイント

江戸時代の外交といえば、「鎖国」のイメージが強いでしょう。しかし、徳川家康はその逆でした。中国・朝鮮はもちろん、ヨーロッパ諸国とも積極的に貿易をしようとしていたのです。この「江戸初期の外交」というテーマは、大学入試での出題率が異常に高くなっています。国ごとに整理することが大切です。

≫ 朝鮮と中国

　朝鮮出兵で関係が悪化した朝鮮とは、対馬の宗氏を通じて関係改善をはかりました。その結果、将軍がかわるごとに朝鮮から**通信使**が来日するようになりました。1609 年には、朝鮮と**対馬藩の宗氏**とのあいだに**己酉約条**が結ばれて、朝鮮の釜山におかれた倭館で貿易をおこなうことになりました。**対馬藩は、朝鮮と独占的に貿易**することを、幕府から認められたのです。

　家康は明との国交回復も望みました。しかし、**明は海禁政策をとっていて、朝貢をしなければ国交を認めません**。そこで日本は、中国船と台湾や東南アジアで落ち合って取り引きする**出会貿易**をおこないました。ノドから手が出るほど、中国産の生糸がほしかったからです。

＊通信使…朝鮮通信使の来日の際には、通信使一行と国内の文人らとの交流もおこなわれた。

あれ？ 海禁政策って勝手に貿易やっちゃダメだったんじゃなかった？

うん。日明貿易のところでそんな話をしたね。でも、このころは海禁政策がゆるんでたんだよ。

当時は、**将軍が発行する貿易許可証の朱印状**をもった日本船が、東南アジアに渡ってさかんに貿易をしていました。これを**朱印船貿易**といいます。フィリピンのマニラやシャムのアユタヤには、日本人の住む**日本町**がうまれ、自治がおこなわれていたほどです。

❶朱印船貿易

朱印船貿易をおこなった商人

❶**角倉了以**……京都の商人で、河川交通の開発もおこなった。
❷**茶屋四郎次郎**……京都の呉服商。
❸**末吉孫左衛門**……大坂の商人。
❹**末次平蔵**……長崎の商人。

≫ 琉球と蝦夷地

琉球王国との関係も見てみましょう。1609年、琉球は薩摩の島津

＊**朱印船貿易**…おもに銀が輸出され、生糸や織物などが輸入された。徳川家光時代の1635年に出された鎖国令で、日本人の海外渡航が禁じられると(P.170)、朱印船貿易はとだえた。

家久に征服され、**薩摩藩に支配される**ことになりました。これ以後、琉球王国が江戸に派遣するようになった使者が2種類あります。将軍の代がわりごとの**慶賀使**と、琉球国王の代がわりごとの謝恩使です。そのいっぽうで、**琉球は明（のち清）への朝貢もつづけました。**薩摩藩は、朝貢貿易で琉球が得たものを薩摩に送らせたうえに、特産品の**黒砂糖**も納めさせました。

> ### 朝鮮と琉球からやってきた使節　ここできめる！
> ❶**通信使**……朝鮮から将軍の代がわりごとに来日。
> ❷**慶賀使**……琉球から将軍の代がわりごとに来日。
> ❸**謝恩使**……琉球から琉球国王の代がわりごとに来日。

蝦夷地とよばれた北海道には、アイヌの人々が住んでおり、おもに漁業でくらしを立てていました。このアイヌとの交易によって収益を得ていたのが、北海道渡島半島の南部にあった**松前藩**です。当時は北海道で米をつくれなかったため、松前藩は**家臣にアイヌとの交易権をあたえ、交易によって収入を得させました。**このしくみを**商場知行制**といいます。しかし、アイヌにとって不利な交易だったため、1669年に大首長シャクシャインがアイヌによびかけて蜂起しました。この**シャクシャインの戦い**は、松前藩によって鎮圧されました。

❹蝦夷地

＊**コシャマインの戦い**…15世紀にアイヌの首長コシャマインが、和人に抵抗しておこした戦い。これを鎮圧した蠣崎（かきざき）氏は、のちに松前氏となった。

≫ ポルトガルとイスパニア

　豊臣秀吉がバテレン追放令を発したあとも、ポルトガルやイスパニアとの南蛮貿易はつづけられていました。とりわけ、**ポルトガルは日本に中国産の生糸を売って大きな利益を得ていた**ため、江戸幕府は1604年に**糸割符制度**をもうけて、生糸価格を下げさせようとしました。これは、商人たちに**糸割符仲間**をつくらせ、その代表者が価格交渉をおこなって、安い値段で生糸を一括購入するしくみです。糸割符仲間をつくったのは、堺・長崎・京都・大坂・江戸の五カ所商人でした。

　ポルトガルをけん制するためにも、家康はスペインとの関係を強めようとしました。そこで、スペインの植民地であったメキシコ（ノヴィスパン）に京都の商人**田中勝介**を派遣し、メキシコと貿易することを考えました。ついで仙台藩主の**伊達政宗**も、**支倉常長**をメキシコ経由でローマに派遣しました。これは慶長遣欧使節とよばれています。

スペインとの交渉　ここできめる！

❶ 田中勝介……徳川家康の命でメキシコに渡る。
❷ 支倉常長……伊達政宗の命でメキシコ経由でローマに渡る（慶長遣欧使節）。

≫ キビシイ禁教政策

　キリスト教の信者が増えて、その団結をおそれた徳川家康は、1612年、幕領に**禁教令**を出し、翌年にはこれを全国に広げました。それでも信仰を捨てなかった熱心なキリシタン大名に、高山右近がいま

　次の文の正誤を判定し、正しければ㋣、誤りなら㋤と答えなさい。
　糸割符仲間をつくった五カ所商人には、京都・堺・平戸の商人が含まれた。
　㋤　平戸は含まれない。「魚が今日のおさえだ」というゴロで堺・長崎・京都・大坂・江戸を覚えるとよい。

す。幕府は右近をフィリピンのマニラに追放し、さらに 1616 年には、**中国船以外の外国船の来航を、平戸と長崎に制限**しました。そして 1624 年には、結局、**スペイン船の来航を禁止**しました。南蛮貿易は布教と一体化していたからです。

ポルトガル船は禁止しないの？

禁止したほうがいいんだけど、ポルトガルのほうが貿易額が大きいから、そうカンタンにはやめられないんだよ。

≫ オランダとイギリス

ポルトガルやスペインのように**貿易と布教を一体化せず、区別する国がありました。オランダとイギリスです**。両国とは、1600 年にオランダ船リーフデ号が豊後に漂着したのをきっかけに、貿易がはじまりました。貿易は**平戸**にもうけられた商館でおこなわれましたが、イギリスはオランダとの競争に敗れ撤退しました。

ところで、リーフデ号の乗組員の中に徳川家康の外交顧問になった人が 2 人います。イギリス人の**ウィリアム＝アダムズ**（三浦按針）と、オランダ人のヤン＝ヨーステン（耶揚子）です。家康はこうした人たちからも、海外情報を入手していました。

なんでオランダとイギリスは、キリスト教を布教しないの？

＊**紅毛人（こうもうじん）**…ポルトガル人とスペイン人を南蛮人というのに対し、オランダ人とイギリス人を紅毛人といった。

キリスト教はキリスト教でも、ポルトガルとスペインは旧教（カトリック）で、オランダ・イギリスは新教（プロテスタント）なんだよ。新教国は、貿易と布教を切り離してくれるんだ。

≫ 鎖国令と島原の乱

　3代将軍**徳川家光**の時代には、**鎖国令**がいくつも出されました。まず1633年の鎖国令で、奉書船以外の海外渡航を禁じました。これまで発行されてきた将軍の朱印状のほかに、老中が発行する奉書をもっていないと、海外に渡航できなくなったのです。でも、そのわずか2年後の鎖国令では、**日本人の海外渡航を全面禁止**にしました。それだけではありません。海外居住者の帰国も禁止にしました。海外でキリスト教に染まった人が日本にもどってくるのを嫌ったからです。

　同じころ、キリスト教対策としてつくったのが長崎の出島でした。ポルトガルとの貿易を出島だけでおこなうことで、宣教師の上陸をふせごうという作戦です。しかし「時すでに遅し」でした。翌1637年に、キリシタンを中心とする大規模な一揆が九州でおこったのです。**島原の乱**（島原・天草一揆）です。

天草四郎時貞を大将とする一揆勢は、数カ月に渡って原城跡に立てこもったものの、老中松平信綱ひきいる幕府軍に敗れ、全滅しました。

＊**島原の乱**…島原と天草は、かつてキリシタン大名の有馬晴信と小西行長の領地だったため、キリシタンが多かった。そこに、領主の圧政に不満をもつ農民がいっしょになって一揆がおこった。

❶絵踏をさせているところ

❶踏絵

幕府はキリシタンを摘発するため、踏絵とよばれるキリストを描いた絵を人びとに踏ませたんだ。踏ませることは「絵踏」というよ。

鎖国の完成と長崎貿易

島原の乱にこりた幕府は、1639年についに**ポルトガル船の来航を禁止**しました。そのせいで空き家となった**出島には、平戸にあったオランダ商館をもってきました**。こうして1641年、鎖国が完成したのです。

その後、中国人が住むための**唐人屋敷**を長崎にもうけた結果、**幕府が直轄地の長崎で、中国・オランダとの貿易を独占**するかたちができました。毎年、出島にやってくるオランダ商館長は、海外情報を記したオランダ風説書を幕府に提出することになりました。

次の文の正誤を判定し、正しければ㊣、誤りなら㊵と答えなさい。
鎖国後は、オランダ船と中国船だけが長崎への入港を許され、商人の間で自由な取引が行われた。

㊵ 長崎での貿易は、幕府役人の長崎奉行の管轄下でおこなわれたため、商人の間で自由な取引とはいえない。さらに、のちに出された海舶互市新例（⇒P.178）では貿易の制限もおこなわれた。

あれ？ 中国とオランダとの関係はつづくんだ？

うん。でも通商だけだよ。正式な国交はひらかれていないんだ。正誤問題に注意してね。

❶ 3つの鎖国令

鎖国令	内容
1633年の鎖国令	奉書船以外の海外渡航を禁止
1635年の鎖国令	日本人の海外渡航・帰国を全面禁止
1639年の鎖国令	ポルトガル船の来航を禁止

鎖国令の順番入れ替え問題に注意しよう！

＊**四つの口**…鎖国したといっても、松前・対馬・長崎・薩摩の4つの窓口を通じて、外国・異民族との交流がおこなわれた。

＊**通商国と通信国**…オランダ・中国は通商だけの関係の通商国、朝鮮・琉球は正式な国交をもつ通信国であった。

第❻講
文治政治

📖 この講のポイント

江戸時代を大きく区切ると、武断政治→文治政治→三大改革→幕末となります。4代将軍家綱から7代将軍家継までの文治政治は、幕府政治が安定した時代でした。

❶江戸時代の大まかな区切り

将軍	1 家康	2 秀忠	3 家光	4 家綱	5 綱吉	6 家宣	7 家継	8 吉宗	9 家重	10 家治	11 家斉	12 家慶	13 家定	14 家茂	15 慶喜
政治	武断政治			文治政治				三大改革					幕末		
文化	寛永期			元禄文化				化政文化							

≫ 武断政治のマイナス面

　3代将軍徳川家光の時代まで、幕府は大名に対して非常にきびしい態度であたってきました。ルールを破った大名を、まるで見せしめのようにバンバン改易していたのです。こうした政治を武断政治といい、幕府が大名の反乱を恐れていることの裏返しでした。

　しかし、大名家を取りつぶすと、その家臣たちは牢人となって路頭に迷ってしまいます。新たな主君に雇ってもらわないかぎり、収入はゼロのままですから、不満がつのるばかりです。また、異様な風体を

次の文の正誤を判定し、正しければ正、誤りなら誤と答えなさい。
18世紀、幕府は大名統制策として、大名の改易や減封・転封をさかんに行った。
　誤　18世紀ではなく17世紀。

した「**かぶき者**」が、徒党を組んで横行するようになって、社会不安が高まりました。

こうした中で1651年、**徳川家綱**が4代将軍に就任する際に、**由井正雪の乱**（慶安の変）がおこりました。これは、由井正雪が牢人を集めて幕府転覆をくわだてた事件です。幕府はこの事件で、武断政治をつづけると、牢人が増加して別のリスクが高まることに気づきました。

≫ 文治政治にシフトチェンジ

大名がついつい違反してしまうルールの1つに、**末期養子の禁**がありました。これは、子のない大名が、**死ぬ間際（末期）になってから養子を取ることを禁じた**ものです。つまり、跡継ぎを確保しないまま大名が急死すると、もうそれだけで改易となってしまうわけなのです。ムダに厳しすぎるルールでしたから、幕府は**由井正雪の乱の直後にこの禁令をゆるめました**。

意外と幕府ってものわかりがいいんだね？

関ヶ原の戦いからもう50年も経つんだから、大名の反乱なんて想定する必要ないんだよ。

こうして幕府は、武力で脅して大名を支配する武断政治から、法律や制度を尊重して秩序を維持する**文治政治**に転換していきました。

＊**明暦（めいれき）の大火（たいか）**…4代将軍徳川家綱時代、1657年に江戸でおこった大火事。江戸城と市街が焼けた。

❶文治政治の将軍と補佐役

将　軍	家綱 →	綱吉 →	家宣・家継
補佐役	保科正之 酒井忠清	堀田正俊 柳沢吉保	新井白石 間部詮房

文治政治の時代は、こんなふうに3つの区切りに分けてとらえるといいよ！

≫ 4代将軍家綱の時代

　将軍家綱を補佐したのは、3代将軍家光の弟で会津藩主の保科正之でした。家綱の治世には、ほかに主君が死んだ際に、家臣があとを追って自殺する殉死を禁止しました。殉死は忠誠度が高い証拠と思いがちですが、いちがいにそうとはいえません。主家に忠実な家臣というなら、新しい主君に尽くすべきだからです。死んだ主君との個人的な主従関係よりも、主君の家と自分の家との主従関係を重視すべきなのです。また、大名の反乱を想定しないわけですから、幕府が諸藩の有力家臣の子を人質（証人）として取ることもやめました。

≫ 5代将軍綱吉の時代

　5代将軍についたのは、**徳川綱吉**でした。綱吉のもとで大老となった堀田正俊が殺されたあと、側用人の**柳沢吉保**が政治の実権をにぎりました。この時代には、よりいっそう文治政治が進められました。**文治政治の思想的ベースは、上下の秩序を重んじる朱子学**（儒学の一派）です。このため、儒学の祖の孔子をまつる**湯島聖堂**を建てました。そして、林鳳岡（信篤）を大学頭に任じ、上野にあった林家の家塾を湯島に移して**聖堂学問所**としました。

＊酒井忠清（さかいただきよ）…4代将軍徳川家綱時代の大老。保科正之の後に政権をにぎった。

綱吉は「犬公方」というあだ名でよばれています。なぜなら、**生類憐みの令**を出して「犬を保護せよ！」と命じたからです。これがどんどんエスカレートして、犬以外の動物も保護の対象としたため、庶民は大変な迷惑をこうむりました。

綱吉ってそんなに犬が好きだったの？

いや、好きとかじゃなくて、「犬を大切にすれば、子宝に恵まれますよ」って、お坊さんにそそのかされたんだよ。そんなことしても、結局跡継ぎには恵まれなかったけどね。

》》カネの質を落として大もうけ

江戸幕府は金貨や銀貨などの貨幣を鋳造しました（⇒ P.192）。金でできた小判のうち、最初につくったものを**慶長小判**といいます。綱吉の時代には**金銀の産出量が減った**こともあって、金貨や銀貨をつくり直しました。この貨幣改鋳によってできた**元禄小判**は、グラフを見るとわかるとおり、**金の含有量ががくんと落ちています。**しかし、額面はこれまでどおりの1両でした。つまり幕府は、慶長小判1枚分の金で、元禄小判を約1.5枚つくったのです。これはもうかります。このアイデアを出したのは、勘定吟味役の**荻原重秀**でした。

▲金貨成分比の推移

＊**赤穂事件**…5代将軍徳川綱吉の時代におこった、赤穂浪士（あこうろうし）らが吉良義央（きらよしなか）を襲撃した事件。のちにこの事件を題材にした『仮名手本忠臣蔵（かなでほんちゅうしんぐら）』が、竹田出雲によって書かれた。

この貨幣改鋳は、幕府に一時的な利益をもたらしましたが、質の悪いお金がたくさん出回ったことでインフレーションをまねき、物価が高くなってしまいました。このため次の**新井白石の時代には、金の含有量を慶長小判並みにもどした正徳小判**がつくられることになります。

新井白石による貨幣改鋳も、けっしてうまくいったわけではなく、経済の混乱をまねいたんだ。P.176のグラフは重要だよ！

≫ 新井白石の正徳の治

　6代将軍**家宣**と7代将軍家継時代の政治を「正徳の治」といいます。この時期は、将軍の侍講（儒学の師）であった**新井白石**と、側用人の間部詮房が中心となって、文治政治をおこないました。

　上下の秩序を重んじる文治政治では、将軍の権威を高めることが重要です。そこで新井白石は将軍の任命者である天皇を尊重し、**閑院宮家**を創設して朝廷との協調をはかりました。

宮家を創設ってどういうこと？

天皇家の財政もラクじゃないから、皇太子の兄弟は他の宮家の養子になるか、出家してお坊さんになるしかなかったんだよ。そこに白石は宮家をつくるお金を出してあげたんだ。入試によく出るよ。

次の文の正誤を判定し、正しければ正、誤りなら誤と答えなさい。
正徳年間、幕府が質の劣る貨幣を発行したため、物価が上昇した。
　誤　正徳年間に発行されたのは、質の高い貨幣。

≫ 白石の節約外交政策

将軍の権威を高めるといえば、白石は朝鮮通信使の待遇を簡素化しました。朝鮮からの使節を重んじないことで、日本の将軍のほうがエライとアピールしたのです。せこいですね。また、これまで朝鮮が将軍のことを「日本国大君」とよ

んでいたのを、「日本国王」と改めさせたりもしました。「国王」のほうがエライからです。

白石の政策としては、ほかに1715年に出した**海舶互市新例**があります。長崎貿易での金銀の海外流出を防ぐため、**長崎に来航する清船とオランダ船の貿易額を制限**したのです。

≫ 大名たちもやった文治政治

文治政治の時代には、諸藩でも儒学者をまねいて政治がおこなわれました。右の4人の藩主と儒学者が有名です。

❶諸藩の文治政治

藩	藩主	儒学者
水戸藩	徳川光圀	朱舜水
岡山藩	池田光政	熊沢蕃山
加賀藩（金沢藩）	前田綱紀	木下順庵
会津藩	保科正之	山崎闇斎

＊**雨森芳洲（あめのもりほうしゅう）**…対馬藩に仕える儒学者で、新井白石の朝鮮政策に反対した。雨森芳洲と新井白石の2人は、木下順庵（きのしたじゅんあん）の門下で儒学を学んだあいだがらだった。

第❼講
江戸時代の産業

> 😊 **この講のポイント**
> 江戸(えど)時代の産業は、大学入試で意外と出題されるテーマです。なかでも農業はとくに大切なので、各農具の使い方までチェックしましょう。手工業品はたくさんあってやっかいですが、どういうしくみでつくっていたのかはよく出ます。

≫ 狭い土地で人手をつくす農業

　分地制限令(ぶんちせいげんれい)（⊙ P.162）の話から想像できるように、江戸時代の農民1人あたりの耕地面積は小さいものでした。このため牛や馬をバリバリ使って農業をするのではなく、**かぎられた田畑を人手をかけて効率よく使う集約的な農業**となりました。ということは、肥料をしっかりあたえることになりますね。従来の刈敷(かりしき)・草木灰(そうもくばい)・下肥(しもごえ)といった自給肥料だけでなく、**干鰯(ほしか)や油粕(あぶらかす)**などをわざわざ**お金を出して買っていた**ほどです。

　農民って貧乏(びんぼう)なのに、肥料を買うお金なんてあったの？

　＊干鰯・油粕…干鰯は鰯(いわし)を干したもので、油粕は菜種の実から油をしぼり取ったカス。房総の九十九里浜(くじゅうくりはま)では地曳網(じびきあみ)を使った鰯漁がさかんで、干鰯の最大の産地だった。

> あるんだよ。そういう肥料を使って商品作物を栽培していたから、作物を売って得たお金の一部を肥料代に回してたんだよ。こういう肥料を**金肥**っていうんだ。

　江戸時代前期には**新田開発**もさかんでした。とくに都市商人が出資して開いた新田を町人請負新田といいます。新田開発にともない用水路もつくられました。芦ノ湖から引いた箱根用水や、利根川から引いた見沼代用水が代表的です。

≫ 農業テクニックを農書で学べ

　江戸時代は意外と、庶民のあいだで教育がさかんでした。読み・書きができる人が増えたため、農書も多く読まれました。宮崎安貞の『**農業全書**』は、元禄期に書かれたはじめての本格的農書です。江戸後期に書かれた農書には、大蔵永常の『**広益国産考**』や『農具便利論』があります。

　同じ江戸後期には、**農村復興を指導**した人物として**二宮尊徳**と大原幽学がいました。二宮尊徳は、報徳仕法という独自の方法で復興につとめ、勤勉・倹約などの道徳を説きました。

> ここに出てきた人は、江戸時代のいつごろの人物であるかということにも注意すること！

次の文の空欄にあてはまる語句は、①農業全書　②広益国産考のうちどちらか。
17世紀後半に成立した『　ア　』や『百姓伝記』では、「仁」や「孝」といった儒学の徳目が重視された。
答えは①。「17世紀後半」という時期で判断する。『広益国産考』は江戸後期に書かれたもの。

≫ かしこい工夫で農具の改良

江戸時代前期には農具の改良もおこなわれました。農具とその使い方を見ていきましょう。

* **商品作物**…漆(うるし)・楮(こうぞ)・桑・茶の四木(しぼく)と麻・藍(あい)・紅花の三草(さんそう)のほか、木綿や菜種やたばこが商品作物として栽培された。藍は阿波、紅花は出羽の特産品。作付け制限を定めていた田畑勝手作の禁はゆるめられた。

1. 田畑を耕す鍬は**備中鍬**が普及しました。刃先がフォーク状に分かれているので、**深く耕しやすい**のです。
2. 刈り取った**稲の実を取る脱穀**作業には、**扱箸**にかわって**千歯扱**が使われるようになりました。

 これまでの脱穀作業は、2本の棒に稲穂を挟んで引き抜くだけだったんだよ。

3. 稲籾を棒でたたくと籾殻が取れますが、籾殻だけを選り分けなければなりません。そのために使われたのが**唐箕**です。丸い部分の中のハネを回して風をおこし、**風で籾殻を吹き飛ばす**のです。
4. 籾殻を取ったあとの米は、まだ茶色っぽい玄米です。これを臼に入れて杵でつくと白米になります。しかし、この精米作業で**米粒が欠けてしまうことがあるため、それを選別**するために**千石簁**が使われました。箱の中に網が立てかけてあるので、そこに上から米を流すと大きい粒だけが出てくるしくみです。
5. 用水路から田んぼに水を汲み上げるのには龍骨車が使われていましたが、こわれやすいため踏車が使われるようになりました。

 次の文の正誤を判定し、正しければ㊣、誤りなら㊋と答えなさい。
近世には、唐箕や千石簁が普及したため、脱穀が容易になった。
㊋ 唐箕や千石簁は、脱穀ではなく選別のための農具。

≫ 塩・木材・金属

農業以外の製塩業・林業・鉱山業も見てみましょう。

塩は海水を塩田に引き入れ、水分を蒸発させてつくります。これを手作業でやると大変ですが、江戸時代には潮の満ち引きを利用する入浜塩田が、瀬戸内海沿岸を中心に発達しました。播磨（兵庫県）の赤穂の塩が有名です。

つぎに林業ですが、江戸の町はよく火事がおこったせいもあって、材木の需要が高まりました。なかでも尾張藩の木曽檜や、秋田藩の秋田杉は、藩の直轄林で生産されて有名になりました。

鉱山業では、金山・銀山での産出量が減ったかわりに、銅の産出量が増えました。このため銅は、長崎貿易での最大の輸出品となりました。下野（栃木県）の足尾銅山や伊予（愛媛県）の別子銅山が有名です。別子銅山を経営していた**住友家**は、近代に入ると財閥に成長していきます。ほかに、砂鉄を原料とするたたら製鉄が、中国地方を中心におこなわれました。

住友って藤原純友と何か関係あるの？　たしかあれも伊予国だったよね？

よく覚えてたねえ！　関係ないんだけど、記憶法としてはすばらしいね。

＊たたら製鉄…「たたら」とは火力を強めるための足踏みのふいご（送風装置）で、それを使って製鉄をおこなった。

≫ ブランド品を生み出す手工業

　江戸時代には、さまざまな手工業品がつくられるようになりました。**高級絹織物**の**西陣織**や、陶磁器の有田焼などは、ブランド品のようになったほどです。

　この西陣織については、原料や機械についても知っておく必要があります。当初、中国産の輸入生糸を使っていたのが、やがて北関東の桐生や足利で生産された、国内産の生糸を使うようになりました。織機は腰かけに座って織る高機で、これは逆に北関東にもたらされ、桐生や足利でも高機による絹織物づくりがはじまりました。

　手工業品をつくるしくみもステップアップしていきました。原料などを自前で準備してつくる農村家内工業だったのが、**問屋が生産者に原料・道具・資金を前貸しし、できた製品を受け取る問屋制家内工業**に変わっていったのです。さらに19世紀に入ると、**マニュファクチュア（工場制手工業）**もおこなわれました。これは**賃労働者を雇って、分業と協業によって生産**するしくみです。

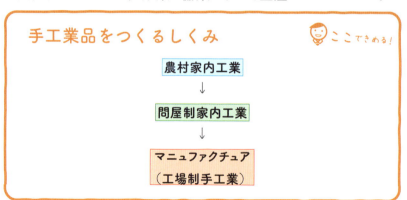

＊**工場制手工業**…織物業では19世紀からおこなわれたが、酒造業ではすでに17世紀からおこなわれていた。

🔵『尾張名所図会』織屋のようす

工場制手工業はこんな感じだったんだ。分業体制がとられてるのがわかるかな？　意外と出題される絵だよ。

🔵江戸時代の手工業品

	産地・商品
織物	[絹] 京都西陣　桐生　足利　丹後縮緬 [麻] 奈良晒　越後縮　薩摩上布 [綿] 久留米絣　小倉織　三河　河内
陶器	尾張の瀬戸焼　肥前の有田焼　加賀の九谷焼 ※技術が九谷焼に伝わる
漆器	能登の輪島塗　能代・飛騨の春慶塗　会津塗
製紙	越前の鳥ノ子紙・奉書紙　播磨の杉原紙
醸造	[酒] 灘・伊丹　伏見 [醤油] 野田・銚子　播磨竜野

＊西陣織と瀬戸焼…京都の西陣織や尾張の瀬戸焼は、すでに室町時代からつくられていた。

第8講 江戸時代の経済

この講のポイント

江戸時代の経済分野は、単なる用語暗記だけでは正誤問題が解けなくなります。年貢米や特産品などのモノの流れを、江戸や大坂に住む人びとの構成とからめて理解しましょう。

>> 江戸の人口は世界一

江戸・大坂・京都は三都とよばれました。驚くのは**江戸**の人口です。**100万人を超え、世界最大の都市**になりました。これは参勤交代で全国から武士が上京してきていたためと、その武士たちの消費を支える町人が多くいたためです。実際、江戸の人口の半分は武士でした。

いっぽう**大坂**は、**物流の中心地ということで、「天下の台所」**とよばれました。日本全国の特産品はいったん大坂に集められ、そこから各地に散っていったのです。大坂は、たとえていうならデパートみたいなものです。北海道のウニが食べたい、博多の明太子が食べたいといっても、わざわざ北海道や博多まで買いに行く人はいませんよね？　デパートなら各地の産物が集められていて、なんでも買うこと

正誤でチェック！

次の文の正誤を判定し、正しければ㊣、誤りなら㊦と答えなさい。
江戸全体の人口に占める町人の人口の割合は、９割を超えていた。
㊦　江戸の人口の半分は武士なので、９割が誤り。

ができます。

》人びとが行きかう街道

　全国の都市をつなぐ街道が整備されました。中でも江戸を起点とする五街道は幕府直轄で、関所がおかれて通行人をチェックしていました。

あれ？ 関所ってなくなったんじゃなかったっけ？

江戸時代にはまたおかれたんだよ。でも今度は通行料を取るためじゃない。江戸に行く人が危ない武器をもっていないかとか、大名の妻が江戸から逃げ出さないかとかをチェックしたんだ。「入鉄砲に出女」を取り締まったんだよ。

　街道につくられた宿場（宿駅）には、大名が宿泊するための本陣、一般の旅行客のための旅籠、自炊で泊まる安宿の木賃宿がありました。ほかには、**伝馬・人足の手配**をおこなう**問屋場**があり、参勤交代の大名行列の荷物をリレー形式で運びました。運ぶといえば、手紙や小荷物を運ぶ宅配便みたいな業者もいました。**飛脚**です。また、街道沿いには1里（約4km）ごとに、一里塚がつくられました。

❶五街道の宿場と関所

街道名	宿数	関所
東海道	53宿	箱根・新居
中山道	67宿	碓氷・木曽福島
甲州道中	44宿	小仏
日光道中	21宿	栗橋
奥州道中	10宿	

宿場の数は、東海道と中山道を覚えるだけで十分だよ。

＊**五街道**…江戸の日本橋を起点としていた。

≫ 大量の荷物を運ぶ船

年貢米などの大量の物資を運ぶには、牛馬を使った陸上輸送より、船を使った水上輸送のほうが便利です。このため河川交通や海上交通が発達しました。

江戸初期に、富士川や高瀬川などの**河川交通を開いた**のが、京都の商人**角倉了以**です。朱印船貿易をおこなった人としても出てきました（◯ P.166）。いっぽう、それよりあとに**東廻り海運（航路）**や**西廻り海運（航路）**などの**海上交通を整備した**のが、**河村瑞賢**です。海上輸送については、もっと深く理解する必要があります。地図を見ながら、物資の動きをたどってみましょう。

◯江戸時代の交通

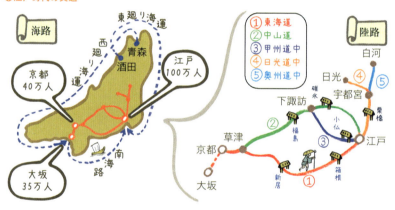

物資がどこに向かって運ばれたのかに注目しよう！

まず、諸藩に納められた年貢米は、売って換金しなければなりません。しかし地方では、売れる量がかぎられています。なぜなら、田舎

ちょっと補足

＊**北前船（きたまえぶね）**…西廻り海運を運航した船。蝦夷地の松前まで行き、海産物などを運んだ。

では農民が8割も占めており、お米を買い求める町人が少なすぎるからです。念のためにいうと、農民や武士は基本的にお米は買いません。武士は給料をお米でもらっていましたからね（●P.163）。

そうすると**諸藩は、お米を買ってくれる町人がたくさんいる大都市に、年貢米を運びこまなければなりません**。その大都市とは大坂や江戸です。こうしたわけで、西廻り海運と東廻り海運といった海上輸送ルートが整備されたのです。地図を見るとわかりますが、東廻り海運より、西廻り海運のほうが守備範囲が広いですね。これは、江戸よりも大坂のほうにたくさん商品が集まることを意味します。しかし、日本最大の消費都市は江戸なので、**大坂から江戸に物資を運ぶ必要があります**。そのためのルートが南海路です。ここには**菱垣廻船**と**樽廻船**が走っていました。

江戸から大坂には何も運ばないの？

そんなことないよ。千葉県の九十九里浜でとれた干鰯とかは、畿内の綿作で使われるから運んでたんだ。

≫ お米を売る商人たち

諸藩は大坂や江戸に**蔵屋敷**をもうけ、そこに年貢米を送って換金しました。**蔵屋敷に運びこんだ年貢米を蔵物**といい、それを管理する商人を蔵元、蔵物を売って得た代金を保管する商人を掛屋といいます。蔵元と掛屋は同じ商人が兼ねることもありました。

＊菱垣廻船と樽廻船…樽廻船の方が運航をはじめたのは遅かったが、迅速で安定性がよく低賃金だったことから、やがて菱垣廻船より優位に立つようになった。

わかりづらいけど、コメ担当が蔵元、カネ担当が掛屋って覚えておくといいよ！

　ここまでの話は、諸藩の年貢米の動きです。それと対比して、幕領の年貢米の動きを考えましょう。こちらはおもに江戸に送られて、その一部が旗本・御家人の給料（俸禄）になりました。旗本・御家人は、もらった俸禄米を**札差**（蔵宿）とよばれる商人に託して、売却してもらいました。蔵元とまちがえないようにしましょう。**諸藩のコメを売るのは蔵元、旗本・御家人のコメを売るのは札差**です。蔵元や札差は、あずかったコメを担保にお金を貸すこともしました。

貸すって誰に？　そんなにお金、もってるの？

藩や武士たちに貸すんだよ。彼らは毎日米価の動きを見てるから、自分でも米の売買をやって稼いでたんだよ。まるで株式トレーダーだね。

まぎらわしい3種類の商人

❶ **蔵元**……諸藩の蔵物（年貢米）を管理。
❷ **掛屋**……蔵物を売って得た代金を保管。
❸ **札差**（蔵宿）……旗本・御家人の俸禄米を売却。

＊**納屋物（なやもの）**…年貢として諸藩が都市に送ったものを蔵物というのに対し、問屋が生産者から買い入れて都市に送った商品。

同業者組合の株仲間

鎌倉・室町時代にあった商工業者の組合である座は、戦国時代の織田信長や豊臣秀吉らの楽市・楽座令によって撤廃されました。しかし江戸時代には、ふたたび同業者組合がつくられ、享保の改革（→P.195）のときに**株仲間**として幕府に認められました。株仲間が営業を独占するのを認めるかわりに、運上・冥加を営業税として納めさせたのです。株仲間の例としては、**大坂の二十四組問屋**と**江戸の十組問屋**を覚えておきましょう。二十四組問屋は、大坂（上方）から江戸へ送る積荷を扱う株仲間です。

卸売市場や豪商たち

問屋・仲買と小売商人が取引する卸売市場もできました。大坂の**堂島米市場**・天満青物市場・雑喉場魚市場と、江戸の神田青物市場・日本橋魚市場が有名です。

ところで、江戸時代は店でモノを買うときに、その場で現金を払わずに、あとでまとめて支払うツケ払いが基本でした。しかし、これだとお客さんに逃げられて、お店側が現金を回収しそこねる恐れがあります。そのため、お店側はあらかじめ商品の値段を高めに設定して、少しくらい回収できなくても赤字にならないようにしていました。

それじゃあ、まじめに払う人が損しない？

そうだよね。逃げたもん勝ちって、世の中まちがってるよね。

次の文の正誤を判定し、正しければ㊣、誤なら㊤と答えなさい。
江戸時代には、江戸から大坂への積荷を扱う二十四組問屋が江戸に結成された。
㊤　二十四組問屋は、大坂から江戸への積荷を扱う株仲間で、大坂に結成された。

この状況を打ちやぶった人がいます。伊勢出身の三井高利です。右のイラストを見てください。これは**三井高利**がはじめた**越後屋**で、現在の三越につながる呉服店です。この店ではツケ払いを認めず、商品を買ったお客さんにその場で現金を払ってもらいました。そのかわり値段が安いのです！　この「**現金掛け値なし**」商法は大人気となり、お店は大繁盛しました。

❶越後屋

≫ 地域によって違ったお金

　江戸幕府は貨幣鋳造権をにぎり、金貨・銀貨・銭貨の三貨をつくりました。この３種類の貨幣の使い方は、現代から見るとかなり複雑です。まず、銭貨は全国で使われましたが、江戸ではおもに**金貨**が、大坂（上方）ではおもに**銀貨**が使われました。これを「**東日本の金遣い、西日本の銀遣い**」などといいます。

　金貨には小判や一分金などあり、小判は１枚が１両と決まっていました。**金貨は、枚数を数えて使う計数貨幣**なのです。いっぽう銀貨は、なまこ型の丁銀と小さい豆板銀があり、１つ１つのサイズがバラバラで、１個いくらとは決まっていません。いちいち**重さをはからなければならない**のです。こうした貨幣を秤量貨幣といいます。「秤」は、はかりと読む漢字です。

銀貨を使うのって、めんどくさそう。

＊鴻池善右衛門（こうのいけぜんえもん）…伊丹（いたみ）の酒造家から、十人両替（大坂の両替商グループ）の一人にまでなった豪商。

> びっくりしちゃうよね。でも昔は味噌でも醬油でも、今みたいなパックじゃなくて、はかり売りが基本だったからねえ。逆に銀貨は、一定の重さで紙包みされてるものもあったんだよ。

❶三貨

　銭貨は金貨と同じ計数貨幣で、代表的なものに1枚で1文の**寛永通宝**があります。そして、金貨・銀貨・銭貨をつくっていたのは、それぞれ金座・銀座・銭座でした。

　三貨とは別に、**それぞれの藩の中だけで使われた、藩札**とよばれた紙幣もありました。藩が金貨・銀貨をかせぐには、何か産物を売らなきゃいけませんが、藩札だったら印刷するだけで産み出せます。このためほとんどの藩が発行するようになりました。

❶江戸時代の三貨

	計数・秤量	流通	種類
金貨	計数貨幣	江戸中心	小判や一分金など
銀貨	秤量貨幣	大坂中心	丁銀・豆板銀
銭貨	計数貨幣	全国	寛永通宝など

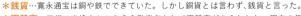

＊**銭貨**…寛永通宝は銅や鉄でできていた。しかし銅貨とは言わず、銭貨と言った。
＊**両替商**…三貨の交換をおこなう金融業者として両替商があらわれた。現在の銀行のようにお金を貸すほか、為替業務もおこなった。

194　3章 近世

第❾講
三大改革

この講のポイント

8代将軍の徳川吉宗の時代からは、三大改革の時代です。といっても3つの幕政改革の間に2つの時代を挟むので、享保の改革→田沼時代→寛政の改革→大御所時代→天保の改革、と5つに分けて整理します。たくさんの政策がおこなわれますが、それがいつの改革のものなのか、区別できることがカギになります。

❶三大改革の将軍と改革者

	享保の改革	田沼時代	寛政の改革	大御所時代	天保の改革
将軍	吉宗──(家重)→家治→家斉─────→家慶
政権	徳川吉宗	田沼意次	松平定信		水野忠邦

ゴロで覚える！　三大改革

き　　た　　か　　おう　　て
(王)　(手)

享保　田沼　寛政　大御所　天保

≫ フトコロの寒い武士たち

貨幣経済が発達しさまざまな商品があふれてくると、人びとはいろいろなモノを買い求めるようになりました。ほしいモノがあると、フ

＊**大御所時代**…当時の元号をとって、文化・文政時代ともいう。

トコロ具合はそっちのけで買ってしまうのです。たとえ借金をしてまでも！

ヤバイのは武士階層です。諸藩の収入源は年貢米ですね。ところが、**米の値段はそれほど上がらなかったため、お米を売って得たお金だけでは藩財政をまかないきれません**。ほうぼうからお金を借りまくって、借金地獄におちいりました。

給料としてお米をもらっている武士の台所事情も、これと同じようなものです。武士は家ごとに給料が決まっていて、毎年上がっていくようなことはありません。お米の値段があまり上がらないのに、他の商品の値段が大きく上がると、これまた借金地獄におちいってしまうのです。

武士の給料って上がらないの？

うん、大名家の石高が決まっているのと同じように、武士たちの家の禄高、つまり給料も決まっていて、そう簡単には増えないんだよ。

>> 徳川吉宗の享保の改革

1716年、7代将軍の家継が8歳という幼さで亡くなると、家康の血をのこすためにもうけた御三家（→ P.152）から、将軍がたてられました。紀伊藩主の**徳川吉宗**です。そのころの幕府は、俸禄米の支給にも事欠くほどピンチな財政状態でした。そこで吉宗は**享保の改革**に取り組みました。

幕府財政を立て直すために、支出を減らすよう質素倹約を命じまし

＊**専売制（せんばいせい）**…諸藩は特産品の生産を奨励し、それを専売制にして収益を得ようとした。専売とは特権商人と組んで販売権を独占することで、競争相手がいないため高い値段で販売できた。いっぽう生産者には低い金額しか支払わなかったため、不満の声が上がった。

た。いっぽうで収入を増やすべく、大名にお米を上納させる**上げ米**を実施したりして、年貢をたくさん取るようにしました。

あれ？　大名って今までも幕府にお米を納めてたんじゃないの？

いや、納めてないよ。幕府の収入は、幕領という直轄地から入ってくるんだよ。P.152をもう1回読んでみて。

　上げ米は、石高1万石につき100石の割合で、大名にお米を納めさせる政策です。その見返りに、**大名が参勤交代で江戸に滞在する期間を半分に**してあげました。これを10年くらいつづけて幕府財政が改善すると、また元の形にもどしました。

　農民から年貢を取る際には、これまでは**検見法**といって、**年ごとに豊作か凶作かを見て年貢率をきめて**きました。これでは幕府の収入が安定しません。そこでこれからは、過去数年間の平均年貢量を基準に年貢率をきめる**定免法**にあらためました。

　ほかにも耕地面積の拡大をはかって町人請負新田の開発を奨励したり、甘藷とよばれたさつまいもや朝鮮人参を栽培させるなど、新しい産業をおこそうともしました。

≫ 吉宗の人材登用策

　改革のためには、すぐれた人材を集めなければなりません。しかもコストをかけずに。そこで、新しい給与システムとして**足高の制**を定めました。少し話が複雑ですが、ぜひ理解してみてほしい内容です。

＊**政談（せいだん）**…儒学者荻生徂徠（おぎゅうそらい）が将軍徳川吉宗に提出した政治改革の意見書。武士が農村に土着するべきと主張した。

これまで、旗本が町奉行などの役職につく際には、禄高にみあった役職につくことがキホンでした。しかしこれだと、重職を務められる人材がかぎられてしまいます。禄高の高い人はそもそも少ないからです。それなら、禄高の低い人の中から有能な人を見つけて重職につけたらどうでしょう？　イイ考えですが、その場合は禄高を増やしてあげなければなりません。でもそれは、その人の家の禄高を上げることになるので、彼が辞めたあともその家に高い禄高を払いつづける必要があります。

えー、その人の子が無能だったらどうなるの？

高い禄高を払いつづけなきゃならないんだ。もったいないよね？

　そこで定めたのが足高の制です。これは、役職ごとの禄高をきめ、それに満たない禄高の人には**在任中のみ不足分を足してあげる**制度です。ポイントは「在任中のみ」という点です。これなら幕府の負担はそれほど重くないし、**有能な人材を気軽に登用できます**。

≫ 江戸の市政改革

　足高の制で登用された人物に大岡忠相がいます。大岡忠相は町奉行となって、江戸の町の改革に取り組みました。評定所に目安箱をおいて人びとの意見を聞くようにし、その投書にもとづいて、貧しい人を救済するための小石川養生所をつくりました。また、消防組織である町火消を整備したほか、裁判や刑罰の基準を定めた**公事方御定**

＊**相対済し令**…金銀の貸し借りについての争いが増えていたため、幕府は貸借に関する訴訟を受けつけず、当事者間で解決させる相対済（あいたいすま）し令を出した。

書の編纂にもあたりました。

≫ 享保の改革の結果

　これらの改革の結果、幕府の年貢収入は増え、幕府財政はもち直しました。しかし皮肉なことに、市場に出回るお米が増えたことで米価が下落し、武士階層は頭をかかえてしまったのです。その逆に、米価が上昇して困ったこともあります。西日本でいなごなどの害虫が大発生し、**享保の大飢饉**がお

こったときのことです。米価が急騰したため、江戸の庶民が不満を抱き、米問屋への打ちこわしをおこないました。そこで幕府がとった政策が、株仲間の公認（● P.191）や、大坂堂島の米市場を認めることでした。そうすることで物価統制をはかったのです。

　米価の変動に悩まされた享保の改革でしたが、全体としては幕府財政のピンチを救えました。15代つづく徳川将軍のちょうどまん中の8代将軍に吉宗が登場したことは、江戸幕府としては大変よかったはずです。

　米価が下がると幕府は困るけど、上がりすぎても庶民が荒れて困るんだ。

　＊**漢訳洋書の輸入の禁緩和**…吉宗は漢文に訳された洋書のうち、キリスト教にかかわらないものの輸入を認めた。さらに青木昆陽（こんよう）と野呂元丈（のろげんじょう）にはオランダ語も学ばせた。青木昆陽は甘藷（かんしょ）の栽培の研究をおこなった。

享保の改革の政策

❶ **上げ米**……大名が石高1万石につき米100石を上納。
❷ **定免法**……年貢の取り方を検見法から変更。
❸ **町人請負新田**の開発の奨励
❹ **漢訳洋書**の輸入の禁緩和
❺ **足高の制**……旗本の人材登用策。
❻ **目安箱**……小石川養生所を設置。
❼ **公事方御定書**……裁判や刑罰の基準。
❽ **相対済し令**……金銀貸借訴訟を当事者間で解決。

≫ 商業でかせぐ田沼時代

1760年、**徳川家治**が10代将軍につきました。家治の側用人であった**田沼意次**はやがて老中にまで出世し、政治をおこないました。この時代を田沼時代といいます。

田沼意次は、**商業分野からの収入を増やそう**としました。それは、享保の改革の際の年貢増徴策で農民が疲れきっており、これ以上農民から年貢を絞り取ることが難しくなったからです。それでは田沼意次らしい政策を見ていきましょう。

そうか、儲けまくってる悪徳商人から搾り取っちゃえばいいんだ！？

 それはちょっといいすぎだと思うけど（笑）、商業に目をつけたのは悪くないよね。でもこれが災いを生むんだよ……。

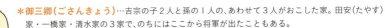

＊**御三卿**（ごさんきょう）…吉宗の子2人と孫の1人の、あわせて3人がおこした家。田安（たやす）家・一橋家・清水家の3家で、のちにはここから将軍が出たこともある。

＊**享保の改革を風刺した歌**…「旗本に今ぞ淋しさまさりけり　御金もとらで暮すと思へば」

≫ 逆転の発想で金銀輸入

これまで長崎貿易では、外国商品を入手するかわりに金や銀を支払っていました。つまり金・銀が輸出品だったのです。しかし田沼時代には、逆に**金・銀を輸入**するように変えて、**かわりに銅や俵物を輸出**しました。金銀の産出量は減っても、銅ならまだたくさん採掘できたからです。また、俵物とはふかひれ・いりこ・ほしあわびといった**中国向けの海産物**です。これらは蝦夷地でよくとれました。

それから、江戸や大坂の株仲間の結成をどんどん認め、さらに農村部の町である在郷町の商人（これを在郷商人という）にも株仲間の結成を認めました。株仲間を増やして、あちこちから運上・冥加を取ろうという作戦です。

また、専売制もしきました。特定の商人に朝鮮人参座や真鍮座・鉄座・銅座などをつくらせて、座に属していない商人はこれらの商品を販売できないようにしたのです。そうすれば値段を高めに設定できますからね。

≫ ロシアと貿易できないか？

田沼意次は新しいタイプの銀貨をつくりました。重さが一定の南鐐二朱銀です。銀貨はふつう秤量貨幣ですが、これには「弐朱」という金貨を数える単位が書かれていました。つまり、**銀貨なのに計数貨幣**（→P.192）なのです。

❶南鐐二朱銀

次の文の正誤を判定し、正しければ正、誤りなら誤と答えなさい。
江戸幕府は全国各地に役人を派遣して、昆布・鮭・干鰯の三種を俵物として、長崎から中国へと輸出するよう奨励した。

誤　俵物はおもに、ふかひれ・いりこ・ほしあわび。「全国各地に役人を派遣」も誤り。

1両＝16朱でしたから、南鐐二朱銀8枚で小判1枚（1両）と交換できました。これは便利な銀貨ですね。

銀貨なのに重さをはからずに取り引きできるところが、画期的だったんだよ。

❶換算率

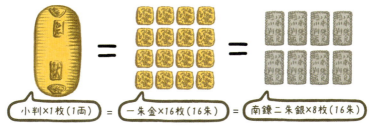

ロシアとの貿易にも目を向けました。仙台藩医の**工藤平助**が『赤蝦夷風説考』をあらわして、蝦夷地の開発とロシアとの貿易を田沼意次に意見しました。これをうけて田沼は、**最上徳内**に蝦夷地と千島を探検させたのです。しかし、まもなく田沼が失脚したため、開発や貿易は実現しませんでした。

》田沼時代の終わり

こうした商人の力を利用した田沼意次の政治は、商人と武士の癒着をうみました。**特権を求める商人が、武士に賄賂をおくったり**したため、「士風が乱れている！」と田沼政治への批判が強まりました。そんなときにはじまったのが**天明の大飢饉**です。冷害が原因だったのですが、そこに浅間山の噴火が重なったため、飢饉は数年間つづき、東北地方では数十万人が餓死しました。同じころ、将軍家治が死

＊印旛沼（いんばぬま）・手賀沼（てがぬま）…町人にお金を出させて、沼の干拓工事をおこなったが失敗した。

去したのを機に田沼意次は失脚しました。

数十万人って多いよね……？

90万人を超えてたらしいから、すごく多いと思うよ。共通テストの受験者数をはるかに上回るね。

田沼時代の政策

❶ 長崎貿易で金銀を輸入し、銅・俵物を輸出
❷ 株仲間の結成の奨励
❸ 在郷商人の株仲間も認める
❹ 専売制……朝鮮人参座・真鍮座・鉄座・銅座の結成。
❺ 南鐐二朱銀……計数銀貨
❻ 最上徳内に千島探検をさせる

≫ 江戸時代の百姓一揆

　年貢負担の重さや領主の政策に不満をつのらせた百姓は、幕府や領主に抵抗しました。とりわけ飢饉の際には、百姓一揆の数が増えました。

　百姓一揆の形態は、時期によって変化していきました。17世紀に多かったのは**代表越訴型一揆**です。これは、名主などの村の代表者が、代官をこえて将軍や領主に直訴したものです。**要求が通っても通らなくても、直訴をした人は厳罰に処される**ため、自分を犠牲にして直訴をした人たちは**義民**とよばれ、のちのちまで称えられ

＊質流れ…お金を借りるために質入れしたものが、返せなかったときに奪われること。たとえば土地を担保にお金を借りて、返済できないとその土地が奪われた。いっぽう質流れの土地を集める地主があらわれた。

＊田沼時代の風刺…「役人の子はにぎにぎをよく覚え」

ました。下総の**佐倉惣五郎**はその1人とされています。

変わっていく百姓一揆のカタチ

18世紀になると、広い地域にわたって多数の農民が立ち上がる**惣百姓一揆**が増えました。このころには「年貢を減らせ！」という要求だけでなく、専売制や藩札に反対するようになりました。専売制も藩札も、領主がトクするばかりの政策だからです。このため藩領全域におよぶ全藩一揆もおこりました。

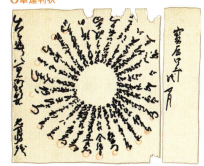
❶傘連判状

百姓一揆に参加するメンバーは、名前を円形に書くことで、誰から書きはじめたのかわからないようにしたんだ。首謀者だけが処罰されるのを防ぐためだよ。

そして19世紀、とくに幕末維新期には、「**世直し**」をとなえて社会的変革を求める一揆や打ちこわしが、各地でおこるようになります。またいっぽうで、百姓一揆とは異なり、**合法的な幕府への訴訟**もおこりました。これを**国訴**といいます。大坂周辺の数カ国の村々が手を組んで、**株仲間が綿などの流通を独占**していることを「オカシイ！」と訴えたのです。

＊**村方騒動**…一般農民が村役人の不正を訴える騒動。18世紀から各地で頻発した。

江戸時代の百姓一揆

- ❶前期（17世紀）……代表越訴型一揆
- ❷中期（18世紀）……惣百姓一揆
- ❸幕末（19世紀）……世直し一揆

≫ 寛政の改革で飢饉対策

　天明の大飢饉の際には、村を捨てて江戸に出て無宿人となった人びとがたくさんいました。米価は高騰し、江戸では**天明の打ちこわし**がおこりました。そんな騒然とした状況の中、**徳川家斉**が11代将軍となりました。このピンチを切り抜けるべく、老中に抜擢されたのが**松平定信**です。1787年、定信は**寛政の改革**をはじめました。

「抜擢」って、何か理由でもあるの？

松平定信は徳川吉宗の孫なんだけど、東北の白河藩松平家の養子に迎えられて、藩主になったんだ。そして天明の大飢饉では、なんと1人も餓死者を出さなかったんだよ。

　改革の中心は、農村復興と飢饉対策です。定信は江戸の混乱を収拾し、農村を復興することをめざしました。そこで、物価の引き下げを命じ、江戸石川島に**人足寄場**をもうけて浮浪者を収容しました。**農村から他国に出稼ぎに出ることを制限**し、江戸に出てきた農民に対しては、旧里帰農令を出して村に帰ることを奨励しました。

　飢饉対策としては、江戸の町人に**七分積金**を命じました。これは、

＊社倉・義倉…寛政の改革では、飢饉にそなえて米穀を貯蔵する社倉や義倉をつくらせた。

町入用とよばれた町の予算を**節約させ、のこった額の7割を積み立て**て飢饉対策にあてるものです。いっぽう全国の農村には、1万石につき50石の米を蓄える**囲米**を命じました。

七分積金を運用するために、あらたに町会所がもうけられたんだ。試験によく出るよ！

▶▶ 棄捐令は江戸時代の徳政令

困窮する**旗本・御家人の救済策**としては、**棄捐令**を出しました。これは、旗本・御家人が札差（● P.190）から借りた借金を帳消しにする法令です。まるで鎌倉時代の徳政令のようですね。

そのいっぽうで、田沼時代に乱れた士風を引き締める政策もとりました。**寛政異学の禁**です。これは、**聖堂学問所で朱子学以外の講義を禁じた**ものです。朱子学（● P.175）は、上下の秩序や礼節を重んじる学問です。

朱子学以外って何があるの？

陽明学とか古学とかだよ。どれも儒学の一種なんだけど、幕府のお気に入りは上下の秩序を重視する朱子学なんだ。
ところで私立大の正誤問題では、「禁じられた異学」として「蘭学が含まれるか」が問われたりするんだよ。答えは「含まれない」。寛政異学の禁は「儒学の中の異学」が禁じられただけで、儒学に含まれない蘭学や国学は関係ないんだ。

==

＊**聖堂学問所**……1797年には官立の昌平坂（しょうへいざか）学問所と改められた。ここで先生をつとめた人物に、寛政の三博士とよばれた柴野栗山（しばのりつざん）・尾藤二洲（びとうじしゅう）・岡田寒泉（おかだかんせん）らがいる。

>> いかがわしい本は処罰

定信は風俗の乱れもきびしく取り締まりました。たとえば、遊里の世界を描いた小説の洒落本をいかがわしいとして、代表的作家の**山東京伝**を処罰しました。

出版弾圧はほかにもおこなっています。**林子平**が『**海国兵談**』の中で、江戸湾が外国から攻撃される危険があるとして海防の必要性を説くと、これを幕政批判にあたるとして処罰しました。

林子平って人のいってること、まちがってないよね？

うん、正しいね。実際、約60年後にペリーが来たのは江戸湾だったし。あの世で林子平は「それみたことか！」っていってそうだね。

こうした定信のきびしい統制策は、人びとの反発をまねき、将軍家斉と対立したこともあって、1793年に定信は老中を辞めました。

寛政の改革の政策

❶ **人足寄場**……浮浪者を収容。
❷ **旧里帰農令**……帰村を奨励。
❸ **七分積金**……町入用の節約分の7割を積立。
❹ **囲米**……1万石につき50石の米を貯蓄。
❺ **棄捐令**……旗本・御家人の札差からの借金を帳消し。
❻ **寛政異学の禁**……聖堂学問所で朱子学以外の講義を禁止。
❼ **出版統制**……山東京伝や林子平を処罰。

＊**尊号一件（そんごういっけん）**…光格天皇は実父に太上天皇の尊号を贈りたいと望んだが、老中松平定信の反対で実現しなかった。この尊号一件をめぐって定信は将軍徳川家斉と対立し、失脚した。

≫ 幕政がゆるんだ文化・文政時代

　松平定信が失脚したあとから、1841年に天保の改革がはじまるまでの時代を、**文化・文政時代**とか、大御所時代といいます。この間、将軍徳川家斉の治世が長くつづき、幕府は品位の低い貨幣をつくって財政をおぎないました。

　財政や風俗など、何かとうるさい定信が去ったことで、幕政がゆるんで治安が悪化しました。その反面で、**化政文化**の花が開きました。幕府は治安維持のために、1805年に**関東取締出役**を設置しました。これは、**江戸とその周辺の大名・旗本領を巡回**する幕府の役職です。やがてその下に、村々による寄場組合もつくらせました。

> 町奉行の管轄は、幕府が直轄している江戸だけなのに対し、関東取締出役は大名領も含めて関東一帯を見回るところがポイントなんだ。設置時期と役割が問われるので注意しよう！

≫ 列強の接近－ロシアとの摩擦－

　文化・文政時代は、日本近海に外国船があいついであらわれるようになった時期でもあります。寛政の改革末期の1792年に、ロシア人**ラクスマン**が、日本人漂流民の**大黒屋光太夫**をともなって**根室**に来航し、幕府に通商を求めました。しかし幕府は、「外国船との交渉は長崎でしかおこなわない」と答えたため、ラクスマンはやむなく帰っていきました。

　すると今度は、1804年にロシア人**レザノフ**が**長崎**に来航しました。ロシアとしては「これで文句はないだろう。貿易はもちろんOKだよな」という気持ちだったでしょう。しかし、幕府の答えはNOで

＊寛政の改革を風刺した歌…「世の中に蚊ほどうるさきものはなし　ぶんぶといふて夜るもねられず」「白川の清きながれに魚すまず　にごる田沼の水ぞ恋しき」

した。怒ったロシアは、樺太などを攻撃したため、**日本とロシアの間の緊張が高まりました。**

> 焦らしたあげくに断るなんて、幕府ってひどいわね。

> ハハハ。恋愛のかけひきみたい？ それはともかく、大黒屋光太夫が帰国したタイミングには注意してね。

　北方調査の必要性を感じた幕府は、1798年に**近藤重蔵**に千島を探検させ、1800年には**伊能忠敬**に蝦夷地（北海道）を測量させました。さらに1808年には、**間宮林蔵**に**樺太**を探検させて、**樺太が島だということを確認**しました。

❶北方探検

　ロシアとの緊張がピークに達したのが、1811年におこったゴローウニン事件です。ロシア軍人ゴローウニンが国後島に上陸したため、日本がこれをとらえたのですが、これに反発したロシアも、日本商人の高田屋嘉兵衛を拉致しました。「あわやガチバトルに突入か！」となりましたが、両国はたがいに身柄を返して紛争はおさまりました。

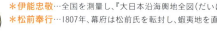

ちょっと補足
＊**伊能忠敬**…全国を測量し、『**大日本沿海輿地全図**（だいにほんえんかいよちぜんず）』をつくった。
＊**松前奉行**…1807年、幕府は松前氏を転封し、蝦夷地を直轄化して松前奉行を置いた。

≫ 列強の接近 － 英米との摩擦 －

このころイギリスとオランダは敵対状態にありました。そのせいでおこった事件が、1808年の**フェートン号事件**です。**イギリス軍艦フェートン号が、オランダ船を追っかけて長崎に侵入**し、出島の

オランダ商館員を人質にとって食料などを要求してきたのです。

これまで幕府は来航した外国船に対し、トラブルにならないよう薪水・食料をあたえて帰らせる方針をとっていました。しかし、フェートン号事件をきっかけに方針を転換しました。1825年に**異国船打払令（無二念打払令）**を出し、外国船を撃退するよう命じたのです。

実際に撃退してしまった事件があります。1837年の**モリソン号事件**です。日本人漂流民を乗せて来航した**アメリカ商船**モリソン号に対し、大砲をぶっ放して打ち払ってしまいました。せっかくの親切を無にする乱暴ぶりですね。

こうした幕府の姿勢を批判する人があらわれました。『**慎機論**』をあらわした**渡辺崋山**と、『**戊戌夢物語**』をあらわした**高野長英**です。しかし2人は幕府にとがめられ、処罰されました。この事件を**蛮社の獄**といいます。

蛮社の獄で処刑された2人とその著書
わた　　しの　　高い　　夢
渡辺崋山　慎機論　高野長英　戊戌夢物語

次の文の正誤を判定し、正しければ㊣、誤りなら㊤と答えなさい。
天保の改革で、幕府は間宮林蔵に命じて樺太を探査させた。

㊤　間宮林蔵が探検したのは、天保の改革がはじまる前。

外国船の来航と幕府

外国船（人）の来航		幕府の北方調査	
1792年	ラクスマン（ロシア→根室）	1798年	近藤重蔵→千島
		1800年	伊能忠敬→蝦夷地
1804年	レザノフ（ロシア→長崎）		
1808年	フェートン号事件（イギリス→長崎）	1808年	間宮林蔵→樺太
1811年	ゴローウニン事件（ロシア→国後島）		
1837年	モリソン号事件（アメリカ）		

外国船の来航は時期が問われやすいから、年代を覚えてしまったほうが安心だよ。

天保の飢饉と大塩平八郎の乱

　文化・文政時代の終わりごろ、数年にわたる**天保の大飢饉**がおこりました。大坂では餓死者があいついでいるにもかかわらず、大坂町奉行は救済策をとりません。その態度に**陽明学者**の大塩平八郎は怒りを炸裂させました。貧民救済をかかげて武装蜂起したのです。大塩は**かつて大坂町奉行所の与力**をつとめていたため、よけいに腹が立ったのでしょう。この**大塩平八郎の乱**はわずか半日でしずめられましたが、これに刺激をうけた人たちが各地で蜂起したため、幕府は冷や汗をかかされました。**国学者が越後柏崎の代官所をおそった生田万の乱**は、その1つです。

あれ？　寛政異学の禁で陽明学って禁止されたんじゃないの？

ちょっと補足

＊**三大飢饉**…享保の大飢饉・天明の大飢饉・天保の大飢饉の3つ。天保の大飢饉がおこったのは、天保の改革がはじまる前。
＊**天保の大飢饉の際の一揆**…甲斐国では郡内一揆、三河国では加茂一揆がおこった。いずれも幕領内での一揆。

それは聖堂学問所にかぎった話だよ。民間の塾なら何を教えてもかまわないんだ。それにしても幕府の足元から反乱がおこるなんて、いよいよ幕府もヤバくなってきたね。

スタートした天保の改革

モリソン号事件と大塩平八郎の乱がおこった1837年、徳川家斉は将軍職を退き、大御所となりました。かわって12代将軍となったのは徳川家慶です。大御所家斉はやがて1841年に亡くなり、老中**水野忠邦**による**天保の改革**がはじまりました。しかし、忠邦は大きな失敗を2つやらかしてしまいます。

忠邦は「株仲間がわざと物価をつり上げているに違ない！」と考え、**株仲間を解散**させました。在郷商人たちに江戸での**自由な取引を認めれば、値下げ競争がおこるだろう**と踏んだのです。ところが実際には、株仲間がなくなったことで流通が混乱し、むしろ物価は上がってしまいました。これが1つめの失敗です。

庶民にきびしく、外国に甘く

天保の大飢饉のせいで、江戸へ出てきた人びとがたくさんいました。忠邦は**人返しの法**を出して、強制的に村に帰らせました。

前にも村に帰れって命令あったよね？

寛政の改革のときの旧里帰農令だね。似てるけど、あっちは奨励、こっちは強制ってところが違うんだ。

正誤でチェック！

次の文の正誤を判定し、正しければ㊣、誤りなら㊫と答えなさい。

18世紀末に幕府は、江戸に流入した農民を、強制的に帰村させる人返しの法を出した。

㊫ 18世紀末ではなく19世紀半ば。18世紀末に行われたのは寛政の改革。

寛政の改革と似た政策といえば、出版統制があります。風俗を乱すということで、合巻作家で『偐紫田舎源氏』をあらわした**柳亭種彦**や、人情本作家で『春色梅児誉美（梅暦）』をあらわした**為永春水**を処罰しました。

　同じころ中国で**アヘン戦争**がおこり、イギリスが清国をやぶって香港を奪い取りました。イギリスの強さに驚いた幕府は、あわてて異国船打払令をやめ、**天保の薪水給与令**を発しました。外国船にむかって大砲をぶっ放すことの危なさに、ようやく気づいたわけです。モリソン号が軍艦だったら、反撃されてヤバイことになっていたかもしれません。モリソン号は商船でした。

次の文の正誤を判定し、正しければ㋥、誤りなら㋤と答えなさい。
柳亭種彦は、寛政改革の風俗統制を受けて処罰された。
　㋤　寛政改革ではなく天保の改革。

≫ 失敗に終わった天保の改革

　フェートン号事件や、大塩平八郎の乱のような幕府の権威を傷つける事件があいついでいたため、忠邦は幕府権力を強化したいと考えました。そこで出した法令が**上知令**です。**江戸・大坂周辺の大名・旗本領**には、年貢収納率のよい土地が多くあったので、それらを**直轄化（上知）しよう**というのです。そうすれば対外防備もしやすいというのですが、領地を取り上げられる側はたまったものではありません。かわりにあたえられる領地は、収益力の低い土地なのです。忠邦は「土地はそもそも将軍様のものであるぞ、文句いうな！」と強気に出ましたが、結局、**大名・旗本たちの激しい反対で、上知令は撤回**されました。この2つめの失敗をきっかけに、忠邦は失脚しました。

天保の改革の政策

❶ **株仲間の解散**……在郷商人の自由取引を認める。
❷ **人返しの法**……帰村を強制。
❸ **出版統制**……柳亭種彦や為永春水を処罰。
❹ **天保の薪水給与令**……異国船打払令をやめる。
❺ **上知令**……江戸・大坂周辺の直轄化（撤回）。

＊**天保の改革を風刺した歌**…「白河の岸打波に引換て　浜松風の音の烈しさ」

第❿講
諸藩の改革

🙂 この講のポイント
ここまで見てきたのは幕府の改革です。つまり、全国の4分の1を占める幕府支配地における改革だったわけです。では、のこる地域の諸藩はどうしていたのでしょう。

≫ 財政難に苦しむ諸藩

「フトコロの寒い武士たち」（◯P.194）のところにもあったように、諸藩も財政難に苦しんでいました。このため、両替商や蔵元・掛屋などからお金を借りるだけでなく、家臣からお金を借りることもしました。これを借知といって、とりわけ俸禄の半分を借りることを、半知といいました。

えー！　半分も借りられちゃうの？

驚くのはまだ早いよ。借金とは名ばかりで返さなかったことが多いから、事実上の給料カットなんだ。

次の文の正誤を判定し、正しければ正、誤りなら誤と答えなさい。
江戸時代の大名は、財政窮乏に際して、家臣に対し半知の手段をとることがあった。
正　本文に誤りなし。

そんなの詐欺じゃん！　減らされたら泣いちゃうよ！

そこでとった対策が、**藩札**の発行（→ P.193）や**専売制**の実施（→ P.195）でした。しかし、藩札を受け取る側はたまったものではありません。藩札は、あくまでも領内でのみ有効なお金ですから、大坂などで仕入れた品物の支払いには使えないのです。ほかには、人材を育てるために**藩校**（**藩学**）をつくりました。

≫ 力をつけてきた雄藩

天保の改革前後に藩政改革に成功した藩は雄藩とよばれて、やがて幕末の日本を動かす存在となっていきます。**薩摩藩**と**長州藩**はその代表です。

薩摩藩では、下級武士の**調所広郷**を登用して改革を進めました。まず、あちこちから借りた莫大な借金を、250年かけて返すといって、事実上ふみ倒しました。いっぽう、江戸初期の琉球征討後に奄美諸島を支配したので、特産品の**黒砂糖**を納めさせ、それを専売品としました。さらに**琉球を通じて清との密貿易**をおこない、大きな利益を得たのです。

うわー、商人相手だと借金ふみ倒しちゃうんだ！？

「250年」って年数もありえないから。だって今でもまだ、200年経ってないんだよ。

＊**名君改革**…寛政の改革前後には、名君とよばれた藩主による藩政改革がおこなわれた。名君といわれた大名に、熊本藩の細川重賢（しげかた）、米沢（よねざわ）藩の上杉治憲（はるのり）、秋田藩の佐竹義和（さたけよしまさ）らがいる。

長州藩では、**村田清風**が中心となって改革をおこないました。やはりここでも借金を整理するいっぽう、下関に越荷方をおいて莫大な収益を得ました。多くの廻船が立ち寄る下関という地の利を生かして、**廻船の積み荷を担保にお金を貸す金融業**をおこなったのです。

　肥前藩（佐賀藩）では、藩主の**鍋島直正**がみずから改革に取り組みました。地主のもつ小作地を取り上げ、小作人にわけあたえる**均田制**を実施し、本百姓体制の再建をはかり、陶磁器の専売制を実施しました。肥前藩には、有田焼というブランド品がありましたね（→ P.184）。

肥前藩は大砲を鋳造するための反射炉をつくり、いち早く近代軍備の充実をめざしたんだ。

❶天保期の藩政改革

藩	藩主	改革者
薩摩藩	島津氏	調所広郷
長州藩	毛利氏	村田清風
肥前藩	鍋島直正	

※**水戸藩**…藩主徳川斉昭が藩政改革を実施し、水戸学とよばれる学問をさかんにした。

4章 近代

この章でまなぶこと

1. 開国 …… 218
2. 江戸幕府の滅亡 …… 225
3. 明治維新 …… 232
4. 明治初期の外交 …… 241
5. 自由民権運動 …… 245
6. 立憲国家の成立 …… 252
7. 条約改正と日清戦争 …… 260
8. 日露戦争と韓国併合 …… 268
9. 明治時代の経済と社会運動 …… 274
10. 護憲運動と第一次世界大戦 …… 284
11. ワシントン体制と政党内閣 …… 292
12. 政党政治と恐慌 …… 298
13. 満州事変と軍部の台頭 …… 304
14. 日中戦争 …… 312
15. 太平洋戦争 …… 318

第①講 開国

この講のポイント

産業革命をはたした欧米列強は、国外市場と植民地を求めてアジアに進出してきました。日本は和親条約で開国し、ついで通商条約を結んで貿易をはじめます。2つの条約の内容の違いと、貿易がどんな影響をあたえたかに注目しましょう。

>> ペリーがやってきた

1844年、オランダ国王から「そろそろ開国したほうがいいよ」という国書が届きました。2年前に清国が**アヘン戦争**に敗北したため、鎖国をつづけて欧米諸国とトラブルにならないかと気づかってくれたのです。しかし幕府は断りました。200年以上もつづけている鎖国政策は、そう簡単にやめられないからです。すると今度は、**ペリー**がアメリカからやってきました。

1853年に4隻の軍艦で浦賀に来航したペリーは、幕府にアメリカ大統領の国書を渡し、開国を要求しました。アメリカの軍事力に圧倒された幕府はとうてい断りきれず、翌年開国することになります。

>> 海防策を急いだ安政の改革

ペリー来航に冷や汗をかかされた幕府は、あわてて改革に乗り出し

正誤でチェック！

次の文の正誤を判定し、正しければ㊣、誤りなら㊌と答えなさい。

林子平は、ペリー来航を間近に見て、アメリカからの外圧に対する準備の必要性を説いた『海国兵談』を著して処罰された。

㊌ 林子平が『海国兵談』を著したのは寛政の改革のころで、ペリー来航とは無関係。

ました。老中**阿部正弘**は、海防策にくわしい水戸藩の徳川斉昭を幕府に迎えるとともに、諸大名にも意見を求めました。この海防に力を入れた改革を安政の改革といいます。

安政の改革の政策

ここできめる！

❶武家諸法度で定められていた大船建造の禁を解いた。
❷大砲を設置するための**台場**を江戸湾に築いた。
❸洋学研究のために洋学所（翌年、**蕃書調所**に改名）をおく。
❹軍事力を育成するため、長崎に**海軍伝習所**、江戸に**講武所**を設けた。

洋学所は蛮書和解御用が発展したもので、やがて蕃書調所→洋書調所→開成所と発展していったんだよ。

≫開港を認めた日米和親条約

1854年、ふたたび来航したペリーとの間で、幕府は**日米和親条約**を結びました。神奈川で結ばれたため、神奈川条約とよばれることもあります。これにより**下田**・**箱館**の開港を認め、**総領事ハリスが下田に駐在**するようになりました。この条約の不平等な点は、片務的最恵国待遇をアメリカにあたえたことです。これは、日本が何らかの特権を他国にあたえた場合に、アメリカにも同様にそれをあたえなければならないというものです。お互いに尊重し合うのではなく、**日本が一方的にアメリカを尊重する形であるところが不平等**ですね。これとほぼ同じ内容の条約を、イギリス・ロシア・オランダとも結びました。

正誤でチェック！

次の文の正誤を判定し、正しければ㊣、誤りなら㊥と答えなさい。
日米和親条約によって、新潟・兵庫などの港を開いた。
誤　新潟・兵庫ではなく下田・箱館。

相思相愛じゃなくて片想いって感じね。

うまいこというね。対等な関係なら相互最恵国待遇だからね。アメリカから「貿易させてくれ！」といわれたけど、そこは何とか断ったんだよ。

日米和親条約の内容

❶ 下田・箱館の開港。
❷ 燃料・食料の供給と難破船の救助。
❸ 片務的最恵国待遇をアメリカにあたえる。
❹ 領事駐在権を認める。

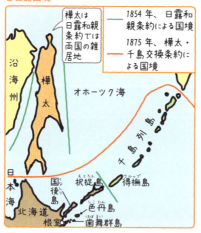
🔊 日露国境

樺太は日露和親条約では両国の雑居地

1854年、日露和親条約による国境
1875年、樺太・千島交換条約による国境

沿海州／樺太／オホーツク海／千島列島／日本海／北海道／根室／国後島／択捉島／得撫島／色丹島／歯舞群島

＊**日露和親条約**…1853年にロシア使節プチャーチンが来日し、開国と国境確定を要求すると、翌年、幕府は日露和親条約を結んだ。択捉島と得撫島の間を国境とし、樺太を日本人・ロシア人の雑居地とした。

≫ ハリスがせまる日米修好通商条約

アメリカは開国につづいて「貿易をしよう！」とせまってきました。総領事ハリスが**日米修好通商条約**の締結を求めてきたのです。これに対応した老中**堀田正睦**は、貿易を嫌う大名たちを黙らせるため、孝明天皇の勅許を得た うえで条約を結ぼうと考えました。しかし、天皇自身も貿易を嫌っていたため、勅許は得られませんでした。そして、**井伊直弼**が幕府最高職の大老となって、堀田はクビになってしまいました。

堀田正俊と間違えないように注意しよう！

井伊直弼は、**勅許を得ないまま日米修好通商条約を結ぶ**ことにしました。というのは、ハリスが「アロー戦争で清国を破ったイギリス・フランス軍は、次のターゲットを日本に定めてるから、戦いになる前に、ハヤク貿易ヲ認メナサーイ」と幕府を揺さぶってきたからです。

勅許なしで結ぶと、大名から反対されちゃうんじゃないの？

井伊直弼は譜代大名のうちで石高ナンバーワンの彦根藩主だったから、強気に決断したんだよ。

次の文の正誤を判定し、正しければ正、誤りなら誤と答えなさい。
日米和親条約を結ぶと、ロシアとも和親条約を結び、千島を両国人の雑居地とした。
　誤　千島ではなく樺太。

こうして1858年に結ばれた日米修好通商条約では、次のことを定めていました。

> ### 日米修好通商条約
> ❶ 神奈川・長崎・新潟・兵庫の開港。
> ❷ 開港場に外国人のための**居留地**をもうける。
>   ※外国人の国内旅行が禁じられたことは正誤問題の定番！
> ❸ 領事裁判権の容認。
> ❹ 関税自主権の欠如。

これと同じ内容の条約がイギリス・フランス・ロシア・オランダとも結ばれ、あわせて安政の五カ国条約とよばれます。この条約が日本にとって不利だった点は次の2つです。

> ### 安政の五カ国条約の不平等な点
> ❶ 外国人が日本で犯罪を犯しても、日本の法律では裁けず、外国の法律で裁くという**領事裁判権**を認めた。
> ❷ **関税自主権**が認められず、貿易品にかける関税率は日本と外国との協定で定めることとした（協定関税）。

≫ 条約を守りますと批准書交換

条約というものは、結んだあとに批准する必要があります。批准とは、代表者が調印した条約の内容を国家がチェックして同意することです。日米修好通商条約については、批准書を交換するために外国奉行新見正興がワシントンに派遣されました。このとき幕府の軍艦咸

＊**領事裁判権**…外国の領事が裁くのは、あくまでも外国人が犯人であった場合だけで、日本人が外国人に対して法律を犯した場合は、日本の役人が日本の法律で裁いた。

臨丸が随行し、太平洋横断に成功しました。

>> 貿易がはじまった

貿易は、まず**横浜・長崎・箱館**の3港ではじめられました。このうち**貿易額が大きかったのは横浜**で、**最大の貿易相手国はイギリス**でした。日本からは大量の**生糸**が輸出され、逆に**毛織物や綿織物が輸入**されました。

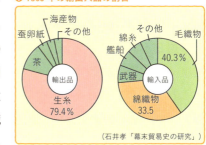

● 1865年の輸出入品の割合

（石井孝「幕末貿易史の研究」）

貿易は**輸出超過**であったため、品不足となって**物価が高騰**しました。とりわけ生糸の品不足は西陣などの絹織物業者を困らせ、外国の安い綿織物の流入は、日本の綿織物業者に打撃をあたえました。

貿易についてはすごくよく出るよ！ 輸出品に茶があるけど、イギリス人は紅茶として飲んだんだよ。

当時、日本と外国では**金と銀の交換率（金銀比価）が違っていた**ため、外国人が銀貨を日本にもちこみ、**大量の金貨を海外へもち出す**動きがおこりました。幕府はこれを防ぐため、金の含有率を下げる貨幣改鋳をおこないました。その結果、インフレとなって物価は激しく上昇しました。

幕府はその対策として**五品江戸廻送令**を出し、**生糸などの五品目を横浜に直送することを禁じ、江戸に送らせる**ことで品不足を解消しようとしました。しかし、効果はありませんでした。

＊**貿易港**…実際には神奈川のかわりに横浜が開かれ、下田は閉鎖された。また、新潟は改修が必要で、兵庫は貿易を嫌う天皇を気づかって開港を延期した。貿易は各港の居留地でおこなわれた。

>> 物価高がまねいた尊王攘夷運動

輸出超過と貨幣改鋳によるダブルパンチの物価高は、庶民や下級武士を苦しめました。彼らの怒りの矛先は、外国人にだけでなく、通商条約を勅許なしで結んだ幕府にも向かいました。外国人を排斥しようという攘夷論がもりあがったのです。しかし、いっぽうで貿易を否定していた天皇を尊崇する考えも強まり、この2つが結びついて尊王攘夷論が高まりました。

大老井伊直弼は、反発する大名やその家臣らをたくさん処罰しました。これを**安政の大獄**といいます。このとき将軍継嗣問題などで対立していた水戸藩主の徳川斉昭が処分されたこともあって、水戸浪士たちは江戸城桜田門外で井伊直弼を暗殺しました。これを**桜田門外の変**といいます。

安政の大獄で処刑となった人

❶**吉田松陰**……長州藩出身の尊王攘夷論者で松下村塾を主宰。
❷**橋本左内**……一橋派の越前藩主松平慶永の家臣。

松下村塾からは、高杉晋作・伊藤博文・山県有朋らの幕末・維新期に活躍する人材が出ました。

＊将軍継嗣(けいし)問題…14代将軍の候補に徳川斉昭の子の一橋慶喜(よしのぶ)を推す一橋派と、紀伊藩主の徳川慶福(よしとみ)を推す南紀(なんき)派が対立した。南紀派の中心であった井伊直弼は、徳川慶福を将軍とした。このとき慶福は家茂(いえもち)と改名した。

第❷講
江戸幕府の滅亡

> 😊 **この講のポイント**
>
> 江戸幕府はいよいよ滅亡に向かいます。幕府・薩摩藩・長州藩の三者が入り乱れるストーリーがわかりにくいので、それぞれの意向をきちんと理解しながら追いかけていきましょう。

≫ 将軍と皇女の結婚で公武合体

　江戸初期の幕府だったら、反抗的な大名を容赦なく改易していました。しかし、そうした強さは見る影もありません。外国船が来航するようになってから幕府の権威はおとろえ、大老というトップの政治家すら殺される始末です。この沈みゆく**幕府を、朝廷に支えてもらって政治を進めよう**という考えが出てきました。公家と武家の提携による政治なので、これを**公武合体論**といいます。その具体策として老中**安藤信正**がとった政策が、和宮降嫁でした。**孝明天皇**の妹和宮を将軍**家茂**に嫁がせることで、公家と武家が認め合っていることをアピールしようという作戦です。しかし、この政略結婚は尊王攘夷派を怒らせ、安藤信正は**坂下門外の変**で水戸浪士らに襲撃されて失脚しました。

　＊水戸藩の尊王論…水戸藩は『大日本史』の編纂事業を進める中で、伝統ある天皇家を尊重するようになっていった。そのうえで天皇から将軍に任命される徳川家を尊んだ。

水戸藩って徳川御三家の藩だよね？　なのに何で幕府をおそったりするの？

よく誤解されるんだけど、水戸藩がおそった相手はあくまでも譜代大名であって徳川将軍じゃないんだよ。幕府を実質的に取り仕切っているのは、将軍じゃなくて大老や老中をつとめる譜代大名たちだよね？　そいつらのやってることは、天皇をないがしろにしすぎだ！　と怒ってるんだよ。

>> 公武合体論の薩摩藩

薩摩藩は外様大名の藩なので、幕政に直接かかわることができません。そこで、「朝廷から幕府に改革を要求する」形で幕府を変えようとしました。改革案を練るのは薩摩藩ですが、それを幕府に要求するのは天皇というわけです。幕府は自分を支えてくれている朝廷の意見をむげには断れません。その関係性を利用するウマイ作戦です。薩摩藩の**島津久光**は、勅使（天皇からの使者）を護衛して江戸に下り、文久の改革を幕府にせまりました。

へーえ。薩摩藩って結構腹黒いわね。

あはは。直球勝負をせずに変化球を投げてる感じだね。

正誤でチェック！

次の文の正誤を判定し、正しければ(正)、誤りなら(誤)と答えなさい。
桜田門外の変のあと、老中阿部正弘は、尊王攘夷論を抑えるため、公武合体運動を推進した。
(誤)　阿部正弘ではなく安藤信正。

文久の改革
❶ 将軍後見職に**一橋慶喜**がつく。
❷ 政事総裁職に松平慶永（越前藩主）がつく。
❸ 京都守護職に**松平容保**（会津藩主）がつく。
❹ 参勤交代を緩和する。

エライ役職に親藩大名をすえたんだ。今まで幕政を取り仕切ってきた譜代大名に対して、ダメ出ししたってことだよ。

　文久の改革を終えた島津久光一行は、帰る途中の生麦村で、行列を横切ったイギリス人を殺してしまいました。この**生麦事件**の報復としてイギリスは薩摩藩を攻撃し、**薩英戦争**となりました。

>> 尊王攘夷論の長州藩

　そのころ長州藩は尊王攘夷論をとなえていました。外国船を砲撃したい長州藩は、公家の人たちをそそのかして、朝廷から幕府に「早く攘夷を実行せよ」と要求させました。幕府がしぶしぶ攘夷決行を約束すると、長州藩は無謀にも、下関海峡を通過する**外国船を砲撃**しました。当然、あとで仕返しされることになります。

　長州藩が公家の人たちに過激な考えを吹きこむことを、薩摩藩は苦々しく思っていました。なぜなら朝廷が過激になって幕府に無理難題を要求しすぎると、幕府が逆ギレして「そんなことできるわけないだろ！　もう支えてもらわなくて結構だ！」といい出しかねません。薩摩藩はこれからも幕府を変えていきたいのに、それができなくなっ

＊**イギリスとフランス**…薩英戦争後、薩摩藩とイギリスは接近し、イギリス公使パークスは薩摩・長州両藩を支持するようになった。その反対にフランス公使ロッシュは幕府を支持した。

てしまいます。そこで**薩摩藩と会津藩は、三条実美らの急進派の公家を京都から追放**しました。これを**八月十八日の政変**といいます。

長州藩って、ホンキで外国に勝てると思ってたのかな？

うーん……「井の中の蛙」ってことわざがぴったりだよね。「大和魂で勝つ！」と叫んでいた人もいたみたいだよ。

　ダメージをくらった長州藩は、勢力挽回をはかって京都に攻め上ったものの、薩摩藩と会津藩に敗れました。これを**禁門の変（蛤御門の変）**といいます。幕府はこの行動をとがめ、諸藩に「長州藩を討て！」と命じました。このチャンスを逃さず動いたのが、イギリスなどの四国連合艦隊です。長州藩の港の下関を砲撃し、あっという間に占拠してしまいました。あの勇ましさはどこへやら、長州藩は幕府の**第1次長州征討**に対し戦うことなく屈服しました。

≫ 犬猿の仲の薩長が手を結ぶ

　長州藩が懲りずに反幕府の姿勢を見せると、幕府は第2次長州征討を計画しました。しかし薩摩藩はこれに参加しません。というのは、薩摩・長州両藩が手を結んで**薩長連合**をつくったからです。今までいがみあっていた2つの藩が、P.229の図のように変化して、「いっしょに幕府を討とう！」と意気投合したのです。

＊**奇兵隊**…長州藩の高杉晋作が結成した、身分にかかわらない志願者による軍。

薩摩藩と長州藩の考え方の変化

[薩摩藩] 公武合体論	[長州藩] 尊王攘夷論
大名の意見を無視する幕府を見かぎる	四国艦隊下関砲撃事件を機に攘夷論を棄てる

→ 尊王開国論（武力で幕府を討つ）

第2次長州征討では、幕府が諸藩も動員して戦ったのに、長州藩に勝てません。やむなく幕府は、将軍家茂の急死を理由に撤兵しました。

家茂にかわって15代将軍となったのは**徳川（一橋）慶喜**でした。このころ朝廷でも世代交代がありました。孝明天皇が亡くなり、若い明治天皇が即位したのです。

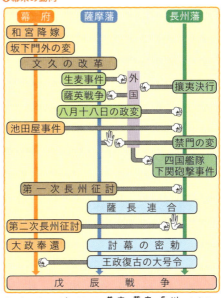

❹幕末の動向

＊それぞれのできごとが、幕府・薩摩・長州のどれによって起こされたかに注意しよう。

≫ 将軍慶喜の奇策、大政奉還

1867年、明治天皇から薩長に向けて討幕の密勅が出されました。いよいよ戦闘開始かと思われたそのとき、将軍慶喜は**大政奉還**を

＊**薩長連合**…1866年、薩摩藩の西郷隆盛（さいごうたかもり）と長州藩の木戸孝允（きどたかよし）が代表となって成立した。仲介にあたったのは、土佐藩の坂本龍馬と中岡慎太郎だった。

＊**大政奉還**…前土佐藩主の山内豊信（やまのうちとよしげ）が、徳川慶喜に大政奉還の建白をおこなった。

おこなって、正面衝突を回避しました。慶喜が政権を朝廷に返して将軍をやめることで、幕府を討つ理由をなくさせてしまったのです。

でもそれって江戸幕府の負けってことだよね？

確かに幕府はなくなるけど、慶喜は「領地を返す」とはひとこともいってないんだよ。つまり将軍をやめても、超特大大名としてこれからも政治の中心に居すわれる可能性があったんだ。

　慶喜に出しぬかれた**薩長は、巻き返しをはかって朝廷に王政復古の大号令**を出させました。これは天皇中心の新政府を示したものです。しかし、新政府のメンバーである総裁・議定・参与の三職の中には、徳川慶喜の名前はありませんでした。この三職がさっそく集まって開かれた小御所会議では、慶喜の辞官納地（官職と領地の返還）が決定されました。今まで多くの大名家を改易してきた将軍家自身が、最後に改易されることになったわけです。この決定に旧幕府勢力は強く反発したため、1868（明治元）年、ついに旧幕府軍と新政府軍の戦いの火ぶたが切って落とされました。翌年までつづくこの戦争を**戊辰戦争**といいます。

≫ 不安の中で広まる宗教

　貿易開始後の物価上昇は、長州征討がはじまるといっそう激しくなりました。このため**世直し一揆**や打ちこわしが頻発し、1867年には「**ええじゃないか**」の乱舞がおこりました。天からお札が降ってきたといって、民衆が「ええじゃないか」と唄いながら**熱狂的に**

＊王政復古の大号令…摂政・関白・幕府の廃止も定められた。

踊ったのです。これらの混乱に幕府は手を焼かされました。

幕末は社会不安が高まったため、黒住教・天理教・金光教などの新しい宗教が、急速に広まりました。これらの宗教の開祖たちは、現世利益を求める民衆の願いにこたえたのです。

❹ええじゃないか

> **民衆宗教の開祖** ここできめる！
> ❶**黒住教**……黒住宗忠
> ❷**天理教**……中山みき
> ❸**金光教**……川手文治郎（赤沢文治）

＊**改税約書**…1866年に幕府が欧米諸国と結んだ条約。これにより関税率が大幅に引き下げられ、貿易は輸入超過に転じ、日本はいっそう不利な立場となった。

第❸講
明治維新

> 😊 **この講のポイント**
>
> いよいよ明治時代に入ります。ここからは、できごとがおこった時期を、今までより細かくとらえていく必要があります。西暦年代もある程度意識していきましょう。明治政府は矢つぎ早に制度をととのえたものの、修正をくり返します。そういった点も注意です。

≫ 旧幕府軍が負けた戊辰戦争

　戊辰戦争は1868（明治元）年、京都における**鳥羽・伏見の戦い**ではじまりました。薩摩藩と長州藩を中心とする新政府軍は旧幕府軍を破り、**江戸城は戦うことなく、交渉によって新政府側に明け渡されました**。東北の諸藩は奥羽越列藩同盟をつくって新政府軍に抵抗したものの敗れ去り、最後は箱館の五稜郭に立てこもった榎本武揚らの旧幕府軍が降伏し、戊辰戦争は終わりました。

　新政府は戦いのかたわら、国家づくりにどんどん取り組んでいきました。まず新政府の方針を**五箇条の誓文**で定め、天皇が神々に誓いました。そこでは公議世論の尊重や開国和親などをうたっています。つづいて民衆の心得を5枚の高札に掲げました。これを**五榜の掲示**といい、徒党・強訴・逃散などの農民の抵抗を禁じるなど、江戸幕府と変わらぬ姿勢でした。**キリスト教も禁止**していましたが、外国

＊**赤報隊（せきほうたい）**…新政府軍に参加した相楽総三（さがらそうぞう）を隊長とする軍で、年貢半減をかかげたが、偽官軍（にせかんぐん）として処刑された。

＊**五箇条の誓文**…越前藩の由利公正（ゆりきみまさ）が起草し、福岡孝弟（たかちか）が修正、さらに木戸孝允が修正した。「広ク会議ヲ興シ万機公論ニ決スベシ」とうたう。

からの抗議を受けてやがて黙認するようになりました。
　さらに新政府は、**太政官制**という国のしくみを定めた**政体書**を公布しました。太政官という機関に権力を集中させようとしたのですが、ここで定めた太政官制はその後、何度も修正することになります。

> **新政府の最初の政策**
> ❶ 五箇条の誓文……新政府の方針を示した。
> ❷ 五榜の掲示……民衆の心得を示した。
> ❸ 政体書……政府のしくみ（太政官制）をととのえた。

≫ 土地と人を返す版籍奉還

　政体書では日本全国を府・藩・県に分けました。府藩県三治制です。この時点では江戸幕府の直轄地が府・県に変わったものの、まだ約270もの藩がのこっていたのです。これをどうにかしないと中央集権国家にはなれません。そこで新政府は、五稜郭の戦いが終わった1869年、大名たちに領土と領民を返還させる**版籍奉還**をおこないました。しかし、**旧大名を知藩事に任命して、これまでどおりの藩政がつづいた**ため、中央集権化は徹底しませんでした。
　ところで、この版籍奉還の際に太政官制を一部改めました。「**祭政一致**」**の方針**で神祇官をおき、神道の国教化をめざしたのです。

≫ 廃藩置県で藩もなくなった

　版籍奉還で達成されなかった**中央集権化をいっきに進めた**のが、

＊版籍奉還…これにより知藩事の家禄（かろく）は制限された。このとき北海道の開拓のための開拓使という機関が設置された。

1871年の廃藩置県です。文字通り藩をなくして県を置くわけですが、反乱がおこったときに備えて、薩長土の3藩から集めた御親兵を組織したうえで断行しました。知藩事を東京に移住させ、かわりに府知事・県令を任命したのです。このときにも太政官制を修正し、正院・左院・右院からなる三院制としました。

版籍奉還と廃藩置県

版籍奉還	廃藩置県
大名→知藩事 知藩事による藩政が継続	知藩事は罷免されて東京に移住 藩は廃され、全国は3府302県に

≫ 士農工商の四民は平等に

明治政府は士農工商の身分制度を廃止して、公家と大名を**華族**、武士を**士族**、百姓・町人らを**平民**としました。平民にも苗字を名のることが許され、えた・非人などの呼称もやめて四民平等となりました。1871年には戸籍法を制定し、翌年、それにもとづく戸籍をつくりました。これを壬申戸籍といいます。

壬申の乱と何か関係があるの？

「壬申」は年を表してるんだよ。672年も1872年も壬申の年なんだ。「戊辰」なんかもそうだけど、こういう言葉が60個あって、順番が決まってるから60年サイクルで回るようになってる。つまり672年の60年後の732年も壬申の年というわけ。1872年も60年サイクルになるでしょ？

ちょっと補足
＊**平民**…職業の選択や住居の移動が自由となり、華族・士族との結婚もみとめられた。
＊**身分解放令**…1871年に出された法令。これにより、えた・非人の呼称が廃止されたが、その後も被差別民への差別は解消されなかった。

≫ 国民皆兵の軍隊をつくろう

　身分制度を廃止するいっぽうで、明治政府は「**国民皆兵**」の軍隊をつくろうとしました。1872年の徴兵告諭でその方針を打ち出し、翌年、法令として**徴兵令**を発しました。士族・平民の区別なく、満20歳以上の男子に兵役義務を負わせようというのです。これは長州藩の大村益次郎の構想で、大村が暗殺されると山県有朋があとを継いで実現しました。しかし、負担が増えることに平民は反発し、徴兵に反対する**血税一揆**をおこしました。

それ知ってる。血が採られるなんてヤダ！　って騒いだやつでしょ？

そうそう。徴兵告諭の中の「血税」という言葉を誤解した人がいたらしいんだ。でも正しく理解して徴兵に反対した一揆も血税一揆ってよぶよ。

≫ 士族の特権はもうおしまい

　江戸時代に武士たちがもらっていた俸禄は、版籍奉還後に**家禄**と名が変わり、明治政府が払いつづけました。この家禄に、王政復古に功のあった人にあたえる特別手当の賞典禄とあわせたものを秩禄といいます。これは、とくに政府の仕事をしていなくてもあたえられたので、まるで現代の年金というか、生活保護のようなものでした。政府にとって、この財政負担はけっして小さくありません。そこで1876年、華族・士族に金禄公債証書をあたえて秩禄を全廃しました。これを**秩禄処分**といいます。金禄公債証書とは金券のようなものですが、すぐに現金化できなかったため、士族は反発しました。しかし、その

＊**血税一揆**…徴兵告諭の中にあった「血税」という言葉が、生き血を採られるとの誤解をまねいた。
＊**免役規定**…徴兵令が出されたばかりのころは、戸主やその跡継ぎの兵役を免除する規定があった。

ころには徴兵令による軍隊ができていたので、政府はいざとなればそれで鎮圧できると踏んでいたのです。**国民の8割は農民なので、国民皆兵の軍隊というのはつまり農民軍**です。スネかじりをつづけたがる士族にぶつけるには、もってこいの軍隊なのです。1877年の西南戦争では、本当に徴兵令の軍隊が投入されました。

政府は士族の救済をはかって、士族への就業奨励策（士族授産）を進めました。その1つが、北海道の開拓と防備をおこなう**屯田兵**制度です。

≫ 地租改正で税はカネに

江戸時代は米を税収入の基本としていましたが、米価が下がると幕府の現金収入が減ってしまうところが弱点でした。そこで明治政府は、**農民に現金を納めさせる**ことにしました。その改革が**地租改正**です。

1871年、**田畑勝手作の禁令を解き**、農民が何をつくってもよいとしました。現金を納めさえすれば、どうやって稼ごうがかまわないからです。翌年には**田畑永代売買の禁令も解き**、地価をしるした地券を発行しました。さらに1873年には**地租改正条例**を出して、**地価の3％を税金**として納めさせることにしたのです。

3％ってすごい安いじゃん。

＊**廃刀令**…秩禄処分と同じ1876年、政府は士族の帯刀を禁止する廃刀令を出した。
＊**軍人勅諭（ちょくゆ）**…1882年に出された軍人の心得。天皇に対する絶対的な忠誠が強調された。

消費税と比較していってるの？ ぜんぜん安くないんだよ。そのお金を納めるためには、結局、つくったお米の4〜5割を売らないとダメなんだ。しかも、凶作になったり、米価が下がったりしても、税金は減らしてもらえないからね。大変なんだよ。

地租改正

❶ **税　率**……収穫高の4〜5割→地価の3％
❷ **納税者**……耕作者→土地所有者
❸ **納税法**……現物納→金納

　農民の負担は以前と変わらぬ重さで、所有権のはっきりしない入会地は官有地に編入されました。このため、地租改正に不満をもつ農民たちが1876年に**反対一揆をおこしました**。そんなことしたって、弾圧されて終わりだろうと思いきや、なんと政府は翌年に**地租を2.5％に引き下げました**。1876年は秩禄処分をおこなった年で、士族の反乱がおきていました。政府は農民と士族の両方を敵に回すのを避け、農民にはやさしい姿勢を見せたのです。

>> 欧米をめざして殖産興業

　欧米列強に追いつくため、明治政府は「富国強兵・殖産興業」をスローガンに掲げました。そして、近代産業の育成をはかって**工部省**と**内務省**を設置しました。内務省は地方行政や**警察**も管轄する重要な官庁で、征韓論争（◯P.241）のあとに設置され、**大久保利通**が初代内務卿につきました。1877年には産業の新しい技術を普及

==

＊**小作料**…地租改正後も、地主に納める小作料は現物のままだった。

させるため、内務省の主催で第1回**内国勧業博覧会**が上野公園で開かれました。

> **工部省と内務省**
> 工部省（1870年設置）……おもに官営事業の育成。
> 内務省（1873年設置）……おもに民営事業の育成、地方行政・警察を管轄。

>> 国がつくった官営模範工場

殖産興業政策として、明治政府は官営模範工場をつくっていきました。民間のお手本となる工場です。それらはのちに**松方財政**（→P.275）**で民間に払い下げられる**ことになります。その払い下げ先もあわせて覚えていきましょう。

🅞 官営工場の払い下げ

事業所	払い下げ先
長崎造船所（長崎）	三菱
富岡製糸場（群馬）	三井
院内銀山・阿仁銅山（秋田）	古河市兵衛
三池炭鉱（福岡）	三井
高島炭坑（長崎）	三菱
深川セメント製造所（東京）	浅野総一郎

> 一番よく出るのは富岡製糸場だよ。ここは生糸をつくる工場で、1872年にフランスの技術で操業したんだ。盲点は、農村の子女が働いたんじゃないってこと。技術を伝えるために、士族の子女が集められたんだよ。

＊**警察制度**…警察制度が整備され、東京には警視庁が設置された。
＊**卿（きょう）と大臣**…太政官制では各省の長官を「卿」といっていたが、1885年に内閣制度にかわると「大臣」とよぶようになった。たとえば「内務卿」は「内務大臣」と変わった。

このほかに横須賀造船所（旧幕府の横須賀製鉄所）と東京砲兵工廠・大阪砲兵工廠がありますが、軍事産業であったため払い下げませんでした。

≫ 文明開化で急速に欧米化

明治初期には、**欧米の文明や風俗・習慣をとり入れる「文明開化」の風潮**がおこりました。銀座通りには煉瓦造りの洋館が建ち並び、人力車や鉄道馬車が走るようになり、夜になると**ガス灯**がともされました。電灯が使われるようになるのはそれよりあとのことです。衣服では、洋服が役人や軍人のあいだから広まりはじめ、食では牛鍋（今のすき焼き）が流行するなど、ふだんでも肉を食べる人が増えていきました。外見としてもっとも大きな変化だったのは、ちょんまげ頭がザンギリ頭（断髪姿）に変わったことです。

交通・通信分野では、人力車や乗合馬車が用いられるとともに、工部省が「陸蒸気」とよばれた**鉄道の建設**に乗り出しました。はじめ**東京（新橋）・横浜**間に開通し、しだいに延長されていきました。通信手段としては、電話より先に電信が設置され、前島密の建議によって**官営の郵便制度**がととのえられました。

新聞は、それまで不定期に発行されるものしかありませんでしたが、**日刊新聞が発行**されるようになりました。その最初が『横浜毎日新聞』です。暦は太陰太陽暦にかわって**太陽暦**が採用されました。1週間を7日とし、官庁では日曜日を休日としました。これらはみな1872年までにおこったできごとです。明治に入ってたった4年でこれほどの変化とは、びっくりしませんか？

＊**農商務省**…鉄道や鉱山などを担当した工部省は1885年に廃止された。いっぽう、農業・商工業を中心に殖産興業政策をひきつぐ農商務省が、1881年に設置された。

啓蒙思想でアタマの中も近代化

思想界では、**福沢諭吉**らが西洋の近代思想を紹介しました。新しい思想を広めた啓蒙思想団体に、明治6年結成の**明六社**があります。森有礼を中心に、福沢諭吉・加藤弘之・西周らが属し、『明六雑誌』を発行しました。彼らの多くは、幕末に外国留学をしたことのある洋学者でした。

> **啓蒙思想**
>
> 福沢諭吉……『**西洋事情**』『**学問のすゝめ**』
> **中村正直**……翻訳書『**西国立志編**』『**自由之理**』で功利主義を紹介。
> **中江兆民**……翻訳書『**民約訳解**』でルソーの天賦人権思想を紹介。
> 加藤弘之……『人権新説』でドイツ流国家主義を主張。

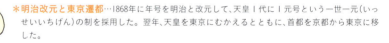

＊**明治改元と東京遷都**…1868年に年号を明治と改元して、天皇1代に1元号という一世一元（いっせいいちげん）の制を採用した。翌年、天皇を東京にむかえるとともに、首都を京都から東京に移した。

第❹講
明治初期の外交

😊 この講のポイント

明治政府が周辺諸国と新たな外交関係をつくっていく中で、朝鮮・清国とは摩擦をひきおこします。いっぽう国内では征韓論争がおこり、政府内が真っ二つに分かれてしまいます。この分裂劇はのちに大きな意味をもつことになるので、対立した人物をよく覚えておきましょう。

≫ 条約改正交渉スタート

　1871年、廃藩置県を終えてひと息ついた明治政府は、幕末に結んだ**不平等条約の改正交渉**のため、**岩倉使節団**を欧米に派遣しました。**岩倉具視**を全権大使とし、木戸孝允、大久保利通、伊藤博文らを副使とする使節です。条約改正交渉には失敗したものの、欧米諸国の政治や産業の発展状況を視察して帰国しました。

≫ 征韓論争で明治政府が大分裂

　江戸時代に国交を結んでいた朝鮮に対し、明治政府は国交を開くことを求めました。しかし、当時、清国に服属して鎖国政策をとっていた朝鮮は、日本の交渉態度に不満で応じませんでした。日本国内では、**朝鮮を武力で脅して開国させよう**という意見が強まりました。この

＊**津田梅子**…岩倉使節団には多くの留学生が同行したが、そのうち最年少（数え年8歳）だった津田梅子は、アメリカ留学後に女子英学塾を創設した。現在の津田塾大学である。

主張を征韓論といいます。

岩倉使節団が出かけているあいだに日本をあずかっていた政府を、留守政府といいます。その1人であった**西郷隆盛**は征韓論をとなえ、開国をせまるためみずから朝鮮におもむこうとしました。ところが、1873（明治6）年に帰国した**岩倉使節団の人たちは、「国内を整備することが先決だ！」**といって征韓論に反対したのです。外国で日本と欧米の格差をまのあたりにした帰国組にとっては、朝鮮のことなんて二の次で、まずは「内治優先」なわけです。この争いを**征韓論争**といいます。

征韓論となえてる人たちって、まるで井の中の蛙じゃない？

その通りだね。アメリカに脅されて開国させられたから、今度は自分より弱い朝鮮を脅して開国させようってことだ。よい条件で貿易できればトクするし、それに士族の不満をそらせるし。

征韓論争

征韓派	内治優先派
西郷隆盛・板垣退助・後藤象二郎・副島種臣・江藤新平	岩倉具視・木戸孝允・大久保利通・伊藤博文

征韓派は敗れ、西郷・板垣・後藤・副島・江藤の5人は参議を辞めました。政権の座から降りることを「下野する」というので、よく「5参議が下野した」といいます。また、1873（明治6）年のできごとなので、**明治六年の政変**ともいいます。政府にのこった**大久**

次の文の正誤を判定し、正しければ㊣、誤りなら㊥と答えなさい。
日本は、征韓論を唱えていた西郷隆盛を朝鮮に派遣し、開国を迫った。
㊥ 派遣はしていない。

保利通は、このあと内務省を設置し、重職である内務卿に就任しました。ライバルをけ落としてのし上がったとも見えますね。

内治優先をとなえた大久保たちでしたが、実は朝鮮を開国させるにいたります。どういうことかというと、まず1875年、朝鮮の首都漢城のわきにある江華島に軍艦を派遣し、朝鮮側を挑発します。そこでおこった**江華島事件**を理由に開国をせまり、**日朝修好条規**を結んだのです。これは**日本が優位に立つ不平等条約**でした。

えぇぇ？　それって話が違うじゃない！

士族の不満が思った以上に大きかったから、早々に方針転換しちゃったんだ。

日朝修好条規の内容　
❶ 朝鮮の自主独立の承認。
❷ 釜山・仁川・元山の開港。
❸ 日本の領事裁判権の容認。
❹ 関税の免除。

≫ 対立ぎみの日清関係

清国とは1871年に日清修好条規を結びました。これは互いに領事裁判権を認めあう対等条約でした。しかし、だからといって良好な関係ではなく、**琉球帰属問題などでは対立**しました。

琉球王国は江戸時代以来、日清両属となっていましたが、明治政府

＊**小笠原諸島**…1876年に日本が領有することを宣言し、イギリス・アメリカはこれを承認した。

はこれを日本の領土に組みこもうとしました。1872年に**琉球藩**を設置し、それまで国王だった**尚泰**を藩王としたのです。そして1874年、**琉球漁民（漂流民）殺害事件**を理由に**台湾出兵**をおこないました。

あれ？　この出兵って征韓論争の翌年のことだよね？

うん。とても前年まで「内治優先」をとなえていた人たちの行動とは思えないね。やっぱり征韓論争は、政府の主導権争いの面もあったんだよ。でも、スジを通した人もいるんだ。木戸孝允は出兵に反対して、みずから下野したんだよ。

その後、1879年に琉球藩も廃して**沖縄県**を設置しました。これを**琉球処分**といい、このとき藩王尚泰は東京に移住させられました。

>> 良好に保ちたい日露関係

朝鮮での特権を得たい日本は、ロシアとの関係を良好に保とうとしました。そこで両国雑居地であった**樺太をロシアにゆずり**、かわりに**千島列島をすべてもらう**ことにしました。こうして結ばれたのが**樺太・千島交換条約**です。もったいないようにも見えますが、明治政府は北海道の開拓だけで手いっぱいだったのです。

＊**琉球漁民殺害事件**…1871年、琉球島民が台湾に漂着して殺された事件。台湾を領する清国の対応に不満をもった日本は、抗議が通らなかったため台湾に出兵した。その結果、清国が賠償金を払うことで解決した。

第5講 自由民権運動

この講のポイント

自由民権運動は、「はじまり→明治十四年の政変→激化事件→再結集」の4段階に分けて整理しましょう。そこに政府がどんな対応策であたったかにも注目です。懐柔したり、弾圧法令を出したり……。わりと理解しやすいテーマです。

>> 自由民権運動のはじまり

征韓論争で下野した**板垣退助**・後藤象二郎らは、1874年に**民撰議院設立建白書**を左院に提出しました。「**国会を開くべきだ！**」と**意見**したのです。政府の実力者の大久保利通は、これをスルーしました。なぜなら、国会なんて開いたら、「税金を下げろ」という人がたくさん当選して、面倒なことになるからです。

板垣は郷里の土佐に帰り、片岡健吉らと**立志社**をつくりました。各地に同じような民権運動をおこなう政社ができると、1875年に全国組織の**愛国社**がつくられました。

正誤でチェック！

次の文の正誤を判定し、正しければ㊣、誤りなら㊥と答えなさい。

民撰議院設立建白書の提出直後、地方結社の代表が大阪に集まり、立志社を組織した。

誤　立志社は土佐の政治結社。

この民権運動の盛りあがりに対し、**大久保は民権派の指導者を抱きこむ作戦**に出ました。板垣退助と木戸孝允をよんで大阪会議を開き、2人に「政府にもどってこないか？」と誘ったのです。2人は「だったら国会を開く準備をしてくれよ」と要求しました。大久保はこれをのみ、会議のあとに**立憲政体樹立の詔**を発しました。いっぽう愛国社は、中心人物の板垣が政府に復帰したことで解散しました。

へーえ、民権派の要求が通ったんだ！

そうなんだけど、このあと政府は民権を主張する新聞や雑誌を取り締まるため、讒謗律・新聞紙条例を出したんだ。

立憲政体樹立の詔で設置が決まったもの　ここできめる！

❶**元老院**……憲法草案を起草する機関。
❷**大審院**……のちの最高裁判所。
❸**地方官会議**……府知事・県令による会議。

≫ 不平士族の反乱

　征韓論の敗北や秩禄処分に反発した士族たちは、あいついで反乱をおこしました。なかでも1877年の西南戦争は、西郷隆盛を中心とする大きな反乱で、政府は徴兵令による農民軍をぶつけて鎮圧しました。

＊**讒謗律**…他人への讒毀（ざんき）・誹謗（ひぼう）（ともに悪口をいうこと）を禁止し、政府の高官に対する攻撃をおさえようとした。

不平士族の反乱

❶ **佐賀の乱**（1874年）……**江藤新平**らが反乱。
❷ **神風連（敬神党）の乱**（1876年）……熊本県で反乱。
❸ **秋月の乱**（1876年）……福岡県で反乱。
❹ **萩の乱**（1876年）……山口県で前原一誠らが反乱。
❺ **西南戦争**（1877年）……鹿児島県で**西郷隆盛**らが反乱。

>> 明治十四年の政変

　西南戦争の結果、武力では政府に勝てないことがはっきりすると、ふたたび民権運動が盛りあがり出しました。愛国社が再興され、1880年には**国会期成同盟**に発展して、国会開設を求める署名を集める運動をしました。政府は**集会条例**を出して弾圧をはかったものの、**開拓使官有物払下げ事件**がおこると劣勢に立たされました。開拓使長官の黒田清隆が、同郷の政商五代友厚に破格の安値で官有物を払い下げようとしていることが報道されたのです。公共のモノを知り合いに安く売るなんて、完全に不正です。黒田自身にも見返りがあるのでしょう。政府への批判は高まりました。

　このとき政府内は、大久保の亡きあとをついだ伊藤博文と大隈重信のツートップ体制となっていました。これまで２人はともに歩んできましたが、ここへきて国会開設をめぐって対立しました。伊藤が国会開設を遅らせたいのに対し、大隈は国会の早期開設を主張したのです。結局、**大隈は政府から追放**されました。これを**明治十四年の政変**といいます。のこった伊藤は、政府への批判をかわすために

＊紀尾井坂（きおいざか）の変…1878年に大久保利通が不平士族によって暗殺された事件。

国会開設の勅諭を発し、払下げを中止にしました。肥前藩出身の大隈が追放されると、大隈に近い人たちも政府を去り、政府内は薩長出身者ばかりとなって薩長藩閥政府が確立しました。

ついに国会を開くことになったんだ。

うん。ようやくね。でも10年後なんだよ。

あら、だいぶ先じゃない？

そこが伊藤のずるいところだよ。しかも、憲法作成の主導権は伊藤がにぎっちゃったしね。

≫ 政党の結成と私擬憲法

国会開設が決まると、立志社や愛国社の流れをくんだ**自由党**をはじめ、3つの政党が結成されました。それぞれの性格に注意して整理しましょう。

◐政党と私擬憲法

政党名	結成年	党首	性格	機関紙
自由党	1881年	板垣退助	フランス流急進的	『自由新聞』
立憲改進党	1882年	大隈重信	イギリス流穏健的	『郵便報知新聞』
立憲帝政党	1882年	福地源一郎	政府を支持	『東京日日新聞』

次の文の正誤を判定し、正しければ㊣、誤りなら㊦と答えなさい。
大阪会議において、10年後に国会開設を実現することが合意された。
㊦　大阪会議ではなく、明治十四年の政変のときの国会開設の勅諭。

このころ、民間の憲法草案である**私擬憲法**も多くつくられました。自由党系のものとしては、**植木枝盛**の『東洋大日本国国憲按』や立志社による『日本憲法見込案』があり、立憲改進党系のものとしては、交詢社の『私擬憲法案』があります。ほかに農村の地域住民の学習活動から生まれた『**五日市憲法草案**』が有名です。

荒れた民権派の激化事件

明治十四年の政変をきっかけに、**松方正義**が大蔵卿となって**デフレ政策**が推進されました（◯ P.275）。これにより米価などの農産物価格が下がると、農産物を売って暮らしている**農民は大きくダメージをうけました**。

でも、物価が下がるんだからよいこともあるよね？

そう勘違いする受験生が多いんだよー。まず、物価が下がっても地券に書かれた地価はそのままなんだ。つまり納めなきゃいけない税金は一定で下がらないんだよ。そして、農民は自給自足できるものが多いから、あまりものを買わない。……ってことは物価が下落しても恩恵にあずかれないよね？ 逆に最大の支出は税金だ。ほら、納税のために「つくったお米の4〜5割を売る」って話だったでしょ？ これは地獄だよ。

借金に苦しむ農民が、自由党員などとともに過激な行動をとる事件がいくつもおこりました。まとめて激化事件とよばれています。

＊私擬憲法…『東洋大日本国国憲按』では、人民が政府に対して抵抗する権利や革命を起こす権利を保障していた。『私擬憲法案』をつくった交詢社（こうじゅんしゃ）は慶応義塾出身者による団体で、イギリス流の議院内閣制を主張した。

おもな激化事件

❶ **福島事件**（1882年）……県令 **三島通庸** が土木工事を強制したことに反対した自由党員が弾圧された。

❷ **秩父事件**（1884年）……埼玉県で困民党を中心とする農民たちが蜂起し、高利貸・警察・郡役所などを襲撃した。

❸ **大阪事件**（1885年）……大井憲太郎・**景山英子** らが朝鮮の内政改革を計画して検挙された。

≫ ふたたび盛りあがる民権運動

1886年には銀本位制が確立（⇒ P.276）して、物価が安定に向かいました。そうすると激化事件もおさまり、ふたたび言論による民権運動が盛りあがりました。大同団結運動と三大事件建白運動です。**大同団結運動** は、党派の違いをこえて旧民権派が再結集をめざした運動で、はじめ星亨が提唱し、**後藤象二郎** が中心となってつづけられました。その間の1887年には、**外交の挽回、言論集会の自由、地租軽減** の3つを求める **三大事件建白運動** がおこりました。これに対して政府は **保安条例** を発して、民権家を東京から追放しました。

＊**保安条例で追放された民権家**…中江兆民・片岡健吉・星亨らが追放された。

民権運動を弾圧する法令

❶ 讒謗律・新聞紙条例（1875年）……大阪会議のあとに公布。
❷ 集会条例（1880年）……国会期成同盟の結成後に公布。
❸ 保安条例（1887年）……三大事件建白運動に対して公布。

次の文の正誤を判定し、正しければ正、誤りなら誤と答えなさい。
秩父事件の指導者は、保安条例を適用されて埼玉県から追放された。
　誤　保安条例は民権家を東京から追放する法令。埼玉県ではない。

第❻講
立憲国家の成立

> **この講のポイント**
> 国会開設の勅諭を出してから国会を開くまでのできごとは、順序が大変重要です。内閣制度や憲法や国会などの順序を入れ替えた誤文が出やすいです。わかりにくいのは憲法で定められたしくみです。首相の選び方とか内閣と国会の関係などは、今とは全然違うので頭を白紙にして理解しましょう。

≫ 大日本帝国憲法ができるまで

　明治十四年の政変で、憲法をつくって国会を開くと約束した**伊藤博文**は、翌年ヨーロッパに渡りました。法学者のグナイストやシュタインから、**君主権の強いドイツ憲法を学んだ**のです。帰国すると1884年に**華族令**を定め、明治維新の功績者を華族に加えました。のちにこの華族などから、貴族院議員を選び出すことになります。さらに1885年には**太政官制を廃して内閣制度**を創設し、伊藤はみずから初代首相（総理大臣）となりました。**第1次伊藤博文**内閣の誕生です。ここで注意してほしいのは、まだ国会も開かれていなければ、憲法もできていないことです。つまり**伊藤は自分で自分を首相に立て、そのあとに憲法をつくって国会をスタートさせた**のです。

＊**欽定（きんてい）憲法**…天皇が定めて臣民に下しあたえる憲法。大日本帝国憲法は欽定憲法として発布された。

内閣と国会ってまぎらわしいんだけど。

内閣は総理大臣を中心に、大蔵大臣とか内務大臣といった各省の大臣あわせて10名からなる行政機関だよ。国会は衆議院と貴族院の2つからなる立法機関。たとえば衆議院議員は最初300人いて、国民の選挙で選ばれた。ちなみに総理大臣も各省の大臣も、議員である必要はないよ。

　首相となった伊藤は、井上毅・伊東巳代治・金子堅太郎らとともに憲法をつくりはじめました。このときアドバイスをおこなったのは、ドイツ人顧問**ロエスレル**です。できあがった憲法草案は、天皇をまねいた**枢密院**で審議を重ねて、**黒田清隆**内閣のときの1889年2月11日に**大日本帝国憲法**として発布されました。この2月11日は**紀元節**という祝日でした。神武天皇が即位した日とされています。戦前の祝日には、ほかに天皇誕生日の**天長節**があったことを覚えておきましょう。

≫ 地方議会のしくみも整った

　地方議会の制度も徐々にととのえられていきました。明治初期に定めた画一的な**大区・小区**という区画は、1878年制定の地方三新法で、**郡・区・町・村**の単位にあらためました。そして、ドイツ人顧問モッセの指導のもとで1888年に**市制・町村制**を定め、1890年には**府県制・郡制**を制定し、公選の地方議会制度をととのえていきました。府県単位に府県会が、その下の市町村単位に市会や町村会が開かれるようになったのです。

＊地方三新法…郡・区・町・村の単位を設ける郡区町村編制法、府県会の設置に関する府県会規則、地方税に関する地方税規則の3つ。単に三新法ともいう。地方行政をつかさどる内務省の初代長官（内務大臣）は山県有朋だった。

地方制度

❶ 大区・小区制（1871年）
❷ 地方三新法（1878年）
❸ 市制・町村制（1888年）
❹ 府県制・郡制（1890年）

>> 憲法のしくみ－内閣と天皇－

　それでは大日本帝国憲法で定めたしくみを見ていきましょう。まず総理大臣についてですが、国会開設よりも内閣制度が先にできたことからもわかるとおり、**首相は国会で選ばれるわけではありません。** 伊藤博文や山県有朋といったエライ人たち（のちに**元老**となる）が誰を首相にするかを考えて、天皇が任命しました。内閣のメンバーである大臣たちを選ぶのは、この首相です。つまり内閣は、国会とは無関係にできるわけです。首相はたいてい薩長出身者で、大臣もその仲間が多くなるため、あいかわらず藩閥政府がつづきました。そして大臣たちは、統治権をもつ天皇を補弼（たすけること）して、天皇に対してのみ責任を負いました。

じゃあ国民が選挙で議員を選べるようになっても意味ないじゃん。

うん、首相選びにはかかわれないんだ。でも国のお金の使い道は議会で決めることができるよ。

＊**元老**…憲法には規定されていないが、天皇を補佐し、後継首相の推薦など重要政務に関与する人たち。

天皇は国家元首で、**天皇大権**とよばれるたくさんの権利があたえられました。**宣戦・講和や条約の締結、緊急勅令の制定、文武官の任免**などです。しかし実際には、内閣が決めたことを天皇がそのまま認める形で政治はおこなわれました。天皇が内閣の決定をひっくり返してしまうと、その責任が天皇にないとはいいにくくなってしまうからです。大臣が失敗した場合は、責任をとって辞めればすみますが、天皇はそうやすやすと辞めるわけにいきませんよね。

天皇にあたえられた権限に、もう1つ大きなものがあります。軍を指揮する**統帥権**です。これは「統帥権の独立」といって、内閣や議会が関与することはできませんでした。

≫ 憲法のしくみ－内閣と議会－

内閣が提案する**予算案や法律案は、帝国議会で審議され、賛成多数を得なければなりません**でした。ここに大きな矛盾がおこります。現在は、議会の多数派によって内閣がつくられる、つまり議院内閣制をとっているので、議会の多数派と内閣は同じ意見なのがあたりまえです。ところが議院内閣制をとっていない大日本帝国憲法では、議会の多数派と内閣がぶつかることがしばしばでした。

首相の味方に立つ政党はないの？

このあと説明するけど、衆議院では政府寄りの政党は少数派なんだよ。そして薩長出身の首相は政党になんか入らないし、衆議院議員にすらならないんだ。

＊**宮中（きゅうちゅう）・府中の別**…宮内大臣と内大臣は、大臣といっても宮中をつかさどる立場のため、行政府である内閣の外におかれた。

帝国議会は**衆議院**と**貴族院**の2つからなり、両院の権限は原則的に対等です。ただし、国民の選挙で議員を選ぶのは、衆議院だけです。貴族院議員になったのは、華族や皇族などでした。
　国民は「臣民」とよばれ、信教の自由や言論・出版・集会・結社の自由などは認められましたが、あくまでも「法律の範囲内」という制限つきでした。

❶大日本帝国憲法と日本国憲法の違い

大日本帝国憲法		日本国憲法
1889年2月11日	公布	1946年11月3日
1890年11月29日	施行	1947年5月3日
欽定憲法	性格	民定憲法
天皇主権	主権	国民主権
国家元首(天皇大権を規定)	天皇	国民統合の象徴
各国務大臣は天皇を輔弼	内閣	国会に対して責任を負う
貴族院と衆議院で対等	国会	唯一の立法機関(衆議院が優位)
臣民の権利は法律の範囲内	国民	基本的人権の尊重
天皇の統帥権のもと	軍隊	平和主義・戦争放棄

日本国憲法では国民主権となったから、天皇は象徴になったよね。国会は衆議院と参議院があって、国権の最高機関とされてるんだ。首相も国会で選ぶようになった。これを議院内閣制というんだよ。

≫ 刑法や民法もつくらなきゃ

　不平等条約を改正して日本の法律で外国人を裁くためにも、さまざまな法典の整備が急がれました。**刑法**や**民法**は**フランス法**をモデルとしたもので、フランス人法学者**ボアソナード**によってつくら

＊**皇室典範**(こうしつてんぱん)…大日本帝国憲法と同時に制定された、皇位の継承などを定めた法典。

れました。しかし、1890年に民法が公布されると、「家族道徳など日本の伝統的な倫理が破壊される！」との批判の声があがりました。いわゆる民法典論争がおこったのです。法学者の**穂積八束**は、「民法出デテ、忠孝亡ブ」と批判しました。結局ボアソナード民法は、**戸主の権限を強める大幅な修正**がおこなわれ、1898年、家父長制的な家制度を重視する内容の新民法になりました。

≫ ようやくはじまる帝国議会

憲法発布の翌日、**黒田清隆**首相は**超然主義**の立場を表明しました。「1つの政党の意見に偏ってはいけないから、政党の外に立って超然として政治をおこなう」というのです。公平さを重んじるといえば聞こえはいいですが、要は**政党の意見を無視**する姿勢です。薩長出身者の首相、つまり藩閥政府の場合はたいていこの方針をとりました。

憲法と同時に制定された衆議院議員選挙法では、選挙人の資格を「**直接国税15円以上**を納入する満25歳以上の男子」と定めていました。この条件に合う**有権者は、総人口のわずか約1％**にすぎません。アバウトにいえば、これは地主層です。1890年、第1回帝国議会の開催を前におこなわれた衆議院議員総選挙では、彼らの多くが地租軽減を求めて自由党に投票しました。その結果、民権

❶第1回総選挙の結果

ちょっと補足 ＊戸主権（こしゅけん）…家族に対する支配権で、施行された民法では、財産の処分や婚姻などには戸主の同意が必要とされた。

派の政党である**民党が過半数**を制しました。

≫ 民党と政府のバトル初期議会

　帝国議会がはじまると、民党は「**政費（経費）節減・民力休養**」をスローガンにかかげて、**政府の予算案に反対**しました。「お金を使わないようにして、税金を減らせ！」と叫んだのです。しかし、第1次山県有朋内閣は自由党の一部の協力をとりつけ、予算案は成立しました。

えぇぇ？　何で自由党が協力しちゃうの？

「議会が初っぱなから混乱すると、欧米から未熟だと思われるから応じた」とのことなんだけど……、まあ買収されたんだろうね。

　第1次松方正義内閣のときの第2議会でも、政府と民党は予算案でもめて、衆議院は解散となりました。その後の衆議院議員総選挙では、**政府は内務大臣品川弥二郎の指揮のもと、激しい選挙干渉**をおこないました。民党の選挙運動を警察が邪魔したり、投票所の入り口に警察官が立ったりして、民党への投票を妨害したのです。それでも**民党が勝利して、品川は内務大臣を辞職**しました。その後、第2次伊藤博文内閣のときの第4議会では、**天皇の詔勅によって民党の反対をおさえ**、軍備拡張予算を成立させました。

　民党と藩閥政府の対立は、第6議会までつづきました。しかし、日清戦争がはじまると「内輪でもめてる場合じゃない！」となり、両者は妥協するようになったのです。この第1議会から第6議会までを初

次の文の正誤を判定し、正しければ正、誤なら誤と答えなさい。
大日本帝国憲法は、帝国議会で憲法案を議論し、多数決で承認する手続きをふんだ。
（誤）　帝国議会が開かれた時には、すでに大日本帝国憲法は発布されていた。

期議会とよびます。

選挙干渉はなぜかよく出るよ！

憲法発布と初期議会
❶ 第1次伊藤博文内閣……内閣制度創設。
❷ 黒田清隆内閣……大日本帝国憲法発布・超然主義演説。
❸ 第1次山県有朋内閣……第1回帝国議会開催。
❹ 第1次松方正義内閣……第2議会・内相品川弥二郎の選挙干渉。
❺ 第2次伊藤博文内閣……第4議会。

❶帝国議会

＊元勲（げんくん）内閣…第2次伊藤博文内閣は、維新に勲功のあった元勲を中心に閣僚を選んで組織されたため、元勲内閣とよばれた。

第❼講
条約改正と日清戦争

😊この講のポイント

不平等条約の改正交渉は挫折の連続でした。岩倉具視→寺島宗則→井上馨→大隈重信→青木周蔵→陸奥宗光→小村寿太郎の順序をまず覚え、7人がどうチャレンジしたかをつかみましょう。そして、朝鮮をめぐって日清戦争がおこります。どうして戦争がおきたのか、戦争で日本は何を得たのかに注目しましょう。

≫ 岩倉使節団後の条約改正

　岩倉使節団が条約改正交渉に失敗した（➡P.241）のち、**寺島宗則**が外務卿となって交渉をおこないました。寺島はアメリカから税権回復のOKをもらいましたが、イギリスなどに反対され失敗しました。ついで、**井上馨**外務卿が交渉をおこないました。井上は治外法権（領事裁判権）の撤廃、つまり日本の法律で裁けるようになることを主眼に交渉しました。その際、**鹿鳴館**を建てて**舞踏会を開く**など、**極端な欧化主義政策**をとりました。

舞踏会を開くと外国がOKくれるの？

次の文の正誤を判定し、正しければ正、誤りなら誤と答えなさい。
明治初期、大審院では、外国人判事によって裁判が行われた。
　誤　外国人判事を任用する案はあったが、実際には任用していない。

うーん、ダメだろうね。欧米からは「日本のような遅れた国の法律で裁かれてたまるか！」って思われてるから、「近代化したよ！」ってアピールしたんだよ。必死に。でもやっぱり、チャラいよね（笑）。

井上は外国人判事を任用する妥協案を示したものの、なかなか交渉はまとまりません。ノルマントン号事件をきっかけに、井上に対する反対運動（**三大事件建白運動**）もおこり（⇒P.250）、井上は外務大臣を辞任しました。

>> 挫折つづきの条約改正

政府は国民からの反発をやわらげるために、民権派勢力の**大隈重信**を外務大臣に起用しました。第1次伊藤博文内閣のときのことです。明治十四年の政変で伊藤が大隈を政府から追放したことを考えると、ちょっと驚きませんか？

大隈外相は、**外国人判事を大審院に限定して任用する案**を示しながら交渉を進めました。しかし、この妥協案が国民に漏れると非難をあび、さらには玄洋社という右翼団体に爆弾を投げつけられました。大隈は負傷し、外相を辞任したので、またもや条約改正はなりませんでした。

ついで外相となった**青木周蔵**は、これまでかたくなだった**イギリスから同意を取りつけることに成功**しました。当時ロシアが南下政策をとるようになって、イギリスの権益が脅かされたからです。イギリスが「日本に対して嫌がらせをつづけると、日本がロシアになびいてしまうかもしれない」と不安になって、態度を変えたというわけです。ようやくゴールが見えてきましたね。ところが、ここでとんでも

＊**ノルマントン号事件**…イギリス船ノルマントン号が紀伊半島沖で沈没した際に、船長は日本人乗客を救助せずに見殺しにした。船長はイギリス領事によって裁かれたが、軽い罰しか受けなかったため、治外法権の撤廃を求める声が強まった。

ない事件がおこりました。来日中の**ロシア皇太子が、日本人巡査に斬りつけられる**という**大津事件**です。青木外相はその責任をとって辞任したため、条約改正交渉も中断してしまいました。

≫ ようやく実った条約改正

1894年、**陸奥宗光**外相のときに**日英通商航海条約**が締結され、**領事裁判権の撤廃が実現**しました。**日清戦争がはじまる直前**のことでした。

その後、日清・日露の2つの戦争に勝利して国際的地位が高まると、1911年に**関税自主権の回復も実現**しました。このときの外相は**小村寿太郎**でした。

●条約改正

担当者	内容
岩倉具視	欧米との予備交渉。帰国後に征韓論争。
寺島宗則	アメリカと税権回復を主眼に交渉。
井上馨	欧化主義政策。三大事件建白運動で辞任。
大隈重信	条約改正案に反対する右翼のテロで辞任。
青木周蔵	イギリスの同意を得たが大津事件で辞任。
陸奥宗光	日英通商航海条約で領事裁判権を撤廃。
小村寿太郎	関税自主権の回復を実現。

≫ 朝鮮でおこったクーデタ

1876年に日朝修好条規を結んだ朝鮮では、国王の父である**大院君**と、王妃の**閔妃**一族が対立していました。1882年に**大院君は、閔氏から政権を奪おうとして壬午軍乱**（壬午事変）をおこしたものの、失敗に終わりました。閔氏はこれを機に親清派（清国支持派）

ちょっと補足

＊**大津事件**…ロシア皇太子は助かったが、犯人を死刑にするべきとの声が強かった。しかし、大審院長児島惟謙（こじまこれかた・いけん）は司法権の独立を守り、無期懲役の判決をくだした。
＊**日英通商航海条約**…駐英公使青木周蔵が調印した。領事裁判権（治外法権）の撤廃のほか、関税率の一部引き上げ、相互最恵国待遇などが認められた。

に転じて政権をにぎりました。つづいて1884年には、**金玉均**らの日本寄りの開化派（独立党）が、**日本の支援をうけてクーデタ**をおこしました。**甲申事変**です。クーデタは**清国軍が出動したため失敗**し、金玉均らは日本に亡命しました。事変後、日本と清国とのあいだで天津条約が結ばれ、日清両軍は撤兵しました。

> **閔氏政権に対する事件**　
> ❶**壬午軍乱**（1882年）……親清派の大院君によるクーデタ。
> ❷**甲申事変**（1884年）……親日派の金玉均らによるクーデタ。
> ❸**甲午農民戦争**（1894年）……朝鮮農民による反乱。

>> 国権論の高まる日本

甲申事変の結果、朝鮮における親日派勢力はダメージをうけ、朝鮮問題をめぐって日清間の対立は深まりました。1885年、福沢諭吉は新聞『**時事新報**』に「**脱亜論**」を発表し、「日本は清国や朝鮮とともに歩むのではなく、アジアを脱して欧米諸国に仲間入りし、清国や朝鮮を侵略しよう」と「**脱亜入欧**」を主張しました。

福沢諭吉ってちょっとコワーイ。

ドライだよね。「朝鮮や中国はどうせ欧米に侵略されるだろう。だったら日本が侵略したほうがマシだ」っていうんだよ。

国内では民権論にかわり、領土を拡大して国家を発展させようという**国権論**が高まっていきました。朝鮮の内政改革をくわだてた大阪事

　＊**天津条約**…伊藤博文と李鴻章（りこうしょう）が調印。今後、朝鮮に派兵する場合は相互に事前通告をおこなうことも定めた。1894年の甲午農民戦争の際には、この規定にもとづいて清国から事前通告があった。

件（◯P.250）がおこったのも、この 1885 年です。1890 年の第 I 議会では、**山県有朋**首相が朝鮮を「利益線」とよび、保護する対象だと演説しました。

≫ 朝鮮をめぐって日清戦争

1894 年、朝鮮で**甲午農民戦争**（東学の乱）がおこりました。これは朝鮮農民が閔妃政権に対しておこした反乱です。その鎮圧のために、**朝鮮政府が清国に軍隊を出してくれるよう求めると、日本も対抗して軍隊を出動**させました。日清両軍はにらみ合いから戦争に突入しました。近代化を進めた日本軍は清国軍に勝利し、1895 年に山口県の下関で講和条約が結ばれました。この**下関条約**に調印した日本全権は伊藤博文首相と陸奥宗光外相、清国全権は李鴻章です。これにより、**清国は朝鮮に対する宗主権を失いました**。もうボス面をすることはできなくなったのです。ほかにも日本に対して、領土や賠償金を渡すことになりました。

下関条約の内容

❶ 朝鮮の完全独立の承認（清国の宗主権否定）。
❷ 遼東半島・台湾・澎湖諸島の割譲。
❸ 賠償金２億両（＝3.1 億円）の支払い。
❹ 沙市・重慶・蘇州・杭州の開市・開港。

しかし、勝利の美酒に酔ったのもつかの間のことでした。ロシア・フランス・ドイツの３国から、「**遼東半島を返還しろ**」と冷や水をあびせられたのです。これを**三国干渉**といいます。日本はとうて

＊**防穀令（ぼうこくれい）事件**…1889年、朝鮮で穀物の輸出を禁じる防穀令が出されると、日本人商人が損害をうけたと反発し、日本政府は賠償金を要求して獲得した。

＊**臥薪嘗胆（がしんしょうたん）**…「薪の上に寝たり苦い胆を嘗めたりして、復讐心を忘れなかった」という中国の故事。三国干渉の後、これを合い言葉にロシアへの敵愾心を高めた。

いあらがえず、要求を受け入れました。実はこの遼東半島こそ、ロシアがねらっていた場所だったのです。つまり日本は地雷を踏んでしまったわけです。やがてロシアがここを奪うことになります。

領土として獲得した**台湾**には、台湾総督府をおきました。これ以後太平洋戦争で日本が負けるまで、50年間に渡って日本の統治下におかれることになります。いっぽう朝鮮では、朝鮮支配に乗り出そうとした日本を牽制しようとして、**閔妃がロシアに接近**しました。このため**日本公使らは、1895年に閔妃を殺害**しました。

乱暴なことするのねえ。

殺しても手遅れなんだけどね。ロシアが朝鮮の政治に介入してきちゃって、追い払えないんだよ。

▶▶ 政治を動かしはじめた政党

日清戦争後、第2次伊藤内閣は自由党の**板垣退助**を内務大臣に迎えて、自由党と提携しました。つづく第2次松方内閣は**大隈重信**を外務大臣に迎えて、進歩党と提携しました。進歩党は立憲改進党が発展してできた政党です。この自由党と進歩党は、次の第3次伊藤内閣のときに合同し、**憲政党**を結成しました。伊藤内閣は総辞職して、政権を憲政党にゆ

大隈重信

＊**隈板（わいはん）内閣**…第1次大隈重信内閣は大隈と板垣退助の連携によってできたため、隈板内閣とよばれた。板垣退助は内務大臣をつとめた。

ずりました。こうして1898年、日本最初の政党内閣である**第1次大隈重信内閣が誕生**しました。

しかし、憲政党は内輪もめをおこして早々に分裂してしまい、大隈内閣は短命に終わりました。つづく**第2次山県有朋**内閣は、分裂後の憲政党と提携しながらいくつもの政策を実現していきました。まず、地租を地価の2.5％から3.3％に引き上げました。次に**文官任用令を改正し、政党員の高級官僚への登用を制限**しました。また、さかんになってきた労働運動（➡P.281）などをおさえるため、1900年に**治安警察法**を制定しました。

なんかどれも民党に不利な政策に見えるんだけど。憲政党はこれをOKしたの？

 したんだよ。憲政党は政権にくっついてることにウマミを感じてしまってるんだ。政策決定にたずさわれるから選挙で有利なんだよ。

さらに、**陸軍・海軍大臣は現役の武官でなければならない**とする、**軍部大臣現役武官制**を定めました。これは、政党の影響力が軍部におよばないようにする効果があるのですが、のちのち大きな意味をもつことになります（➡P.284）。

ここまで山県に寄り添ってきた憲政党でしたが、さすがに手を切りました。かわりに、もう1人の藩閥勢力の雄である伊藤博文に接近しました。伊藤は伊藤で「議会を味方につけるために、自分で政党をもちたい」と思うようになっていたので、相思相愛になったのです！こうして1900年、**伊藤博文**を総裁とする政党**立憲政友会**が生

 ＊**「自由党を祭る文」**…立憲政友会が結成されると、幸徳秋水（こうとくしゅうすい）は新聞『万朝報（よろずちょうほう）』に「自由党を祭る文」を書き、もと自由党が伊藤博文の傘下に入ったことを批判した。

まれました。第 2 次山県内閣はこれを機に総辞職し、第 4 次伊藤博文内閣にかわりました。

日清戦争後の内閣と政党の関係 ここできめる！

❶ **第 2 次伊藤博文内閣**……自由党と提携。
❷ **第 2 次松方正義内閣**……進歩党と提携。
❸ **第 3 次伊藤博文内閣**……自由党と進歩党が合同し憲政党に。
❹ **第 1 次大隈重信内閣**……憲政党による初の政党内閣。
❺ **第 2 次山県有朋内閣**……分裂後の憲政党と提携。
❻ **第 4 次伊藤博文内閣**……立憲政友会による政党内閣。

初の政党内閣についてはよく出るよ！

次の文の正誤を判定し、正しければ正、誤りなら誤と答えなさい。
西園寺公望は、政党員の官僚への登用を禁じるため文官任用令を改めた。
誤 西園寺公望ではなく山県有朋。また、正確には「禁じる」ではなく制限しただけ。

第❽講
日露戦争と韓国併合

この講のポイント

ロシアを倒さないかぎり朝鮮を支配下におくことはできません。そこで日露戦争となるのですが、そのいきさつと戦争で獲得したものが、日清戦争のときの話と混ざってしまいがちです。定番のひっかけポイントなので注意しましょう。

≫ 列強の中国分割

日清戦争で敗れた清国に対して、ヨーロッパ列強は容赦しませんでした。**中国分割を進めた**のです。各国は特定の地域を租借し、中国への勢力拡大をはかったのです。租借とは期限をきめて借りることです。たとえばドイツは、山東半島の膠州湾を租借しました。**ロシアは旅順・大連を租借**しました。ここ

❶列強の中国分割

＊門戸(もんこ)開放宣言…アメリカは中国を租借することはなかったが、中国への経済進出をねらって中国市場の開放を求めた。

はかつて三国干渉で返還させられた、あの遼東半島の港湾都市です。当然、日本人の多くがいきり立ちました。第2次山県内閣が地租増徴を決定した（➡P.266）のもこの直後のことです。

うわぁ、中国って白いとこだけになっちゃったの？

いやいや違うってば。列強が租借したのは都市で、色分けされてる領域は、各国が鉄道や鉱山を開発したゾーンなんだよ。

義和団事件と日英同盟

こうした列強からの圧力に対して、さすがに清国内で反発がおこりました。清国民衆が外国公使館などをおそう**義和団事件**がおこり、それが北清事変に発展しました。**清国政府が列国に戦いを挑んだ**のです。もちろん勝てるわけがありません。列強は軍隊を送ってこれを鎮圧しました。このとき日本も列強の一員として派兵しています。ある意味「脱亜入欧」をはたしたといえるでしょう。清国と列強のあいだに北京議定書が結ばれ、列国軍隊が北京に駐留することが認められました。

ところで、ここで困った事態におちいりました。北清事変が終わってもロシア軍が撤兵せず、中国東北部の満州を占領してしまったのです。ロシアは勢力範囲をいっきに南に広げ、朝鮮にまで踏みこみそうな勢いです。このロシアの動きにイギリスも危険を感じてい

日本　イギリス

＊日英同盟…第1次桂太郎内閣の時に結ばれた。清国と韓国における日本の権益と、清国におけるイギリスの権益を互いにみとめあった。

した。こうして1902年、**ロシアを牽制し、互いの権益を守り合お
うと日英同盟**を結びました。

》》大国に挑んだ日露戦争

　ロシアとの緊張が高まると、社会主義者の**幸徳秋水**や**堺利彦**
をはじめ、非戦論（反戦論）をとなえる人びとがあらわれました。し
かし、近衛篤麿らの対露同志会が主戦論を叫ぶなどして、世論はしだ
いに開戦論に傾いていきました。

日露戦争に対する反戦論 ここできめる！

❶ 幸徳秋水・堺利彦……**平民社**をおこし機関紙『**平民新聞**』
　　発行。
❷ **内村鑑三**……**キリスト教の立場**から非戦論をとなえた。
❸ **与謝野晶子**……反戦詩「**君死にたまふこと勿れ**」を発表。

 与謝野晶子はよく出るよ！　戦争に行った弟を思って書いた詩
なんだ。

　日清戦争開戦からちょうど10年後、1904年にロシアとの戦争がは
じまりました。その戦費は日清戦争とくらべてケタ違いに高くて、
増税くらいでは追いつかず、外国債や内債によってまかなわれま
した。つまり外国から借金したのです。戦後はその利払いに悩まされ
ることになります。

 ＊『**万朝報（よろずちょうほう）**』…幸徳秋水・堺利彦・内村鑑三は新聞『万朝報』で反戦論を唱えて
いたが、社長の黒岩涙香（くろいわるいこう）が主戦論に転じたため3人は『万朝報』を退社した。

>> 不満がのこるポーツマス条約

　1905年、アメリカ大統領セオドア=ローズヴェルトの斡旋で、アメリカのポーツマスで講和会議が開かれました。参加した日本全権は外相小村寿太郎、ロシア全権はウィッテでした。この結果結ばれた**ポーツマス条約**では、**旅順・大連の租借権**や、**樺太の南半分の領有**などが日本に認められましたが、**賠償金は支払われません**でした。

払わないって、どういうこと!?

日本軍は、旅順とかの軍事拠点やロシア艦隊はつぶせたんだけど、ロシア陸軍には逃げられたんだよ。だからウィッテは反撃に出ることもほのめかしつつ、「カネは払わない」っていってきた。でも、もう日本は弾薬も戦費も底をついてたから、これ以上強くはいえなかったんだ。

　日本の切迫状況を知らされていない国民は、賠償金がとれないことに不満を爆発させました。東京日比谷公園に集まった人びとは暴動をおこしたほどです。これを**日比谷焼打ち事件**といい、第1次桂太郎内閣は戒厳令をしいて軍隊で鎮圧しました。

ポーツマス条約の内容
❶韓国における日本の指導権の承認。
❷旅順・大連の租借権と長春以南の東清鉄道の権利の譲渡。
❸北緯50度以南の樺太の割譲。
❹沿海州とカムチャツカ半島沿岸の漁業権の承認。

＊**日露戦後経営**…長春・旅順間の東清鉄道の経営をひきつぐため、半官半民の南満州鉄道株式会社（満鉄）を設立し、後には炭鉱や製鉄所などの事業も展開した。関東州（旅順・大連）の軍事・行政をつかさどる機関としては関東都督府（ととくふ）を設置した。

旅順・大連は領土が割譲されたのではなく、あくまでも租借であることに注意しよう！　領土としてもらったのは南樺太だよ。

>> 韓国が日本の領土になった

　ロシアを破ったことで、日本が韓国を支配するのを邪魔する国はなくなったのでしょうか。いやいや安心はできません。三国干渉の二の舞はごめんですから、日本は大国のイギリスとアメリカから OK を取りつけておきました。イギリスとは日英同盟を改定し、イギリスのインド権益を認めるかわりに、韓国に対する日本の支配権を認めてもらいました。アメリカとは**桂・タフト協定**を結んで、アメリカのフィリピン統治権と日本の韓国支配権を、互いに認めあいました。

1897 年に朝鮮は、名前を大韓帝国（韓国）に改めたんだよ。

　韓国を植民地化するため、日本はいくつもの条約を韓国に結ばせました。そのうち重要なものは 3 つです。まず、日露戦争が終わった 1905 年締結の第 2 次日韓協約。これにより日本は**韓国から外交権を奪い**、韓国を保護国としました。このときに設置した統監府の初代統監となったのは**伊藤博文**です。その後 1907 年に、韓国が日本の行為を国際会議に訴えるというハーグ密使事件がおきました。これを機に第 3 次日韓協約を結ばせて、**韓国の内政権を掌握するとともに韓国軍隊を解散**させました。韓国では日本に抵抗する義兵運動（義兵闘争）がさかんになり、その指導者の安重根によって伊藤博文は射

＊**土地調査事業**…韓国併合後に日本は朝鮮で土地調査事業をおこない、朝鮮農民から土地を奪った。土地は日本の国策会社である東洋拓殖会社に渡り、同社は朝鮮最大の地主となった。土地を失った農民のなかには、職を求めて日本へ移住する者もいた。

殺されました。これに仕返しするかのように、1910年には**韓国併合条約**を結ばせ、**韓国を植民地化**しました。このとき統監府にかわって**朝鮮総督府**を設置し、初代朝鮮総督には寺内正毅がつきました。首都の地名も漢城から京城に改めました。

韓国併合

❶ **第2次日韓協約（1905年）**……外交権を接収。統監府を設置
　　　　　　　　　　　　　　　（初代統監は伊藤博文）。
❷ **第3次日韓協約（1907年）**……内政権を掌握。韓国軍隊解散。
❸ **韓国併合条約（1910年）**……朝鮮総督府を設置
　　　　　　　　　　　　　　　（初代朝鮮総督は寺内正毅）。

次の文の正誤を判定し、正しければ㊣、誤りなら㊋と答えなさい。
日本は、韓国での民族的抵抗を受けながらも、第一次日韓協約により韓国の内政権を掌握した。
　㊋　第一次日韓協約ではなく第三次日韓協約。

第❾講
明治時代の経済と社会運動

🙂 この講のポイント

近代の経済分野は、暗記より理解することが重要です。お金のしくみの移り変わりが一番のハードルです。でも、それより大切なのは産業の発展ぶりです。どの時期にどの産業が伸びたのかに注目してください。そして社会運動では、運動をおこなった団体とメンバーをセットにして覚えましょう。

≫ めざせ！ 金本位制

紙幣には兌換紙幣と不換紙幣があります。兌換紙幣というのは、いつでもきまった重さの金貨などに引き換えることを約束した紙幣のことです。**不換紙幣はその逆で、引き換える約束のない紙幣**のことです。明治新政府は貧乏だったので、最初は太政官札や民部省札といった不換紙幣しか発行できませんでした。

1871年、政府は**新貨条例**を発し、貨幣の単位を**円・銭・厘**の**十進法**とし、**金本位制**を採用しました。金本位制とは、金貨をメインのコインとして、それとの引き換えを約束した金兌換紙幣を発行するしくみです。これを実現するため、翌年、**国立銀行条例**を定めました。**民間の出資で銀行をつくらせ、そこから金兌換紙幣を発行**させようとしたのです。この条例の制定に尽力した**渋沢栄**

＊**貿易銀**…新貨条例では金本位制を採用したものの、朝鮮・清国などアジア圏の貿易決済には銀貨が使われたため、貿易銀とよばれる1円銀貨もつくられた。

一は、三井組などの出資で第一国立銀行を設立しましたが、兌換制度はなかなか確立しませんでした。政府はやむを得ず1876年に国立銀行条例を改正し、正貨への兌換義務を解除して銀行設立の条件をゆるめました。その結果、国立銀行は153行設立されるにいたりました。

>> 大隈財政と真逆の松方財政

大隈重信は明治十四年の政変で政府を追放される前、大蔵卿をつとめていました。その間におこった**西南戦争**の際には、**戦費をまかなうために不換紙幣を乱発し、インフレーション**をまねきました。これは政府にとっては困りものです。なぜなら物価が上昇しても、地券に書かれた地価はそう簡単には書き換えられないからです。これでは、政府にとっての地租収入が実質的に減ってしまいます。また、このころは輸入超過で、外国への支払いのために正貨が流出しました。

1881年に大蔵卿となった**松方正義**は、大隈とは逆の政策をとりました。政府が**支出をおさえて緊縮財政をとり、不換紙幣の発行をやめてデフレーション**をひきおこしました。物価は下落し、安くなった日本商品が外国に売れ、そのうえ緊縮財政で輸入をひかえたことにより、輸出超過となって正貨が流入しました。

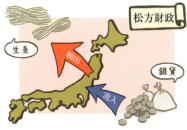

＊**松方財政**…緊縮財政だったが、軍備拡張のため軍事費には支出した。

>> 松方デフレに苦しむ農民

　松方は兌換制度を確立させるべく、1882年に中央銀行として**日本銀行**を設立しました。そのいっぽうで153行の国立銀行には不換紙幣の発行をやめさせ、1885年には**日本銀行だけから銀兌換紙幣を発行**するようにしました。兌換紙幣が発行できたのは、輸出超過のおかげで銀貨が十分蓄積されたからです。こうして銀本位制が確立しました。

じゃあ国立銀行はどうなっちゃったの？

預金の受け入れや貸しつけをおこなう、ただの普通銀行に変わったんだよ。

　このころ官営工場のほとんどは、赤字におちいっていました。支出をおさえるために、松方は官営工場や鉱山の払下げを進めました。払下げを受けた政商たちは、のちに財閥に成長していきます。
　このデフレ政策は松方デフレとよばれ、米価や繭価の下落がとくに大きかったため、農民は苦しむことになりました（●P.249）。**土地を手放して小作農に転落**する農民が多くなり、貧しい農家の娘は繊維工場の女工として働きに出るようになりました。その逆に土地を集めた地主は、みずからは農業をおこなわず、土地を貸して得た**小作料収入を株式などに投資**するようになりました。こうした地主を**寄生地主**といいます。

＊**特殊銀行**…貿易金融にあたった横浜正金（しょうきん）銀行や、農工業に長期資金を供給する日本勧業（かんぎょう）銀行のほか、台湾銀行などがある。

大隈財政と松方財政

ここできめる！

❶ **大隈財政**……インフレ政策で物価上昇。不換紙幣を乱発。
❷ **松方財政**……デフレ政策で物価下落。銀兌換紙幣を発行。

その後、**日清戦争で賠償金を金貨で獲得**すると、1897年に貨幣法を制定して、**金本位制を確立**しました。この時期には、特定の分野に資金を貸しつける特殊銀行の設立も進めました。

≫ 産業革命 －紡績業－

日清戦争前後の時期に産業革命が進みました。なかでも大きな変化がおこった紡績業から見ていきましょう。綿糸をつくる紡績では、明治初期に**臥雲辰致**が発明した**ガラ紡**という簡単な機械が普及していました。これは水力で動く機械です。人力だった江戸時代にくらべればマシですが、これでは欧米には歯が立ちません。政府は官営模範工場をつくっていましたが、規模が小さいためコストばかりかかっていました。そうした中、渋沢栄一による**大阪紡績会社**が1883年に開業しました。ここは1万錘の規模をもつ**大規模な工場で、蒸気力で動く**イギリス製の紡績機を使った綿糸生産をはじめたのです。原料の綿花は、国産のものより安い中国・インド綿花を用いました。値段の高い機械を休ませておくのはもったいないので、**昼夜2交代労働制をとって24時間フル稼働**させました。

大阪紡績会社が綿糸の大量生産に成功すると、1880年代後半には同じ規模の紡績会社がたくさん設立されました。その結果、1890年には綿糸の生産量が輸入量を超え、**1897年には綿糸の輸出量が**

＊綿織物業…綿織物業では、豊田佐吉（とよださきち）が考案した国産力織機（りきしょっき）によって小工場での生産が増大していった。

輸入量を超えました。

すごい急成長だね。

ちょうど日清戦争に勝って中国市場を GET したから、中国や朝鮮に輸出しやすかったんだよ。大学入試ではこういう時期に注意しないとね。

≫ 産業革命 ー製糸業ー

生糸をつくる製糸業では、富岡製糸場がおこなっていた**器械製糸が民間にも広まり**、1894 年には、それまで広まっていた**座繰製糸の生産量を追い抜きました**。製糸業は器械も原料の繭も国産のものを用いたため、外国にお金を払う必要がありません。アメリカなどに輸出して、純粋に外貨が稼げることが取り柄です。その外貨で綿花や紡績機械を輸入していたといえます。やがて 1909 年には、日本の生糸輸出額は中国を抜いて世界 1 位となりました。

紡績業と製糸業の違い

❶ **紡績業**……外国の機械と原料をもちいて綿糸をつくる。
❷ **製糸業**……国産の器械と原料をもちいて生糸をつくる。

次の文の正誤を判定し、正しければ正、誤りなら誤と答えなさい。
産業革命期には、綿糸紡績業の発展とともに、農村では綿花の栽培が拡大した。
　誤　綿糸紡績業では輸入綿花を原料としたため、農村での綿花栽培は縮小した。

❹輸出入品の割合

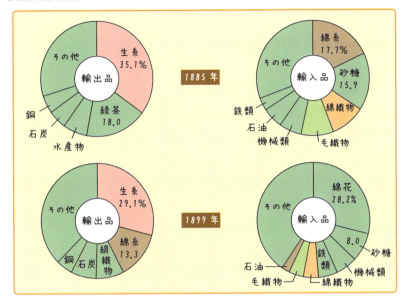

産業革命前の段階（上の円グラフ）では綿糸を輸入していたのが、産業革命後（下の円グラフ）は綿花を輸入して、綿糸を輸出していることがわかるね。生糸が輸出品の1位であることは、幕末以来変わってないけどね。それから砂糖を輸入していることにも注目しよう。台湾でつくっていたことがポイントだよ。

▶ 産業革命 －重工業－

　日清戦争後には、重工業の産業革命も進みました。福岡県に官営の**八幡製鉄所**が設立され、日露戦争後には鉄鋼生産が軌道に乗りました。原料は**中国の大冶鉄山の鉄鉱石**、燃料は**九州筑豊炭田の石炭**です。しかし、民間には重工業の大規模工場はまだ少なく、日

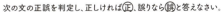

次の文の正誤を判定し、正しければ㊣、誤りなら㊵と答えなさい。
1900年前後には、綿業・絹業貿易の輸出超過によって、軍需品などの輸入に必要な外貨を獲得することができた。
㊵ 絹業つまり生糸の輸出超過によって、綿花や紡績機械を輸入するための外貨を獲得できた。

本製鋼所や三菱の長崎造船所くらいでした。産業革命が進んだといっても、この段階では工業の内訳は「重工業＜軽工業」でしたし、そもそも「工業＜農業」という状態だったのです。

>> 鉄道会社が大ブーム

　新橋・横浜間に開通した鉄道はどんどん延びて、1889年には東京・神戸を結ぶ**東海道線が全通**しました。ちょうど憲法発布の年ですね。これだけ見ると、鉄道建設の主役が国家でありつづけたと勘違いしてしまうかもしれません。実際はその逆です。1881年に**日本鉄道会社**が設立されたのを皮切りに、ぞくぞくと**民営の鉄道会社**が生まれました。1880年代後半は、**鉄道業と紡績業（→P.277）**で「**企業勃興**」とよばれる会社設立ブームがおこったのです。これがふたたび官営中心になったのは日露戦争後です。1906年に第1次西園寺公望内閣が鉄道国有法を制定し、軍事輸送に鉄道を使うことなどを意識して、**民営鉄道の買収**を進めました。

>> 海運業と財閥の登場

　海運業では、岩崎弥太郎が経営する三菱（郵便汽船三菱会社）が政府の保護をうけ、やがて共同運輸会社と合併して日本郵船会社となりました。岩崎弥太郎は三菱財閥の祖です。もっとも、**財閥ができたのは明治後期から大正時代にかけて**のことです。財閥の特徴は、頂点に立つ持株会社が多くの会社の株式を所有して全体を統括する、コンツェルンという形態をとっていることです。**三井・三菱・住友・安田**の四大財閥が有名です。

＊**日本鉄道会社**…華族の出資により設立され、1891年に上野・青森間の路線を開通させた。

重工業と交通・運輸の会社

1. 八幡製鉄所……官営
2. 日本製鋼所……三井
3. 長崎造船所……三菱
4. 日本鉄道会社……華族の出資
5. 郵便汽船三菱会社……のち日本郵船会社に

>> 盛りあがる社会運動

産業革命期には軽工業の工場が多く設立されたため、**寄宿舎制度のもとで働く女工**が増えました。苛酷な労働を強いられたため、待遇改善を求める労働運動がおこるようになりました。1897年、**高野房太郎**と片山潜らは**労働組合期成会**を結成し、労働組合をつくることをよびかけました。

同じころ**安部磯雄**らは社会主義研究会をつくり、1901年には**日本初の社会主義政党**の**社会民主党**を結成しました。しかし、治安警察法によって直後に解散を命じられました。

何がいけないの？

社会主義は階級差をなくそうとする主張だから、エスカレートすると共産主義になっちゃう。共産主義は私有財産を否定する考えだから、もっとも財産をもっている天皇も否定するんだよ。これはアウトだ。だから共産主義の一歩手前の社会主義も弾圧されがちだったんだよ。

＊造船奨励法・航海奨励法…1896年に公布され、造船業や海運業などの成長をうながした。

この1901年は、足尾鉱毒事件で**田中正造**が直訴を試みた年でもあります。古河市兵衛が所有する栃木県の**足尾銅山**から、渡良瀬川に鉱毒がたれ流されていました。流域の住民が被害をうけたため、国会議員であった田中正造が辞職して、天皇に直訴しようとしたのです。しかし、問題は解決されませんでした。

≫ 冬の時代を迎えた社会主義

　日露戦争後には、「臥薪嘗胆」をスローガンに耐え忍んできた気持ちの糸が切れてしまったかのように、個人を重んじる風潮が強まりました。そこで第2次桂太郎内閣は、1908年に**国民に勤労と倹約を求める戊申詔書**を発布しました。これにともなって政府が推進したのが**地方改良運動**です。これは三大事件建白運動などとは違い、**政府が推進した**ことがポイントで、農村の再編・強化をはかったものです。

地方改良運動は実態がわかりにくいけど、時期と政府が推進したことを覚えておけば大丈夫だよ。

　第2次桂内閣は社会主義を嫌い、1910年に天皇の暗殺をはかったとして**社会主義者を大量に逮捕し、幸徳秋水らを死刑**にしました。この**大逆事件**以後、社会主義は「冬の時代」に入りました。社会主義者たちが国家権力におびえるようになったわけです。

　ついで桂内閣は、1911年に労働者を保護するための**工場法**を制定しました。**少年と女性の労働時間**などを制限したものですが、**15人以上の工場にしか適用されず、すぐには実施しませんでした。**

＊**工場法**…少年と女性の労働時間を12時間までとし、深夜業を禁じた。しかし、昼夜二交代労働を基本とする紡績業には、期限付きで深夜業をみとめるなど、さまざまな例外規定があった。

この時期の工場労働者の実態をあらわしたものに、**横山源之助**の『**日本之下層社会**』や農商務省による調査報告書の『**職工事情**』があります。

> ### 第2次桂太郎内閣のできごと
> ❶ 戊申詔書（1908年）
> ❷ 大逆事件（1910年）
> ❸ 韓国併合条約締結（1910年）
> ❹ 関税自主権回復（1911年）
> ❺ 工場法制定（1911年）

＊**桂園（けいえん）時代**…第4次伊藤博文内閣の後の、桂太郎と西園寺公望が交互に首相をつとめた時代。伊藤や山県有朋ら維新の功労者は、憲法に規定のない元老となり、後継首相の推薦などで天皇を支えた。

第❿講
護憲運動と第一次世界大戦

> 🙂 **この講のポイント**
>
> ここから大正時代に入ります。大正から昭和戦前期にかけては、内閣ごとにできごとを整理していきましょう。そうすれば正誤問題の時期の誤りもカンタンに見抜けるようになります。そして第一次世界大戦は、戦争そのものよりもそれがあたえた影響が大切です。国際的地位が高まったことだけでなく、どの産業が発達したのかにも注目しましょう。

≫ 桂内閣を倒した第一次護憲運動

1912年、陸軍が「師団を2個を増やして朝鮮におきたい」と要求すると、**第2次西園寺公望内閣**は財政難を理由に断りました。すると陸軍大臣上原勇作は辞職し、陸軍は後任の大臣を推薦しませんでした。陸・海軍大臣は現役の大将・中将に限るという制約(**軍部大臣現役武官制**(● P.266))があります。軍部はそれを楯にとって内閣を困らせたのです。これを**2個師団増設問題**といいます。陸軍大臣を得られない**西園寺内閣はやむなく総辞職に追いこまれ**、**第3次桂太郎内閣**にかわりました。

次の文の正誤を判定し、正しければ正、誤りなら誤と答えなさい。
第二次松方正義内閣は、陸海軍大臣の任用に関して、軍部大臣現役武官制を定めた。
誤 松方正義ではなく山県有朋。

誰でもいいから陸軍大臣にすることはできなかったの？

できないね。陸軍の現役軍人は、みんなで団結してそっぽ向いちゃってるんだよ。ストライキをおこしたってことだ。

> ☑ **桂太郎と西園寺公望**
>
> **西園寺公望**は公家出身で、**伊藤博文**のあとをついで、立憲政友会の2代目総裁をつとめていました。このあと元老に加えられ、他の元老がみな亡くなると、1人「最後の元老」として後継首相を推薦しつづけることになります。これに対して**桂太郎**は、長州藩出身で陸軍で活躍してきたため、**山県有朋の後継者**というポジションを得ていました。

桂首相は議会を無視し、詔勅にたよって政治を進めました。2個師団も強引に増設しそうな勢いです。この姿勢に反発しておこったのが**第一次護憲運動**です。立憲政友会の**尾崎行雄**と立憲国民党の**犬養毅**が中心となり、「閥族打破・憲政擁護」をスローガンに桂内閣の打倒をめざしました。**桂首相はこれに対抗して立憲同志会という新党を組織**しましたが、多数の民衆の声に負け、師団増設もできずに退陣しました。これを**大正政変**といいます。

≫ 山本権兵衛内閣

大正政変のあとには、立憲政友会の支持をうけた**第1次山本権兵衛内閣**ができました。山本内閣は**軍部大臣現役武官制**を

＊**尾崎行雄**…衆議院でおこなった演説で、桂内閣の政治姿勢を「詔勅を以て弾丸に代えて政敵を倒さんとするものではないか。」と攻撃した。

改正し、現役規定を削除しました。現役を引いた人でも大臣になれるようにしたのです。これで軍部はもうストライキをおこせません。もっとも、実際には現役以外の軍人が大臣になることはありませんでした。

しかし、海軍高官の汚職事件である**シーメンス事件**が発覚すると、山本内閣は国民の反発を受けて総辞職しました。かわって成立したのは**第2次大隈重信内閣**です。

≫ 第一次世界大戦でトクした日本

そのころヨーロッパでは、ドイツ・オーストリア・イタリアの三国同盟と、イギリス・フランス・ロシアの三国協商が対立しあっていました。オーストリアの皇位継承者が暗殺されたサライェヴォ事件をひきがねに、両者のあいだに**第一次世界大戦**が勃発しました。**日本は日英同盟を理由にドイツに宣戦布告**し、ドイツがもっていた山東半島の青島や赤道以北のドイツ領南洋諸島の一部を占領しました。

ところで中国では、1911年に孫文がおこした辛亥革命によって清朝が倒れ、中華民国にかわっていました。そのトップは袁世凱です。1915年、日本はこの袁世凱政権に対して**二十一カ条の要求**をつきつけ、その大部分を認めさせました。おもな内容は次のとおりです。

＊日露協約…日露戦争後には4回にわたって日露協約が結ばれ、日本とロシアの勢力範囲を確認するなど関係が深まった。

> ## 二十一カ条要求
> ❶ 山東省のドイツ権益の譲渡。
> ❷ 南満州・東部内蒙古の特殊権益の承認。
> ・旅順・大連の租借権 ┐
> ・南満州鉄道の権益 ┘ 期限を99カ年延長する。
> ❸ 中央政府への日本人顧問の採用。

二十一カ条要求は史料問題もあるよ！

　ドイツ軍を倒したのですから、ドイツのもっていた権益をせしめることはスジがとおります。しかし、満州権益の租借期限の延長や日本人顧問の採用は、戦争とは関係ありません。「ヨーロッパが、戦争でてんてこまいになっている今がチャンス！」とばかりにぶつけた要求でした。実際、日本に文句をいってきたのは、まだ大戦に参加していないアメリカだけでした。このため「日本人顧問の採用」は取り下げ、のこりの大部分を認めさせたのです。中国では、この要求を受諾した日を国恥記念日と定めて、反日感情を高めました。

≫ シベリア出兵と米騒動

　大隈重信にかわって首相となった**寺内正毅**は、桂太郎と同じく長州・陸軍閥の大物で、超然主義の姿勢をとりました。寺内内閣は、1917年に中国の**段祺瑞**政権に巨額の借款をあたえて、中国への影響力拡大をはかりました。寺内首相の秘書であった西原亀三を通じて

＊石井・ランシング協定…1917年にアメリカと結んだ協定で、日本の中国における特殊権益と、アメリカが要求する中国での門戸開放などを認めあった。1922年にワシントン会議で九カ国条約が結ばれると（→P.292）、廃棄することになった。

おこなったので、**西原借款**とよばれています。

ちょっと待って、借款って何？

お金を借りることだよ。日本からいうと貸したってことになるね。

　この1917年に**ロシア革命がおこりました。これにより世界で最初の社会主義国ソ連ができる**わけですが、資本主義国のアメリカはこれを邪魔したいと考えました。そこで日本などによびかけ、翌年、**シベリア出兵**をおこないました。日本は他国よりも長期に渡って出兵をつづけたものの、何の成果もないまま1922年に撤兵することになります。それはさておき、この出兵は思わぬ方向に飛び火しました。出兵で米価が上昇するとにらんだ米商人が、米の売り惜しみや買い占めをおこない米価が急騰したのです。たまりかねた富山県の主婦たちは、米屋をおそいました。この**米騒動**は全国に広がり、**寺内内閣は軍隊を出動させて鎮圧し、責任をとって総辞職**しました。

>> 初の本格的政党内閣

　デモ行進などにとどまった第一次護憲運動とは違い、米騒動は全国的な暴動でした。そこには国民の不満がはっきりあらわれていました。そこで元老の山県有朋は、衆議院第一党の立憲政友会の総裁**原敬**を後継首相に選びました。原は衆議院に議席をもっており、**陸相・海相・外相以外の大臣を立憲政友会の党員で固めた本格的政党内閣を発足**させました。

次の文の正誤を判定し、正しければ㊣、誤りなら㊤と答えなさい。
ロシア革命に対する日本軍の介入の影響で、国内の米価が下落し、困窮した農民が全国で騒擾を起こした。
㊤　下落ではなく高騰。

原首相は華族でなかったため「平民宰相」とよばれましたが、納税額による制限をとっぱらう**普通選挙法には消極的**でした。このため選挙法を改正しても、納税資格を**直接国税3円以上に引き下げ**ただけでした。

「平民宰相」っていわれてるのに、やさしくないわね。

立憲政友会はお金持ちに支持されてる政党だからね。貧乏人には冷たいんだよ。それに納税制限をなくしたら、社会主義政党に票が集まっちゃう恐れがあるでしょ。下の表の赤字になっているところを見てごらん。3円以上なら国民の5％しかいないけど、制限をなくしたら20％に増えちゃうでしょ。

❶衆議院議員選挙法

公布年	公布時の内閣	選挙人 直接国税	選挙人 性別・年齢	全人口比(％)
1889	黒田清隆	15円以上	男性25歳以上	1.1
1900	山県有朋	10円以上	男性25歳以上	2.2
1919	原　敬	3円以上	男性25歳以上	5.5
1925	加藤高明	制限なし	男性25歳以上	20.8
1945	幣原喜重郎	制限なし	男女20歳以上	50.4

≫ パリ講和会議と国際連盟

1918年、**第一次世界大戦はドイツの敗北**で終わりました。翌年、**パリ講和会議**が開かれると日本からは全権西園寺公望らが参加し、ドイツと連合国のあいだで**ヴェルサイユ条約**が結ばれました。その中で日本が得たものは次の2つです。

＊**原敬**…首相在任中に立憲政友会が関係する汚職事件があいつぐと世論の反発をかい、1921年に東京駅で刺殺された。

> **ヴェルサイユ条約**
> ❶山東省の旧ドイツ権益の継承。
> ❷赤道以北のドイツ領南洋諸島の委任統治権の承認。

中国はこの内容に不満をいだき、**山東省の権益返還を求める五・四運動**をおこしました。その少し前には、朝鮮で**三・一独立運動**がおこりました。こちらは**日本からの独立を求める**運動です。もちろん日本は、どちらも受け入れませんでした。

会議では、アメリカ大統領ウィルソンの提案で**国際連盟**をつくることも話し合われました。翌年に発足しますが、なんと**日本は常任理事国**の一員になりました。大戦で傷ついた国を追い越し、すでに日本は世界の中で上位に食いこんでいたのです。

> ☑ **石橋湛山の小日本主義**
>
> 拡大していくこの時期の日本で、雑誌**『東洋経済新報』**の**石橋湛山**はその逆の「小日本主義」の立場をとりました。何と「植民地を放棄すべきだ!」ととなえたのです。日本が中国・朝鮮の権益を手放せば、彼らから感謝されるだけでなく、逆に植民地を手放さないアメリカやイギリスの立場が悪くなるだろう、というのです。石橋は戦後、自由民主党の総裁として首相になりますが、病気のため短期間で辞職しました。

≫ 大戦景気で大もうけ

第一次世界大戦のおかげで、日本は大もうけすることができました。その好景気を**大戦景気**といいます。この間に輸入超過だった**貿易**

 ＊**ウィルソン**…第一次世界大戦中に「民族自決(じけつ)」などの平和原則をとなえた。国際連盟の設立を提唱したが、議会の反対で、結局アメリカは国連に加盟しなかった。

は輸出超過となり、日本は債務国から債権国に転じました。産業構造も大きく変わり、**工業生産額が農業生産額を上回りました**。その中身を詳しく見てみましょう。

輸出が増大した理由は、戦争需要が高まったからというのもありますが、イギリスやフランスが撤退した**中国などに、綿製品などをバンバン輸出**できたことが大きいのです。日本と同じく戦地から離れた場所にあったアメリカも好況にわいたため、**アメリカ向けの生糸の輸出**も増大しました。

重化学工業にも発展が見られました。世界的な船舶不足から日本の造船業や海運業が急成長し、「**成金**」とよばれるお金もちがあらわれたほどです。満鉄は鉄道事業以外にも手を広げ、鞍山製鉄所をつくりました。薬品・染料・肥料などの

化学製品は、ドイツからの輸入が途絶えたため国内生産が発達しました。

工業動力源は電力が蒸気力を上回りました。その背景には、あらたにつくられた**猪苗代水力発電所**から東京への**長距離送電が成功**したことがあげられます。そして発電の方法も、**水力発電が火力発電を上回りました**。

ようやく農業国から工業国にステップアップできたけど、工業といっても軽工業中心だってことに注意しよう！

＊**在華紡（ざいかぼう）**…第一次世界大戦のころから、日本の紡績会社の出資によって中国各地につくられた紡績工場。中国人労働者が反日運動をおこすことがあった。

第⓫講
ワシントン体制と政党内閣

この講のポイント

大正デモクラシーの高まりは、政治・外交・社会面にも影響をおよぼしました。ワシントン会議や第二次護憲運動をきっかけとした憲政の常道、大正期の社会運動がそれです。これらはパリ講和会議、第一次護憲運動、明治期の社会運動と混乱しがちです。あれ？ っと思ったら、もどって見くらべましょう。

>> ワシントン会議で協調体制

第一次世界大戦後、各国は建艦競争でしのぎを削っていました。アメリカ大統領ハーディングは軍縮をよびかけ、1921年に**ワシントン会議**を開きました。日本からは原敬内閣の海軍大臣加藤友三郎らが全権として参加し、**高橋是清内閣**のときに条約が結ばれました。おもな条約は次の3つです。

ワシントン会議で結ばれた条約

❶四カ国条約（1921年）……太平洋の安全保障。
❷ワシントン海軍軍縮条約（1922年）……主力艦の保有量制限。
❸九カ国条約（1922年）……中国の領土保全や主権の尊重。

＊加藤友三郎…ワシントン会議の後、高橋是清にかわって首相となり、海軍軍縮やシベリアからの撤兵をおこなった。首相在任中に病死した。関東大震災がおこったのはその直後のことだった。

アメリカ・イギリス・日本・フランスの４カ国が結んだ四カ国条約は、太平洋の安全保障を定めたもので、これにより**日英同盟は廃棄**されることになりました。この４カ国にイタリアを加えて結ばれたのが、**ワシントン海軍軍縮条約**です。**主力艦とよばれる大きな軍艦の保有量**比率を、アメリカ・イギリスを５とすると日本は３と制限しました。10年間に渡って**新たに主力艦をつくらない**ことも定められました。３つ目の九カ国条約は、中国の領土保全や主権の尊重を定めたもので、これにより日本は**山東半島の旧ドイツ権益を返還**しました。

何で山東半島の権益を返しちゃうの？

中国の主権を尊重するって条約を結ぶのに、山東省の権益をもちつづけるわけにはいかなかったんだよ。実は、中国は第一次世界大戦でドイツを倒した側の一員だったから、旧ドイツ権益を中国にもどすべきという主張も一理あるんだよ。日本は各国との協調関係を優先して、これを受け入れたってわけなんだ。

≫ 関東大震災で大打撃

1923年９月１日、**関東大震災**がおこりました。東京・横浜の市街地は大半が焼失し、日本経済は大きな打撃を受けました。**第２次山本権兵衛内閣**は、戒厳令をしいて混乱に対処しました。「朝鮮人が井戸に毒を入れた」といったデマが広がったため、住民による自警団などが、多くの朝鮮人を殺害することもありました。

＊**甘粕（あまかす）事件**…関東大震災の混乱のなかで、無政府主義者の大杉栄（おおすぎさかえ）と伊藤野枝（のえ）は、甘粕正彦憲兵大尉によって殺された。

同年末、無政府主義者の難波大助が、大正天皇の摂政をつとめていた裕仁親王（のちの昭和天皇）を狙撃する事件がおこりました。**虎の門事件**です。弾は外れましたが、**第2次山本内閣はこの責任をとって総辞職**しました。

第二次護憲運動で憲政の常道に

第2次山本内閣にかわって成立した**清浦奎吾内閣**は、超然内閣でした。貴族院を味方につけて、衆議院の議会を無視する姿勢をとったのです。そこで憲政会・立憲政友会・革新倶楽部の護憲三派は立ちあがり、**第二次護憲運動**をおこないました。このとき清浦首相は衆議院を解散して総選挙に打って出ましたが、護憲三派の圧勝に終わり、清浦内閣は総辞職しました。

護憲三派

❶**憲政会**……総裁は加藤高明。
❷**立憲政友会**……総裁は高橋是清。
❸**革新倶楽部**……総裁は犬養毅。

憲政会は、桂太郎がつくった立憲同志会が発展したもの、革新倶楽部は第一次護憲運動で犬養毅が属していた立憲国民党が発展したものだよ。

清浦内閣のあとには、衆議院で第一党となった憲政会の総裁である**加藤高明**が、**護憲三派の3党連立内閣**をつくりました。これ以後、五・一五事件で犬養毅首相が暗殺されるまでの8年間は「憲

正誤でチェック！

次の文の正誤を判定し、正しければ㊣、誤りなら㊔と答えなさい。
「憲政の常道」とは、憲法の規定により、衆議院で多数の議席を占める政党が内閣を組織すること。
㊔　憲法の規定ではなく単なる慣例。

政の常道」がつづきます。これは、**衆議院の多数党が内閣を組織する政党内閣の慣例**です。ポイントは、法律で定められたものではなく、あくまでも慣例だったことです。最後の元老となった西園寺公望が、そういう人を首相に選ぶよう心がけていただけのことなのです。

>> 普通選挙法と治安維持法

加藤高明内閣は、第二次護憲運動でスローガンにかかげていた**普通選挙法**を制定しました。**満25歳以上の男子**に、納税額にかかわらず選挙権をあたえたのです。この時点では、まだ女性の選挙権は認められなかったことに注意しましょう。

外交政策では、**幣原喜重郎**を外務大臣に起用して協調外交をおこない、**日ソ基本条約を結んでソ連と国交を樹立**しました。このことと普通選挙法の制定は、社会主義勢力を拡大させる恐れがあります。そこで同時に**治安維持法**を制定して、無産階級の政治進出をおさえようとしました。普通選挙法と日ソ基本条約と治安維持法の3つは、いずれも1925年のできごとです。

貧しい人に選挙権をあたえるからやさしいのかと思えば、イジワルなのね？

白か黒かはっきりしろって？（笑）。わかりにくいかもだけど、政府は無産階級つまり貧乏人に選挙権をあたえることで、彼らの不満をガス抜きしただけなんだよ。共産主義者が議員になるようなことは認めないんだ。

＊**治安維持法**…「国体」の変革と私有財産制度の否認を目的とする運動の取締りを意図して制定された。つまり、天皇制を否定し共産主義をとなえる運動の弾圧をはかったのである。

加藤高明内閣では、陸軍大臣宇垣一成のもとで軍縮をおこない、師団を減らしました。中等学校以上には、軍事教練を導入しました。

> **加藤高明内閣がおこなった1925年の政策**
> ❶**普通選挙法**……選挙資格の納税制限を撤廃。
> ❷**日ソ基本条約**……社会主義国のソ連と国交樹立。
> ❸**治安維持法**……社会主義勢力の政治進出をおさえる。

≫ 大正・昭和初期の社会運動

大正時代には、**大正デモクラシー**という民主主義的な風潮が高まりました。全国でおこった米騒動も、社会運動が盛りあがるきっかけとなりました。分野別に見ていきましょう。

まず労働運動では、1912年に**鈴木文治**らが労働者の地位向上をめざして**友愛会**を結成しました。これはのちに**日本労働総同盟**に発展し、労働争議を指導しました。1920年には日本初のメーデーも開催されました。メーデーとは、毎年5月におこなう労働者の祭典のことです。

農民運動では、小作料の引き下げなどを求める小作争議が頻発しました。1922年には**賀川豊彦**らが、日本最初の**小作農民の全国組織**として、**日本農民組合**を結成しました。同じ年には、差別に苦しむ**部落の人々**が、**差別解消を求めて全国水平社**を結成しました。

社会主義者の活動も再開し、1920年に日本社会主義同盟が結成さ

次の文の正誤を判定し、正しければ正、誤りなら誤と答えなさい。
大正期に幸徳秋水らが、日本共産党を結成した。
　誤　幸徳秋水ではなく堺利彦。幸徳は大逆事件で死刑となったため、すでに故人。

れたものの、翌年禁止されました。1922年には非合法のもとに**日本共産党**が結成されました。

あれ？ 共産主義ってダメじゃなかったっけ？

だから隠れてつくったんだよ。そして普通選挙法が制定されると、労働農民党などの無産政党をつくって、そこから衆議院議員を送り出そうとしたんだ。無産政党っていうのは、財産をもたない労働者や貧農が支持する政党のことだよ。

　婦人運動では、明治末期に**平塚らいてう**が雑誌『**青鞜**』を創刊し、女性解放をとなえました。1920年には、平塚と**市川房枝**らが**新婦人協会**を結成し、**治安警察法を改正して女性の政治活動を認める**よう求めました。市川房枝らは、さらに**婦人参政権獲得期成同盟会**を結成して女性の選挙権を求めましたが、1925年の普通選挙法では認められませんでした。

新婦人協会の中心人物
新婦が　　　いち　　おく　　　ひろったよ
新婦人協会　市川房枝　奥むめお　平塚らいてう

＊**赤瀾会（せきらんかい）**…1921年に山川菊栄（きくえ）と伊藤野枝が中心となって結成した、社会主義の立場にたつ女性団体。

第⑫講
政党政治と恐慌

😊 この講のポイント

ここから昭和時代に入ります。憲政会と政友会の方針の違いがひきおこしたさまざまな事件を、内閣ごとにおさえましょう。このあたりから中国に対する軍事行動が増えていくので、混乱しないように注意が必要です。そして昭和恐慌は、日本が戦争に走るきっかけとなりました。その原因と結果をよく理解しましょう。

≫ 銀行がバタバタ倒れた金融恐慌

　加藤高明首相が病気で亡くなると、そのあとをついだ憲政会総裁の**若槻礼次郎**が首相となりました。1927年、この内閣の蔵相**片岡直温**の失言から、一部の銀行の経営状態が不健全であることがバレて、預金者が銀行に殺到する**取付け騒ぎ**がおこりました。そこに重なったのが**鈴木商店の破産**です。鈴木商店は大戦景気で急成長し、財閥と肩を並べるほどの総合商社でした。それが破産したせいで、関係の深かった**台湾銀行までもが休業**に追いこまれました。取付け騒ぎはいっそう広まり、銀行がいくつも休業する事態におちいりました。これを**金融恐慌**といいます。

　若槻内閣はこの混乱を緊急勅令で収めようとしましたが、**枢密院にはばまれて失敗し、総辞職**しました。かわって成立した**田中義**

＊**戦後恐慌**…第一次世界大戦後にヨーロッパ製品が市場に復帰すると、貿易は輸入超過に転じ、1920年に株式市場は暴落して戦後恐慌がおこった。

＊**震災手形**…関東大震災によって決済不能となった手形。この手形の処理がなかなか進まず、銀行の経営状態が悪くなっていたため、金融恐慌につながった。

一内閣は、モラトリアム（支払猶予令）を発して金融恐慌を収束させました。

何で枢密院は邪魔したの？

若槻内閣の外相幣原喜重郎がとる協調外交が気に入らなくて、内閣をつぶしたかったんだよ。

この結果、中小銀行の合併が進んで銀行数が減り、三井・三菱・住友・安田・第一の五大銀行に預金が集中するようになりました。

二大政党の外交政策

❶ **憲政会**（のち立憲民政党）……中国に対して内政不干渉の立場をとる協調外交。
❷ **立憲政友会**……中国への軍事干渉も辞さない積極（強硬）外交。

≫ 北伐を邪魔する山東出兵

金融恐慌がおこっていたころの中国を見てみましょう。中華民国にかわってから、中国各地に軍閥とよばれる半独立的な軍事集団が割拠していました。これを倒して**中国を統一しようとしたのが、国民政府の蔣介石**です。南から北上していくのでこれを北伐といい、満州軍閥の張作霖を倒せばゴールです。心配なのはその先です。北伐が完了したあかつきには、蔣介石は日本に矛先を向けて、「満州権益を返せ！」といい出すでしょう。二十一カ条要求で租借期間を99年延長

＊**財閥と政党**…金融恐慌の結果、財閥は政党との結びつきを強めた。組み合わせは、三井と立憲政友会、三菱と憲政会（立憲民政党）。

したことは、中国にとっては奪われたも同然だったのですから。

そこで**立憲政友会**を与党とする**田中義一内閣**は、田中が外相を兼任して、**積極（強硬）外交**を進めました。北伐に対抗して**山東出兵**をおこなったのです。出兵軍は蔣介石の軍と済南で衝突しました。これを済南事件といいます。

いきなり戦争モードになってきたわね。こんなにやっちゃって欧米から文句いわれたりしないの？

そこは大丈夫。山東出兵は日本人居留民の保護を名目にやったものだし、欧米だって出兵してたから。積極外交といっても欧米とは足並みそろえてるんだよ。たとえば、「国策の手段としての戦争を放棄する」と定めた不戦条約を結んだのは、この田中内閣なんだ。

≫ 天皇に叱られた田中義一

田中義一内閣のもとで、1928年に**最初の普通選挙**がおこなわれました。与党の立憲政友会は、野党の立憲民政党（憲政会が発展した政党）を破って勝利しましたが、無産政党からも当選者が出ました。田中内閣は、**三・一五事件**で多数の**共産党員らを検挙**するとともに、**治安維持法を改正して最高刑を死刑**としました。社会運動を取り締まる**特別高等警察（特高）**を全国に設置したのもこのときです。

ところで、満州を確保したい関東軍は1928年に張作霖を爆殺しました。混乱をひきおこして、そのすきに満州を占領しようとたくらんだのですが、作戦は失敗でした。この**張作霖爆殺事件**の真相を

＊**東方(とうほう)会議**…中国に関係する外交官や軍人をあつめた会議で、中国における権益を実力で守る強硬方針が決定された。

＊**関東軍**…関東州(旅順・大連)の防備と、南満州鉄道沿線の守備をおこなうために設置された日本軍。

田中内閣が隠したため、天皇の不信をかって内閣は総辞職しました。

> **田中義一内閣のできごと**
> ❶ モラトリアム……金融恐慌を収束。
> ❷ 山東出兵……北伐阻止のため出兵。済南事件をひきおこす。
> ❸ 普通選挙実施……三・一五事件、治安維持法改正につながる。
> ❹ 張作霖爆殺事件……事件の処理をめぐって天皇の不信をかう。
> ❺ 不戦条約……欧米諸国が、国策の手段としての戦争を放棄。

≫ 昭和恐慌の引き金は金解禁

　立憲政友会の田中義一内閣にかわって、**立憲民政党**を与党とする**浜口雄幸内閣**が成立しました。外相にはふたたび幣原喜重郎を起用して、協調外交を進めました。この内閣の最大の政策は、蔵相**井上準之助**がおこなった**金輸出解禁（金解禁）**です。

　これより前、第一次世界大戦による経済の混乱を避けるため、1917年に日本は金の輸出を禁止しました。紙幣の金兌換を停止することで、金が海外に流れ出るのを止めたのです。金兌換できない紙幣では価値が不安定になり、**為替相場**（外国のお金との交換レート）**も不安定**になります。井上蔵相はこのせいで輸出が伸びないのだと考えました。そこで1930年、金輸出を解禁しました。しかし、解禁前とくらべて円高のレートでの解禁だったため、外国からは日本商品が高く映ります。それでは売れません。こうなることを見越していた井上蔵相は、あらかじめ**緊縮財政**をとって物価を引き下げ、**産業合理化**を進めていました。しかしそれでも輸出は伸びません。なぜならアメリ

＊**重要産業統制法**…井上準之助蔵相が、企業の操業短縮や倒産が相次ぐなかで1931年に制定した法律。カルテルの結成を促した。

カで恐慌がおこり、それが**世界恐慌**へと広がってしまったからです。とりわけ日本の恐慌を**昭和恐慌**といいます。

アメリカ人が貧乏になると、**アメリカ向けの生糸が売れなくなります**。生糸の原料の繭価が下がり、**日本の農家は苦しみました**。農業恐慌となったのです。東北地方では、欠食児童や娘の身売りが社会問題となりました。

何で金解禁をすると円高になるの？？

金輸出禁止後はインフレが進んだから、日本円の価値が下がって、100円＝40ドル前後にまで円安になってたんだよ。それを井上蔵相は、禁止前のレートの100円＝50ドルで金解禁をやっちゃった。これは、40ドルで買えていた日本の100円生糸が、50ドルも払わなきゃ買えないってことになる。よく「旧平価での解禁は、**円の切り上げ**となった」と説明されるとこだよ。

≫ 軍部とぶつかる浜口内閣

1930年、**ロンドン海軍軍縮会議**が開かれました。日本からは全権若槻礼次郎が参加し、**補助艦保有量を対米英約7割とする軍縮条約**に調印しました。緊縮財政をとる浜口内閣は、軍縮によって財政支出をおさえたいと考えていたため、アメリカ・イギリスに一歩ゆずってこの条約を調印しました。これに怒ったのが軍部や右翼です。内閣を激しく攻撃し、**統帥権干犯問題**に発展しました。統帥権（⇨P.255）とは天皇が軍を指揮する権利で、内閣が関与することはできません。軍部や右翼は、「軍部の反対を押しきって条約を結んだことは、

＊**ジュネーブ軍縮会議**…田中義一内閣のときに開かれた会議で、補助艦保有量の制限を話し合ったが決裂し、条約締結にはいたらなかった。

統帥権の干犯にあたる！」とかみついたのです。条約は何とか批准しましたが、浜口首相は右翼に狙撃されて重傷を負い、かわって若槻礼次郎が2度目の内閣をつくりました。

浜口雄幸内閣のできごと

❶ **金輸出解禁**……昭和恐慌をひきおこした。
❷ **ロンドン海軍軍縮条約**……統帥権干犯問題がおこった。
❸ **重要産業統制法**……カルテルの結成をはかった。

 次の文の正誤を判定し、正しければ㊣、誤りなら㊡と答えなさい。
昭和恐慌の影響で、アメリカ市場向けの生糸輸出額が急増した。
㊡ 急増ではなく激減。

第❶❸講
満州事変と軍部の台頭

この講のポイント

満州事変、日中戦争、太平洋戦争と長い戦争の時代がはじまります。それぞれの戦争のきっかけをしっかり区別しましょう。この間におこる五・一五事件や二・二六事件で、軍部は徐々に台頭していきます。事件の結果どうなったのかに注目してください。

≫ 軍部が暴走した満州事変

張作霖亡きあとの満州では、張作霖の子の張学良が国民政府に合流し、北伐は完了しました。そして、予想どおり反日感情は高まっていきました。にもかかわらず、日本政府は軍事干渉をおこないません。浜口内閣のあとをついだ**第2次若槻礼次郎内閣**も立憲民政党内閣でしたから、幣原喜重郎外相のもとで協調外交をつづけたのです。しびれを切らした関東軍は、1931年、柳条湖で**満鉄の線路**を

❶満州事変

次の文の正誤を判定し、正しければ㊣、誤りなら㊢と答えなさい。
浜口雄幸内閣は、満州事変に際して、不拡大方針を決めたが、関東軍はそれを無視した。
㊢ 浜口雄幸内閣ではなく第2次若槻礼次郎内閣。

みずから爆破し（**柳条湖事件**）、それを中国のしわざであるといい立てて軍事行動をおこしました。こうして中国との戦争である**満州事変**がはじまったのです。**政府は満州事変に対して不拡大方針**を決めましたが、関東軍はそれを無視して戦線を拡大し、満州全域を占領していきました。戦争なのに「事変」とよぶのは、天皇が宣戦布告をしていないためです。

多くの新聞は軍の行動に賛同したんだよ。昭和恐慌や腐敗する政党政治に不満をもっていたからってこともあるけどね。

≫ 犬養首相を殺した五・一五事件

第2次若槻内閣は、関東軍の暴走をおさえきれず総辞職しました。ゆきづまった立憲民政党政権にかわって成立したのは、立憲政友会政権の**犬養毅内閣**です。与党がかわったことで、蔵相も井上準之助から高橋是清にかわりました。高橋蔵相はみごとに恐慌からの脱出に成功しますが、それはあとで説明します。いっぽう井上準之助は、**血盟団事件**で殺されました。血盟団は井上日召が率いる団体で、井上準之助や三井財閥の幹部を殺害しました。

1932年、**関東軍は「満州国」を建設**しました。満州人の溥儀を執政（のちに皇帝）とすることで、満州民族の独立を日本がたすけたという体裁をとったのです。しかし、溥儀は日本のあやつり人形にすぎません。実態は日本の傀儡国家でした。犬養首相はこうした軍部の動きに反対したため、1932年5月15日に**海軍青年将校らに殺されました**。政党政治はこの**五・一五事件**で終わり、第二次世界大戦後まで復活しませんでした。

＊**十月事件**…陸軍の一部が右翼と結び、第2次若槻内閣を倒して軍人内閣をつくろうとした事件。未遂で終わった。

あれ？ 政友会は積極外交じゃないの？

ほら、積極外交でも欧米とは足並みをそろえるんだったよね？ さすがに満州を乗っとるのはアウトだよ。いくら民族独立の形をとっても、欧米には見透かされちゃうから。

犬養毅内閣のできごと
❶ **金輸出再禁止**……昭和恐慌からの脱出をはかった。
❷ **血盟団事件**……井上準之助ら暗殺。
❸ **満州国建国**……溥儀を執政とする傀儡国家。
❹ **五・一五事件**……犬養首相暗殺。

≫ 高橋財政で恐慌脱出

1931年、**高橋是清**は犬養内閣の蔵相に就任するとすぐに、**金輸出再禁止**を断行しました。金兌換を停止し、金本位制を離脱して、**管理通貨制度**に移行したのです。

なんかゴチャゴチャしてきたー(汗)。

じゃあこう考えるといいよ。

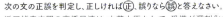

次の文の正誤を判定し、正しければ正、誤りなら誤と答えなさい。
浜口雄幸内閣の高橋是清は、大蔵大臣として、恐慌が深刻化するなかでも金解禁政策の維持に固執した。
誤 高橋是清ではなく井上準之助。

金本位制	=	金兌換	=	金輸出解禁
金本位制停止	=	金兌換停止	=	金輸出再禁止

　高橋是清は犬養内閣のあとの斎藤・岡田内閣でも蔵相をつとめ、積極財政（財政膨張策）、つまりインフレ政策をとりました。このため、**円の国際的価値は下落**し、円安になりました。円安は輸出を増やす効果があります。とりわけ綿布（綿織物）の輸出額が増大して、世界1位になりました。高橋は、軍事費と農村対策のための公共土木事業費にお金を回しました。このため**重化学工業の発達**をうながし、**日産・日窒**・日曹・理研などの**新興財閥が軍部と結んで台頭**しました。しかし、生糸の輸出が減ったままだったため、農業部門の回復は遅れました。

昭和恐慌がおこった原因より、この脱出についてのほうが出やすいよ！

≫ 世界に非難されて国連脱退

　五・一五事件のあとには、海軍出身で穏健派の**斎藤実**が挙国一致内閣をつくりました。挙国一致内閣とは、政友会や民政党や官僚など、各方面から大臣をチョイスした内閣のことです。斎藤内閣は、満州国と**日満議定書**を結んで**満州国を承認**しました。犬養内閣が認めなかった満州国を、合法的な国家と認めることで、軍部をなだめようという作戦です。いっぽう、満州事変の真相究明のために国際連盟が派遣した**リットン調査団**は、「日本の軍事行動は合法的な自衛

＊**農山漁村経済更生運動**…昭和恐慌によって農村が疲弊するなかで斎藤実内閣が進めた運動。農村の「自力更生・隣保共助（りんぽきょうじょ）」を提唱した。
＊**社会大衆党**…1932年に結成された無産政党。唯一の合法社会主義政党として、1940年に大政翼賛会が結成されるまでつづいた。

とはいえない」と国連に報告しました。これにもとづいて採択された対日勧告は、日本軍の撤退を求めるものだったため、1933年に**日本は国際連盟からの脱退**を通告しました。

斎藤実内閣のできごと

❶ **日満議定書調印**……政府が満州国を承認。
❷ **農山漁村経済更生運動**……農村の自力更生をめざす。
❸ **国際連盟脱退**……国際的孤立へ。
❹ **滝川事件**（→ P.317）……**滝川幸辰**が京大を追われた。
❺ **塘沽停戦協定**……満州事変終息。

》》NO！ 天皇機関説

斎藤実内閣のあとをついだ**岡田啓介内閣**も、斎藤と同じ海軍出身の穏健派首相による内閣でした。つまり、斎藤も岡田も戦争に積極的ではなかったということです。その姿勢にいら立つ軍部や右翼は、**天皇機関説事件**や二・二六事件をおこしました。

天皇機関説とは**美濃部達吉**がとなえた憲法学説で、天皇には万能無制限な権力があるわけではないとするものです。政党政治のよりどころとして、広く認められていました。しかし、これを右翼や軍部が「天皇を侮辱する学説だ！」と攻撃しはじめました。その矛先は、天皇機関説を認めている岡田内閣にもおよんだため、ひるんだ**政府は国体明徴声明**を発して、**機関説を否定**しました。美濃部は、つとめていた貴族院議員を辞職に追いこまれました。

 ＊**満州事変**…斎藤実内閣のときの1933年に、日本と国民政府のあいだで塘沽（タンクー）停戦協定が結ばれるまでつづいた。その後は、日本が華北（かほく）地域を乗っ取る華北分離工作がおこなわれた。

天皇機関説って広く認められてたの？

そうだよ。憲法学では主流の学説だったんだ。日本国家を1人の人間に見立てて、そこに主権があるとする学説なんだよ。天皇はその人間の最高機関ってわけ。だから政策を決定するのは天皇じゃなくて議会なんだ。これについては、別冊の文化史編でくわしく説明するよ（●別 P.48）。

>> 皇道派がおこした二・二六事件

このころ陸軍内部では、皇道派と統制派の2つのグループがいがみ合っていました。このうち**陸軍皇道派**の青年将校らが、1936年2月26日、クーデタをはかって政府の要人や重要施設を襲撃しました。**二・二六事件**

です。岡田首相はあやうく難を逃れたものの、**斎藤実内大臣や高橋是清蔵相らは殺されました**。岡田や斎藤は穏健派でしたし、高橋蔵相は恐慌脱出後に軍事費をおさえるようになっていたからです。東京には戒厳令がしかれ、天皇はこれを反乱とみなして鎮圧を命じました。陸軍内の皇道派は統制派によって一掃され、反乱の理論的指導者とされた国家主義者の**北一輝**は処刑されました。これ以後、軍部はコワイというイメージが強まり、**軍部の発言力は増していく**ことになります。

＊**北一輝**…著書『日本改造法案大綱』が右翼運動家のバイブルとなるなど、右翼・青年将校らに大きな影響をあたえていた。

陸軍内部の対立

❶**皇道派**……天皇親政による急進的な国家改造をめざす。
❷**統制派**……軍部寄りの官僚と結び、合法的な国家改造をめざす。二・二六事件後に陸軍の主導権をにぎった。

>> 軍部に押される広田内閣

二・二六事件で岡田啓介内閣は総辞職し、かわって**広田弘毅内閣**ができました。軍部の要求をうけて、広田内閣は**軍部大臣現役武官制を復活**させました。かつて2個師団増設問題で西園寺内閣がつぶされたこと（● P.284）を思い出してください。軍部はふたたび、内閣を退陣に追いこめる「武器」を手に入れたわけです。

ところでこのころ世界では、次のような対立構図ができあがっていました。

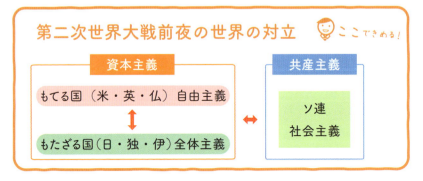

世界恐慌に苦しんだ資本主義国は、資源や植民地を豊富にもつ「もてる国」と、その逆の乏しい「もたざる国」が対立するようになりました。「もたざる国」の日本・ドイツ・イタリアでは、個人の自由や

 次の文の正誤を判定し、正しければ㊣、誤りなら㊥と答えなさい。
岡田啓介内閣は、日独防共協定を締結した。
　㊥　岡田啓介内閣ではなく広田弘毅内閣。

権利よりも**国家や民族を重んじる全体主義（ファシズム）**が高まりました。

　ドイツとの提携（ていけい）がはじまったのは、広田内閣のときからです。1936年に共産主義国のソ連を仮想敵国とする**日独防共協定**を結びました。これは翌年、イタリアを加えて日独伊三国防共協定に発展します。そのいっぽう、1936年にワシントン・ロンドン両海軍軍縮条約は失効しました。

「防共」っていうのは共産主義を防ぐって意味なんだ。だからまだアメリカと戦う約束をしたわけじゃないよ。

広田弘毅内閣のできごと

 ここできめる！

❶軍部大臣現役武官制復活。
❷日独防共協定調印。

＊満州移民…昭和恐慌下で窮乏する農民に対して、政府や軍部は満州への農業移民を奨励した。

第14講 日中戦争

この講のポイント

満州事変と違い、日中戦争は終わるはずが終わらなくなってしまった戦争です。なぜ長期化したのかと、政府がどういう戦時体制をつくっていったのかに注目しましょう。

ドロ沼化した日中戦争

広田弘毅内閣のあと、林銑十郎内閣をへて**第1次近衛文麿内閣**が成立しました。この内閣のとき、1937年に北京郊外の盧溝橋で日中両軍が衝突する事件がおこりました（**盧溝橋事件**）。これをきっかけに日本と中国は、ふたたび戦争状態に突入しました。**日中戦争**です。

❶日中戦争

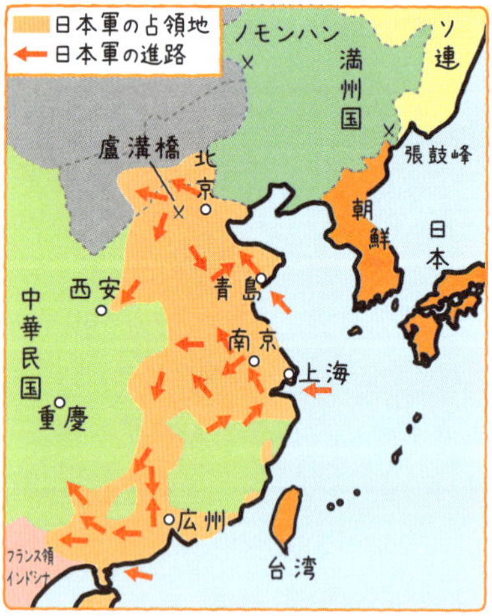

北伐が終わったあとの中国では、国民政府と共産党の内戦がつづいていましたが、1936年にお

正誤でチェック！

次の文の正誤を判定し、正しければ㊣、誤りなら㊎と答えなさい。
盧溝橋事件後、華北の資源を求めて華北分離工作が行われた。
㊎　盧溝橋事件後ではなく事件前。華北分離工作は満州事変後に進められたもの（➡P.308）。

こった西安事件をきっかけに両者は接近しました。そして日中戦争がはじまると国共合作を成立させて停戦し、ともに**日本と戦うための抗日民族統一戦線を結成**しました。それでもはじめは日本軍が優勢でした。国民政府の首都南京を占領し、その際に捕虜や住民を殺害しました。国民政府は首都を重慶に移して、ねばり強く戦いつづけることになります。

近衛首相は、調子よく戦いが進んだことに気をよくし、「**国民政府を対手とせず**」**との声明を発表**しました。これは近衛声明とよばれるもので、国民政府と和平交渉のテーブルにつくことを拒否したものです。近衛は強気にも和平交渉などせずとも、中国を倒せると思っていたようです。しかし中国は広大です。そうカンタンには全土を支配しきれません。戦争は長期化し、やがて近衛は東亜新秩序声明を発表しました。中国に内部対立をおこさせて分裂をさそい、南京に新国民政府をつくらせて、戦争を終わらせようと考えたのです。

>> 戦争優先の国家総動員体制

近衛内閣は、国民の戦争協力を促すため、**国民精神総動員運動**をはじめました。物資動員計画を立てる**企画院**を設置し、1938年には**国家総動員法**を制定しました。これは、**議会の承認がなくても、勅令で物資や労働力を動員できる**ようにする法律です。たとえば翌年には、この法律にもとづいて**国民徴用令**が出され、**一般国民が軍需産業に動員される**ようになりました。こうして軍需生産が優先された結果、重化学工業生産額が工業生産額の半分をこえました。戦争への協力が求められると、労働者と資本家が一体となって「お国のために働こう」という**産業報国会**が、工場や職場に結

 ＊**東亜新秩序声明**…戦争の目的を日・満・華による「東亜新秩序」の建設だとした。国民政府から汪兆銘（おうちょうめい）を引き抜き、南京に共産主義を嫌う勢力による新たな国民政府を樹立させ、日本と満州国と新国民政府によるブロック経済圏をつくろうとした。

成されていきました。その逆に労働組合は解散しました。

「報国」っていうのは国に報いるという意味だよ。

第1次近衛文麿内閣のできごと
❶盧溝橋事件……日中戦争開始。
❷国民精神総動員運動……戦争協力を促す。
❸日独伊三国防共協定……ソ連を仮想敵国とした。
❹国家総動員法……議会の形骸化をまねいた。
❺張鼓峰事件（●下記）……ソ連との軍事衝突。

▶▶ ソ連軍に2度も敗北

　近衛声明でみずから戦争を長期化させた近衛首相は、戦争終結の見通しを得られず退陣し、**平沼騏一郎内閣**にかわりました。この2つの内閣のときには、日中戦争をつづけるいっぽうで、ソ連とも国境をめぐって軍事衝突をおこしました。近衛内閣の1938年におこった張鼓峰事件と、平沼内閣の1939年におこったノモンハン事件です。2度とも関東軍は敗北しました。

　日中戦争を継続する日本に対し、アメリカ・イギリスはだまっていませんでした。1939年にアメリカは、**日米通商航海条約**の廃棄を日本に通告し、**いつでも貿易制裁ができる**ようにしました。当時は石油や鉄の大半をアメリカから輸入していたため、それを止められると日本は戦争をつづけられなくなります。アメリカは、そうした軍

＊大日本産業報国会…産業報国会の全国組織で、1940年に設立され、同年に結成された大政翼賛会の傘下に入った。

需物資の対日禁輸をほのめかしてきたわけです。

石油って、サウジアラビアとかから輸入してるんじゃなかったっけ？

それは現代の話だよ。このころは輸入の4分の3はアメリカからなんだ。

≫ ドイツがはじめた第二次世界大戦

第二次世界大戦は、1939年のドイツのポーランド侵攻ではじまります。ポーランドに味方するイギリス・フランスが、すぐさまドイツに宣戦布告をして世界大戦となったのです。これに先だって、ドイツはソ連とのあいだに独ソ不可侵条約を結びました。ドイツがポーランドに侵攻すると、ポーランドの向こうからソ連も侵攻してきて、やがてソ連軍とぶつかってしまうと考えたからです。そんなことになったら、ドイツは英仏ソの3国を相手に戦わなければなりません。それを避けるために、ソ連とは戦争をしないという条約を結んでおきました。しかし、こうした事情を何も知らされていなかった日本は、独ソ不可侵条約に驚きました。何しろ日独伊三国防共協定で「ソ連は敵だ」と約束していたし、そのうえノモンハン事件でソ連と戦っている最中のことだったのです。平沼首相はうろたえ、「欧州情勢は複雑怪奇」といって退陣しました。

＊**価格等統制令**…国家総動員法にもとづき、阿部信行内閣の1939年に出された勅令。第二次世界大戦の勃発で物価が急騰したため、公定価格制を導入し、政府が定めた物資について価格を凍結した。

平沼内閣から阿部信行内閣にかわったところで、第二次世界大戦が勃発したってことだよ。

ドイツはちょっと自分勝手すぎなんじゃない？

まったくだね。だから日本も、ドイツに協力して英仏相手に戦うようなことはしないよ。阿部信行内閣と米内光政内閣は大戦不介入方針をとったんだ。

≫ 自由主義まで弾圧された

　昭和恐慌や満州事変をきっかけに、個人の自由よりも国家全体を重んじる風潮が強まりました。日中戦争がはじまって戦時体制が確立すると、それはいちだんと強まり、**共産主義や社会主義はもちろん自由主義までもが排撃**されました。政府による学問・思想弾圧事件として次のものがあります。

＊**思想統制の強化**…日中戦争の直前につくられた『国体の本義』は、国民の思想教化のために全国の学校・官庁に配布された。1941年には治安維持法が再改正され、再犯のおそれのある刑期終了者を拘束する予防拘禁(こうきん)制度が導入された。

学問・思想弾圧事件

❶ **滝川事件**（1933年）……自由主義的刑法学説を攻撃された**滝川幸辰**が、京都大学を追われた。

❷ **天皇機関説事件**（1935年）……天皇機関説を攻撃された**美濃部達吉**が、貴族院議員を追われた。

❸ **矢内原事件**（1937年）……政府の植民地政策を批判した**矢内原忠雄**が東京大学を追われた。

❹ **人民戦線事件**（1937〜38年）……人民戦線の結成をはかったとして**大内兵衛**らが検挙された。

❺ **河合栄治郎**（1939年）……著書『ファシズム批判』が発禁となり、東京大学を追われた。

❻ **津田左右吉**（1940年）……著書『神代史の研究』が発禁となった。

4章 第㉔講 日中戦争

===

次の文の正誤を判定し、正しければ㊣、誤りなら㊤と答えなさい。
昭和前期、ファシズムを批判した東京帝国大学教授の北一輝が休職処分となり、その著書が発行禁止になった。

㊤ 北一輝ではなく河合栄治郎。北一輝はファシズムをめざした国家主義者。

第⓯講
太平洋戦争

この講のポイント

長期化する日中戦争を打開しようと、近衛文麿は新体制運動をはじめます。それは何をする運動で、なぜ失敗したのかに注目しましょう。これと同時に日米関係が悪化していく流れをとらえてください。盲点は、戦時中の国民生活や植民地に対する政策です。

≫ ドイツにならって新体制運動

1940年に入っても、日中戦争の終結の見通しは立ちませんでした。国民政府は、**アメリカなどがフランス領インドシナ（仏印）経由で援助物資**を送ってくれるおかげで、ねばり強く抵抗をつづけています。その物資輸送路を援蔣ルートといいます。これを遮断するためには、フランス領に踏みこまなくてはなりません。しかし、そんなことをすればフランスと戦争になってしまいます。困りました。ところが第二次世界大戦がはじまると、ドイツが快進撃でパリを占領し、フランスを倒してしまったの

❶援蔣ルート

＊**日独伊三国同盟**…主な内容は次の2つ。①ドイツ・イタリアのヨーロッパにおける指導的地位と、日本のアジアにおける指導的地位の相互承認。②現在戦っていない第三国（アメリカを想定）から攻撃された場合の相互援助。

です！　これはチャンスです。ドイツの許可を得れば、仏印は容易に占領できるでしょう。しかしそのためには、ドイツから誘われている**日独伊三国同盟**の締結に応じなければなりません。これは**アメリカを敵とみなす条約**なので、結ぶのは勇気がいりますが、強いドイツと結べばアメリカを牽制できるかもしれません。

　こう勢いづいた人たちが、「ドイツのヒトラーが率いるナチス党にならって、日本でも一国一党の組織をつくろう！」といい出しました。これを**新体制運動**といいます。その中心人物は近衛文麿でした。

ふたたび近衛文麿内閣

　1940年、ふたたび首相となった**近衛文麿**は、さっそく新体制運動を結実させていきました。**北部仏印進駐**をおこなうとともに日独伊三国同盟を締結し、アメリカから攻撃を受けた場合には互いに助け合うことを定めました。つづいて、近衛首相を総裁に**大政翼賛会**を結成すると、**合法政党はすべて解散してこれに合流**しました。大政翼賛会は、やがて大日本産業報国会（ P.314）や大日本婦人会（3つの婦人団体が合同してできた組織）など、あらゆる団体を傘下におさめました。

それでうまくいったの？

ことごとく失敗だったよ。援蒋ルートは別ルートが使われたし、アメリカからは鉄の対日輸出を止められた。大政翼賛会も近衛の指導力不足でまとまらず、単に上の命令を下に伝えるだけの上意下達機関にとどまったんだ。

＊**隣組（となりぐみ）**…大政翼賛会の下部組織である、部落会・町内会のもとにつくられた末端組織。10戸程度で構成され、回覧板をまわして政府からの情報を伝えたり、食料や生活必需品の配給をになった。

≫ ゆきづまる日米交渉

アメリカからの経済制裁で劣勢に立たされた日本は、1941年、ソ連とのあいだに**日ソ中立条約**を結びました。外相**松岡洋右**は、日独伊三国同盟にソ連を加えた四国同盟に発展させることも構想していました。これを材料にして**日米交渉を有利に進めよう**と考えたのです。ところがドイツがソ連に侵攻し、独ソ戦をはじめたため、構想は台無しとなってしまいました。しかしプラス思考で「それなら日本もソ連に攻めこもう！」といって、「関東軍特種演習」の名目で関東軍を満州に集結させました。ソ連軍が手薄になったら、日ソ中立条約を破棄して攻めこもうとたくらんだわけです。もっとも、そんなチャンスは訪れませんでしたが。

いっぽう、南方資源を求めて日本軍はさらに南進しました。1941年に**南部仏印進駐**をおこなったのです。これに対して**アメリカは、日本への石油輸出を全面的に禁止**しました。軍部から開戦をのぞむ声が高まると、近衛内閣は退陣し、**東条英機内閣**にかわりました。

第2・3次近衛文麿内閣のできごと　ここできめる！

❶ **北部仏印進駐**……援蔣ルートの遮断。
❷ **日独伊三国同盟締結**……アメリカを仮想敵国に。
❸ **大政翼賛会結成**……ファシズム体制の確立をめざす。
❹ **日ソ中立条約**……日米交渉を有利に進めるため。
❺ **南部仏印進駐**……アメリカが対日石油禁輸。

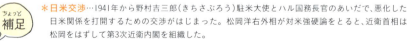

＊**日米交渉**…1941年から野村吉三郎(きちさぶろう)駐米大使とハル国務長官のあいだで、悪化した日米関係を打開するための交渉がはじまった。松岡洋右外相が対米強硬論をとると、近衛首相は松岡をはずして第3次近衛内閣を組織した。

≫ 太平洋戦争がはじまった

　東条英機内閣も日米交渉を継続しましたが、アメリカから「満州事変以前の状態にもどれ」という内容のハル＝ノートを受けとりました。時代を10年も巻きもどすなんて、とうてい受け入れられません。日本は開戦を決定しました。

　1941年12月、日本軍は**マレー半島に奇襲上陸し、ハワイの真珠湾を奇襲攻撃**しました。その直後、日本政府は対米英宣戦布告をおこない、**太平洋戦争**がはじまりました。これで日本も第二次世界大戦に加わったといえます。また、戦場がアジアと太平洋地域全体におよんでいるため、近年はアジア・太平洋戦争とよぶことも多くなりました。逆に当時のよび名は「**大東亜戦争**」です。「**大東亜共栄圏**」をスローガンにかかげて、欧米の植民地支配からアジアを解放しようとしていたからです。

東亜新秩序ってのもあったよね？　大東亜共栄圏と関係あるの？

うん、あったね（→ P.313）。ざっくりいうと、大東亜共栄圏はあの日満華ブロックに東南アジアを加えたものだよ。

　開戦後、わずか半年で日本軍は広大な領域を支配しました。破竹の勢いです。しかし、1942年6月の**ミッドウェー海戦**で**日本海軍が大敗してからは下り坂**となり、3年間にわたって負けつづけることになります。1944年に**サイパン島**が陥落した際には、**東条英機内閣が責任をとって総辞職**し、小磯国昭内閣にかわりました。

次の文の正誤を判定し、正しければ正、誤りなら誤と答えなさい。
東条英機内閣は、日本軍がミッドウェー海戦で敗退した責任をとって総辞職した。
誤　「ミッドウェー海戦で敗退」はなく「サイパン島が陥落」。

東条英機内閣のできごと

❶ **真珠湾攻撃**（1941年）……太平洋戦争開戦。
❷ **翼賛選挙**（1942年）
❸ ミッドウェー海戦（1942年）……大敗北。
❹ 大東亜会議（1943年）……カイロ会談に対抗（● P.324）。
❺ サイパン島陥落（1944年）

≫ 戦時下の国民生活

　戦争中の国民は、ガマンガマンの生活でした。「**ぜいたくは敵だ**」のスローガンのもとで**経済統制**がおこなわれ、物資も労働力も戦争のためにふり向けられました。物資については品物別にとらえましょう。まず米については、**農村で生産した米を政府に提出する供出制**が義務づけられました。そして味噌などとともに、国民に等しく

 ＊**翼賛選挙**…1942年に東条英機内閣がおこなった衆議院議員総選挙。政府の援助を受けた推薦候補が多く当選した。

買わせる**配給制**が実施されました。いっぽう**砂糖やマッチや衣料**など、人によって買う量が異なるものは**切符制**となりました。買う際には、あらかじめ割り当てられた切符も必要になったのです。いくらお金があっても、バンバン買えないしくみです。

次に労働力や兵員確保についてですが、こちらは学年や性別に注目しましょう。まず子どもたちです。1941 年に小学校が**国民学校**に改められ、「忠君愛国」の国家主義教育がおこなわれました。1943 年からは、中学生以上の**学生が各地の軍需工場に動員**されました。これを学徒（勤労）動員といいます。同じく**勤労動員された未婚女性**たちは、**女子挺身隊**とよばれます。大学や高等専門学校の文科系の男子学生は、徴兵猶予が停止され、兵隊にとられました。**学徒出陣**です。そして本土空襲が本格化した 1944 年からは、都市部の児童を田舎に避難させる**学童疎開**がはじまりました。

>> 戦局の悪化

1944 年にサイパン島を陥落させたアメリカ軍は、そこにマリアナ基地を建設し、B29 爆撃機を飛ばして**日本本土を空襲**しました。1945 年の東京大空襲をはじめ、主要都市は無差別爆撃を受けて、たくさんの死傷者が出ました。

硫黄島を占領した**アメリカ軍は、4 月に沖縄本島に上陸**しました。沖縄戦は一般住民を巻きこんだ戦いとなり、多くの人びとが集団自決しました。捕虜になることは「悪」とされていたからです。これを機に小磯国昭内閣は退陣し、鈴木貫太郎内閣にかわりました。

日本への反撃に転じた連合国は、戦争処理の方針などを話し合いました。カイロ・ヤルタ・ポツダムの 3 つの会談について、参加国と内

次の文の正誤を判定し、正しければ正、誤りなら誤と答えなさい。
第二次世界大戦中、女子挺身隊に組織された既婚女性が工場などで働いた。
誤　既婚女性ではなく未婚女性。

容を整理しましょう。注目すべきは、**ヤルタ会談**でソ連が対日参戦するという密約がかわされたことです。見返りに千島・樺太をソ連が領有することになりました。

❹連合国の戦争処理会談

会談	カイロ会談 1943年	ヤルタ会談 1945年	ポツダム会談 1945年
参加	米・英・中	米・英・ソ	米・英・ソ
内容	対日戦遂行 領土処理 （朝鮮の独立）	ドイツ降伏後のソ連の対日参戦	無条件降伏勧告 （米英中の名で発表）

各会談の参加国に注目しよう。それと、国際連合をつくることはこのころ決まったんだよ。

小磯国昭内閣のできごと

❶ 本土空襲本格化（1944年）……翌年、東京大空襲。
❷ 硫黄島玉砕（1945年）
❸ 沖縄島にアメリカ軍上陸（1945年）

≫ 敗戦

1945年7月、連合国から日本政府に対して、無条件降伏を勧告する**ポツダム宣言**が出されました。これを**鈴木貫太郎内閣**が黙殺すると、アメリカは8月6日に広島、9日に長崎に**原子爆弾を投下**しました。惨劇を見たのはそこだけではありません。8日にソ連が対日参戦して満州などに侵攻してきたため、逃げ切れずにソ連軍に捕

 ＊**大東亜会議**…1943年に、東条英機内閣がカイロ会談に対抗してひらいた会議。占領地の満州国・新国民政府（南京汪兆銘政権）・フィリピン・タイ・ビルマ・インドの代表を東京に集め、結束を誇示する大東亜共同宣言を採択した。

まり、シベリアに抑留された人たちも多くいました。また、中国人に預けられるなどして、「中国残留孤児」となった子どもたちもいました。この人たちは、戦争が終わってもなかなか帰国できませんでした。

ここにいたって、日本はようやくポツダム宣言を受諾しました。昭和天皇の聖断によって、「国体護持」つまり天皇制の存続だけを条件にして、降伏することにしたのです。8月15日のラジオ放送で、戦争は終わったと天皇から国民に伝えられました。

鈴木貫太郎内閣のできごと

❶ 広島に原爆投下（1945年）
❷ ソ連の対日参戦（1945年）
❸ 長崎に原爆投下（1945年）
❹ ポツダム宣言受諾（1945年）

＊原爆ドーム…広島県産業奨励館の焼け跡の鉄筋ドームで、核兵器投下の惨禍（さんか）を伝える戦争遺跡として、世界遺産に登録された。

>> 「大東亜共栄圏」の実態

　植民地や占領地がどうなっていたのかを見てみましょう。朝鮮や台湾などでは**皇民化政策**をおこない、日本語教育を徹底し、神社参拝や創氏改名を強制しました。創氏改名とは日本式の名前に改めさせることです。東南アジアでは、捕虜やアジアの人びとを鉄道建設などのために働かせました。また、軍票とよばれる特殊紙幣を乱発して、物資を調達したため、はげしいインフレをひきおこしました。

　朝鮮人や中国人を日本本土に強制連行して、鉱山や工場で働かせることもありました。さらには、朝鮮・台湾では徴兵制を施行して、日本軍の兵力不足をおぎないました。

「大東亜共栄圏」って聞こえはよさそうだったけど、欧米にかわって日本が支配してるみたい。

タテマエとホンネは違うってことだね。

＊**三光（さんこう）作戦**…日本軍は中国で、奪いつくし・殺しつくし・焼きつくすという軍事作戦をおこなった。これを中国では三光作戦とよぶ。

5章 現代

この章でまなぶこと

① 占領と戦後改革 …………………………… 328
② 日本の復興と高度成長 …………………… 338
③ 現代の日本 ………………………………… 352

第①講
占領と戦後改革

😊この講のポイント

日本を占領したアメリカは、「非軍事化・民主化」の方針をかかげて日本を改革していきました。マッカーサーから出された五大改革指令の5つの内容が、具体的にどういう政策となるのかに注目しましょう。

≫ アメリカ軍による占領

　ポツダム宣言を受諾して鈴木貫太郎内閣が総辞職すると、かわって東久邇宮稔彦内閣が成立しました。名前に宮とつくことからわかるとおり、稔彦さんは皇族です。「国体護持」「一億総ざんげ」をスローガンにかかげました。

うわー、一転してアメリカに懺悔しちゃうんだ？

いや、よく誤解されるけど、懺悔の相手はアメリカじゃなくて、天皇なんだよ。

　このとき連合国軍最高司令官の**マッカーサー**元帥が来日しました。外相重光葵が降伏文書に調印し、以後1952年まで連合国軍の米

＊プレス・コード…戦後占領期には、プレス・コードによって占領軍への批判が禁止され、新聞などへの事前検閲が行われた。

軍に占領されることになります。図を見て、日本がどういう形で占領されたのかをつかみましょう。

占領の基本方針は極東委員会で決定されますが、アメリカ政府をへてから **GHQ**（連合国軍最高司令官総司令部）に届きます。このため占領には、アメリカの意向が強く反映されました。マッカーサーはこのGHQのトップ（連合国軍最高司令官）です。GHQの諮問機関として対日理事会がおかれました。日本政府がのこされて間接統治の形をとったことも特徴です。**GHQの指令を受けた日本政府が、政策を実行していく**のです。

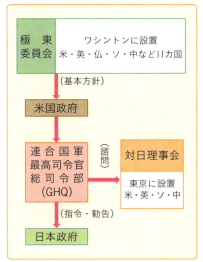

❶連合国軍の占領機構

占領初期の政策として、GHQによる**神道指令**があります。**国家と神道の分離**、つまり政府が神社神道を援助・監督することを禁止しました。また、**公職追放令**を出し、戦争に協力していた人びとを公職から追放しました。いっぽう天皇は、1946年元日に**人間宣言**をおこない、みずから天皇の神格化を否定しました。

≫ マッカーサーの五大改革指令

アメリカは日本の軍国主義をなくすために、次のようなことをすべきだと考えていました。まず、軍国主義教育をやめて自由な思想をもてるようにし、女性も政治に参加できるようにする。国外市場を求め

＊**人権指令**…ＧＨＱは東久邇宮内閣に、政治犯の釈放や、治安維持法・特高警察の廃止を命じた人権指令を発したが、内閣は応じられないとして総辞職した。かわって戦前に協調外交をおこなっていた幣原喜重郎が首相となった。

て戦争に走ることがないように、国内の購買力を高める。そのために労働運動を奨励して賃金アップをはかり、地主からは小作地を取り上げて小作人に土地をもたせる。さらに軍部と結びついていた財閥は解体する。これらの改革をおこなうため、マッカーサーは**幣原喜重郎内閣**に対して**五大改革指令**を発しました。5つの指令がどのような形で実行されていったのかを追いかけます。

五大改革指令
❶ 婦人の解放
❷ 労働組合結成の奨励
❸ 教育の民主化
❹ 専制政治の撤廃
❺ 経済機構の民主化

まず「婦人の解放」は、選挙法を改正して婦人参政権を認めました。満20歳以上の男女に選挙権をあたえ、1946年には戦後初の衆議院議員総選挙をおこない、**初めての女性代議士が誕生**しました。

次に「労働組合結成の奨励」は、1945年に**労働者の団結権・団体交渉権・争議権を保障**した**労働組合法**を制定しました。翌年には労働関係調整法、さらにその翌年には、労働条件の改善をはかって**労働基準法**を制定しました。8時間労働制などが規定されたのです。

>> 教育の民主化

3つ目の「教育の民主化」は、まず、戦前の天皇制を賛美する軍国

次の文の正誤を判定し、正しければ(正)、誤りなら(誤)と答えなさい。
労働基準法によって、労働者の団結権・団体交渉権が保障された。
(誤) 労働基準法ではなく労働組合法。

主義教育をなくすことからはじめられました。教科書中の不適当な部分に墨(すみ)をぬった「墨塗(ぬ)り教科書」が使われ、**修身(しゅうしん)などの授業は停止**されました。修身は「忠君愛国」を絶対と説く教科だったからです。軍国主義的な教員は、GHQによって教職追放とされました。1947年には、アメリカ教育使節団の勧告により、**教育基本法**と**学校教育法**が制定されました。2つの法律の内容の違(ちが)いに注意しましょう。翌年に制定された**教育委員会法**では、各地方自治体ごとに公選の教育委員会を設置することが定められました。しかし、1956年には教育委員は**公選制から任命制**となり、各自治体の首長が任命する形になります。

戦後の教育関連の法令

ここできめる!

❶**教育基本法（1947年）**……教育の機会均等・**男女共学**・義務教育9年を定めた。

❷**学校教育法（1947年）**……**六・三・三・四制**の学校制度を定めた。

❸**教育委員会法（1948年）**……公選の教育委員会を設置。

4つ目の「専制政治の撤廃」は、「圧政的諸制度の撤廃」とか「秘密警察などの廃止(はいし)」などといわれることもあります。つまり、戦前の抑圧(よくあつ)的なしくみを廃止せよということです。このため、**特別高等警察や治安維持(いじ)法が廃止**され、共産党員などの政治犯が釈放(しゃくほう)されました。

>> 農地改革と財閥解体

5つ目の「経済機構の民主化」としては、**農地改革**と**財閥解**

正誤でチェック!

次の文の正誤を判定し、正しければ㊣、誤りなら誤と答えなさい。

アメリカの占領政策により、教育の機会均等や男女別学の原則をうたった学校教育法が制定された。

誤　教育の機会均等を定めたのは教育基本法。男女別学ではなく男女共学とされた。

体がおこなわれました。幣原内閣が取り組んだ第一次農地改革は不徹底だったためにGHQからダメ出しされ、次の第1次吉田茂内閣で第二次農地改革がおこなわれました。**自作農創設特別措置法**が制定され、不在地主の貸付地は1町歩までに制限されました。各地に農地委員会がつくられ、小作地は国家によって強制的に買い上げられ、小作人に安く売り渡されました。このため**寄生地主制は解体**され、多くの**小作人が自作農となれた**のです。

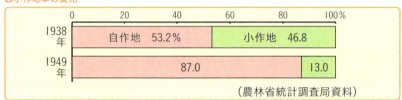

❹小作地率の変化

財閥解体は、**持株会社の解体**と、**大企業の分割**の2つを進める形でおこなわれました。1946年にまず持株会社整理委員会を設置し、株式を独占していくつもの会社を支配する持株会社をなくし、株式を強制的に売りました。翌年には、持株会社と**カルテルを禁止**する**独占禁止法**と、大企業の分割をはかる**過度経済力集中排除法**を制定しました。しかし、アメリカが日本の占領政策を転換したため、分割された会社はわずかにとどまりました。その後は、**分割されなかった銀行を中心とする企業集団**がつくられていきました。

えぇっ？ 何があったの？

＊**在村地主と不在地主**…在村地主が貸付地と同じ村に住んでいる地主であるのに対し、不在地主は貸付地の村から離れたところに住んでいる地主。不在地主の貸付地は、第一次・第二次のどちらの農地改革でも不可とされた。

中国で国民党と共産党の内戦がおこって、共産党が優位になったんだよ。1949年には結局、蔣介石の国民党は台湾に逃げこんで、中国には共産党が中華人民共和国をつくったんだ。

国共合作はやめちゃったんだ。でも、それが日本に関係するの？

日本のすぐ近くで共産主義勢力が大きくなってるでしょ。だからアメリカは、日本に「共産主義に反攻する防壁になれ！ そのために日本経済は自立しろ！」って考えるようになったんだよ。

農地改革と財閥解体のための法令

❶ **農地改革**→自作農創設特別措置法（第1次吉田茂内閣）
❷ **財閥解体**→独占禁止法（第1次吉田茂内閣）
　　　　　　→過度経済力集中排除法（片山哲内閣）

>> 政党内閣の復活

　戦後にはふたたび政党が復活しました。おもだったものに次の三党があります。

戦後のおもな政党

❶ 立憲政友会の系譜を引く人たち────→**日本自由党**
❷ 立憲民政党の系譜を引く人たち────→日本進歩党
❸ 無産政党の人たち──────────→**日本社会党**

次の文の空欄にあてはまる語句は、①日本社会党　②日本進歩党のうちどちらか。
太平洋戦争末期に大日本政治会に所属していた立憲民政党系の議員たちを中心に、（　　　）が結成された。
答えは②。「立憲民政党系」から導きだす。

1946年の戦後初の総選挙では、幣原喜重郎首相の所属する日本進歩党が敗れ、内閣は総辞職しました。いっぽう、第一党となった日本自由党の総裁鳩山一郎も、GHQによって公職追放とされて首相になれません。かわって日本自由党の総裁となった**吉田茂**が、日本進歩党との連立内閣をつくりました。

≫ 憲法改正で国民主権に

　マッカーサーから憲法の改正を指示された幣原内閣は、改正案を作成したもののGHQにダメだしされ、**GHQから出された原案をもとに、あらたに政府草案**をつくりました。これを審議したのは、つぎの第1次吉田茂内閣のときです。衆議院・貴族院・枢密院を通過した新憲法は、1946年11月3日に**日本国憲法**として公布され、半年後の1947年5月3日に施行されました。

　新憲法では**国民主権**が定められ、**天皇は日本国民統合の象徴**とされました。衆議院と参議院からなる国会を「国権の最高機関」とし、国会で首相を選ぶ議院内閣制がとられました。

日本国憲法の3原則は、国民主権・平和主義・基本的人権の尊重だよ。

　新憲法の精神にもとづいて、さまざまな法典や制度があらためられました。男女平等の原則は、民法と刑法の改正に反映されました。警察制度や地方制度もあらためられ、その上部官庁であった内務省は解体されました。**これまで知事は政府が任命**していましたが、**地方自治法**により**住民の直接選挙で選ぶ**ことが定められました。

＊**戦後の私擬憲法**…新憲法の制定の際にも、政党や民間団体による憲法草案が提示された。鈴木安蔵（やすぞう）ら憲法研究会による草案は、国民主権にもとづく立憲君主制をとり、GHQ原案はこれを参照してつくられた。

> # 憲法改正にともなう諸法典の改正と制定
> ❶ **民法改正**……戸主権と家督（長子）相続制の廃止。
> ❷ **刑法改正**……大逆罪や不敬罪（天皇に対して不敬なおこないをする罪）の廃止。
> ❸ **警察法**……自治体警察と国家地方警察の設置。
> ❹ **地方自治法**……都道府県知事の直接選挙。

≫ 極東国際軍事裁判

逮捕された戦争犯罪人（戦犯）のうち、通常の戦犯はB・C級戦犯として各国の軍事裁判所などで裁かれました。いっぽう国家の指導者たちは、A級戦犯として**極東国際軍事裁判**（東京裁判）で、連合国の判事たちによって裁かれ、1948年に結審して**東条英機ら7人が絞首刑**となりました。

≫ ゼネスト中止と３党連立内閣

労働組合の結成が奨励されて労働運動が盛りあがり、1946年には２つの労働組合の全国組織が結成されました。日本労働組合総同盟（総同盟）と全日本産業別労働組合会議（産別会議）です。当時は公務員にもストライキが認められていたため、官公庁の労働組合を中心に、翌年の２月１日に**二・一ゼネスト**が計画されました。しかし、前日になって**GHQの命令で禁止**され、ゼネストは実施できませんでした。

＊**平和に対する罪**…極東国際軍事裁判では、「平和に対する罪」をおかした戦争の指導者をＡ級戦犯として裁いた。

何で突然禁止されたの？

ほら、占領政策が転換する話があるでしょ？　これは、それよりちょっと前のことなんだけど、GHQ は日本の社会主義勢力が強くなるのを嫌いだしたんだよ。

まぎらわしい労働組合

❶日本労働総同盟……友愛会が発展して 1921 年に結成された。
❷日本労働組合総同盟……1946 年に結成された。

　ゼネストの中止後、1947 年 4 月に選挙がおこなわれました。翌月から新憲法が施行されるため、衆議院・参議院の議員を選んだわけです。すると、ゼネスト中止に不満をもった人びとが、日本社会党への投票に回ったため、**日本社会党が第一党**になりました。社会党が戦前の無産政党の結集による政党であることを考えると、これは驚きの結果です。ただし、衆議院の過半数には届かなかったので、民主党と国民協同党とあわせて 3 党連立内閣をつくりました。**片山哲内閣**です。つづく芦田均内閣も、同じ 3 党の連立でできました。しかし、昭和電工疑獄事件がおこると**芦田内閣は総辞職**しました。

>> 混乱した戦後の経済

　終戦直後は、政府が軍事費の支払いのために紙幣を増発したため、**はげしいインフレーション**に見舞われました。いっぽう外地から復員してきた軍人や、民間の引揚者の帰国があいついだことで、国内人口

＊**昭和電工疑獄事件**…復興金融金庫（◯P.337）からの融資をめぐる汚職事件。副総理らが逮捕されたが、のちに逮捕者のほとんどは無罪となった。

はふくれあがりました。このため食糧不足におちいり、**配給物資だけでは生活が立ちゆかなくなりました。**人びとは**闇市**で生活物資を売買したり、農村に**買い出し**に行きました。

配給制ってまだつづいてたの？

そうなんだよ。戦後もしばらくつづいてたんだ。配給米しか食べなくて、死んだ人もいるんだよ。

インフレをおさえるため、幣原喜重郎内閣は**金融緊急措置令**を発しました。**預金封鎖**をおこなって、銀行からおろせるお金を制限し、新円を発行したのです。しかし効果は一時的で、猛烈なインフレを食い止めることはできませんでした。

かわって第1次吉田茂内閣は、復興計画を遂行する経済安定本部をおきました。そして、**石炭・鉄鋼などの基幹産業に資金と資材を集中**させる**傾斜生産方式**を採用しました。新たに復興金融金庫を創設して融資をはじめましたが、赤字財政の中での融資は、逆にインフレをまねきました。これを**復金インフレ**といいます。

> ### 終戦直後の経済政策
> ❶ 金融緊急措置令（幣原内閣）……インフレをおさえようとした。
> ❷ 傾斜生産方式（吉田・片山・芦田内閣）……基幹産業に融資する。

＊食糧メーデー…食糧難に苦しむ多数の人びとが、飯米の獲得をスローガンに1946年5月におこなったメーデー。

第❷講
日本の復興と高度成長

> 😊 **この講のポイント**
>
> 東西冷戦の中で朝鮮戦争がおこると、アメリカは日本の講和を急ぎ、サンフランシスコ講和会議をひらきました。しかし、西側陣営とだけの講和となったため、のこされた国々と個別に講和をはたしていくことになります。それと同時に日本経済は復興し、高度成長をとげます。その過程を追いかけていきましょう。

≫ 日本経済の復興

　芦田内閣のあと、ふたたび成立した**吉田茂内閣**に対し、アメリカはインフレをおさえるよう**経済安定九原則**を示しました。1949年には、その実行のためにドッジとシャウプを日本に送りこんできました。ドッジは赤字をゆるさない超均衡予算をつくることを命じ、**1ドル＝360円**の単一為替レートを定めました。この一連の政策を**ドッジ＝ライン**といいます。ついで来日したシャウプは、これまで間接税中心だった税制を、直接税（所得税）中心の税制に転換するよう勧告しました。これをシャウプ勧告といいます。

　ドッジ＝ラインの結果、日本経済は**デフレーション**となって**不況**におちいりました。しかし、翌1950年から**朝鮮戦争**が勃発したため、**アメリカ軍の特別需要により、日本経済はいっきょに好景気に転じ**

＊**下山事件**…ドッジのデフレ政策のもとで国鉄の人員整理が発表された直後に、国鉄の下山（しもやま）総裁が轢死体で発見された事件。

ました。これを特需景気といいます。

アメリカ軍の特別需要って何？

このあと出てくる朝鮮戦争では、米軍が日本で大量の軍需物資を発注したんだよ。それは降って湧いたような需要だったから「特需」とか「朝鮮特需」ってよんでるんだ。

朝鮮戦争前後のできごと
❶ 経済安定九原則（1948年）
❷ ドッジ＝ライン・シャウプ勧告（1949年）
❸ 朝鮮戦争（1950年）
❹ サンフランシスコ講和会議（1951年）

このあたりの順序は出やすいよ！

≫ 南北でぶつかった朝鮮戦争

　第二次世界大戦後、**世界では東西の二大陣営が対立**し、いわゆる「**冷戦**」がおこりました。東側陣営とはソ連を中心とする社会主義陣営で、西側陣営とはアメリカを中心とする資本主義陣営です。朝鮮半島にもその影響はおよび、北緯38度線をはさんで、北に朝鮮民主主義人民共和国（北朝鮮）、南に大韓民国（韓国）が成立しました。それぞれソ連とアメリカの指導でできた国です。1950年、両国のあ

次の文の正誤を判定し、正しければ正、誤りなら誤と答えなさい。
朝鮮戦争による特需により、都市部の工場にも注文が来たが、政府は、平和憲法を根拠として軍需品生産の停止を命じた。
誤　「軍需品生産の停止」など命じていない。逆に軍需品の生産などで好景気となった。

いだで**朝鮮戦争**がはじまりました。

❶朝鮮戦争

戦争は北朝鮮が韓国に侵攻してはじまりました。**アメリカは国連軍として韓国側**につき、**中国は義勇軍を送って北朝鮮を援助**しました。このときアメリカは、マッカーサーの指揮で占領軍を出動させたため、日本はこの戦争の影響を強くうけることになりました。

まず戦争勃発前後に、**共産主義者を職場から追放するレッド＝パージ**がおこなわれました。逆に**公職追放は解除**され、戦犯は釈放されていきました。

戦犯釈放なんて、アリなの？

びっくりだよね。「非軍事化・民主化」っていってたはずが、まったく逆になっちゃってるからね。

しかし、もっとも大きな影響は、日本が事実上の軍隊をもつようになったことです。米軍が出動したあとの空白を埋めるために、**マッカーサーは吉田内閣に対して再軍備を要求**したのです。その結果、1950年に**警察予備隊**ができました。

＊**日本労働組合総評議会（総評）**…1950年にＧＨＱの指導で結成された、反共の立場の労働組合。のちには、同じ時期にいっせいに賃上げを要求する「春闘（しゅんとう）」を指導した。

> **朝鮮戦争が日本にあたえた影響**
> ❶ レッド＝パージ
> ❷ 公職追放の解除
> ❸ 戦争犯罪人の釈放
> ❹ 警察予備隊の設置

≫ サンフランシスコ講和会議

　朝鮮戦争で日本は、アメリカ軍の前線基地となりました。アメリカは日本の戦略的価値を見直し、このまま日本に米軍をおきつづけたいと考えました。そこで、講和条約を結んで日本を西側陣営の一員として独立させ、それと同時に米軍の駐留を認める日米安全保障条約を結ぶことにしました。1951年、**サンフランシスコ講和会議**が開かれ、日本全権**吉田茂**らが参加し、日本と48カ国とのあいだに**サンフランシスコ平和条約**（対日講和条約）が調印されました。ようやく日本の主権が回復したのです。

　この条約で日本は、**朝鮮の独立**を承認し、これまでの戦争などで獲得した**台湾・澎湖諸島・千島列島・南樺太を放棄**しました。**沖縄や奄美などの南西諸島と小笠原諸島はアメリカの施政権下**におかれつづけることになりました。

　ところで、これはすべての交戦国との「全面講和」ではありませんでした。**中華人民共和国と中華民国（台湾）は会議にまねかれず**、ソ連は会議に出席したものの、条約に反対して**調印を拒否**しました。

＊**全面講和論**…すべての交戦国との「全面講和」を求める運動がおこったが、吉田茂内閣は西側陣営との「単独講和（部分講和）」をおこなった。このとき日本社会党は、全面講和論と単独講和論が内部対立をおこし、左派と右派に分裂した。

何で中国と台湾がまねかれないの？

アメリカは中華人民共和国を国家と認めてないから、中華民国（台湾）だけをまねこうとしたんだよ。ところがイギリスなどから「それはおかしい!」って突っこまれたから、両国ともまねくのをやめちゃったんだよ。戦争で日本が一番被害をあたえたんだけどねえ。

サンフランシスコ平和条約のおもな内容

ここできめる！

❶日本の主権の回復。
❷朝鮮の独立の承認。
❸台湾・澎湖諸島・千島列島・南樺太の放棄。

多くの交戦国は日本に対する賠償請求権を放棄したんだよ。

日米安全保障条約が結ばれたのは、講和条約が結ばれたのと同じ日でした。安保条約で日本は**米軍の駐留**を認め、翌年に結ばれた細目協定の**日米行政協定**で、米軍に基地を提供することと、**駐留軍の費用を分担**することを定めました。米軍基地とされた地域では、石川県の内灘事件や東京都の**砂川事件**などの**基地反対闘争**がおこりました。

正誤でチェック！

次の文の正誤を判定し、正しければ㊣、誤りなら㊞と答えなさい。
サンフランシスコ平和条約調印をきっかけとして、警察予備隊が発足した。
誤　警察予備隊が発足したのは1950年で、サンフランシスコ平和条約調印より前のこと。

> **1950年代にアメリカと結んだ条約** ここできめる！
> ❶ 日米安全保障条約（1951年）……米軍の駐留。
> ❷ 日米行政協定（1952年）……基地提供・費用分担。
> ❸ MSA協定（日米相互防衛援助協定）（1954年）……アメリカの援助で防衛力強化。

≫ 講和後の逆コース

　講和条約は1952年に発効しました。このとき暴力主義的な政治活動、つまり反政府運動を取り締まる目的で、**破壊活動防止法**が制定されました。同年、警察予備隊は保安隊に改組され、さらにその2年後には**自衛隊**に改組されました。自衛隊ができたのは、1954年にアメリカとの間で**MSA協定**（日米相互防衛援助協定）が結ばれ、アメリカの軍事援助によって、日本の防衛力を強化することになったからです。このとき防衛庁も設置されました。

　同じ1954年、**アメリカがおこなった水爆実験で、日本の漁船第五福竜丸が被爆**しました。これをきっかけに**原水爆禁止運動**がひろがり、翌年、広島で第1回原水爆禁止世界大会がひらかれました。

> 第五福竜丸事件はよく出るよ！ 原水爆禁止世界大会が開かれた年と場所を「原爆投下からちょうど10年後のヒロシマ」と覚えておこう。

＊**アジア・アフリカ会議**…1955年にバンドンで開かれた会議。中国・インドなどの国々が集まり、反植民地主義・平和共存など平和十原則を決議した。

再軍備の変遷

① 警察予備隊（1950年）←朝鮮戦争勃発
② 保安隊（1952年）
③ 自衛隊（1954年）←MSA協定締結

>> 55年体制のはじまり

　吉田茂内閣のあとには、**公職追放を解除されて政界に復帰**していた**鳩山一郎**が、日本民主党をひきいて内閣をつくりました。鳩山内閣が「憲法改正」をスローガンにかかげると、改憲阻止をはかる**日本社会党の左派と右派は統一**しました。

これに刺激をうけた保守陣営も、日本民主党と自由党が保守合同をはたし、**自由民主党**を結成しました。現在もよく「自民党」ってよばれている政党のはじまりです。初代総裁は鳩山一郎でした。社会党の統一も自民党の結成もどちらも1955年のことなので、この二大政党が対峙するしくみを**55年体制**といいます。**自由民主党が常に衆議院で過半数**を制して政権をにぎり、それに**社会党が対峙して改憲を阻止**するカタチです。これは、自民党が下野して細川護熙内閣が成立する、1993年までつづくことになります。

> 何で自民党は政権をにぎってるのに憲法改正ができなかったの？

＊**造船疑獄事件**…第5次吉田内閣の時の1954年に、自由党幹部への贈収賄が摘発された事件。吉田首相が自由党幹事長佐藤栄作の逮捕を阻止したため、各方面からの内閣に対する批判が高まり、内閣は退陣に追いこまれた。

改憲のためには衆議院と参議院で3分の2以上の議員が「改憲しよう!」っていい出さないとだめなんだよ。ところが、社会党がだいたい3分の1を制してたから、自民党の思うままにならなかったんだ。

>> ソ連との講和

サンフランシスコ平和条約を結ばなかった国とは、個別に講和をはたしていきました。1956年、鳩山首相はモスクワを訪問し、**日ソ共同宣言**に調印して**ソ連との国交を回復**しました。領土問題を棚上げして、ソ連との戦争状態を終結させたのです。このときソ連から、日本の国際連合加盟の支持を取りつけ、同年末に**国際連合に加盟**しました。

国連加盟の時期はよく出るよ!

>> 安保改定で日米同盟を強化

鳩山一郎内閣のあと、かつて雑誌『東洋経済新報』で活躍していた石橋湛山（➡P.290）が首相となりましたが、病気ですぐに退陣しました。かわって首相となった**岸信介**は1960年に**安保条約を改定**し、日米相互協力及び安全保障条約（**新安保条約**）を結びました。これまでの安保条約には、米軍が日本を防衛する義務が明記されていなかったので、これをあらためたのです。しかしその反面、**日米間の同盟関係を強化**する内容も含まれていました。このため条約の承認に反対する**安保闘争**が高まりましたが、衆議院では強行採決を

正誤でチェック!

次の文の正誤を判定し、正しければ㊣、誤りなら㊆と答えなさい。
日本の国際連合加盟が認められたのを受けて、日ソ共同宣言が出され、日本はソ連と国交を回復した。

㊆ 国連加盟と日ソ共同宣言の順序が逆。

おこない、参議院では審議をしないまま条約は自然成立しました。

日米間の同盟関係を強化する内容って？？

軍事行動に対する事前協議制が盛りこまれたり、日本とアメリカの相互防衛力の強化が定められたんだよ。ってことは、日本はソ連や中国から思いっきり敵視されることになるんだ。

この時期の内閣のできごと

❶鳩山一郎内閣……日ソ共同宣言。
❷岸信介内閣……安保改定。
❸池田勇人内閣……所得倍増計画。
❹佐藤栄作内閣……日韓基本条約。

≫ 驚きの高度経済成長

1955年ころから**高度経済成長**がはじまりました。1960年、安保改定をゴリ押しした岸内閣にかわって、**池田勇人内閣**ができると、内閣は「**所得倍増**」と「寛容と忍耐」をスローガンにかかげました。高度成長をこのまま継続させようというのです。ネックは労働力不足でした。そこで翌1961年、農業の近代化をはかる**農業基本法**を制定しました。すると農業人口は減って工業人口が増え、のこった農家も**大半が兼業農家**になりました。

池田内閣は日本を**開放経済体制に移行**させました。1964年にはIMF8条国に移行して貿易の自由化を進め、**経済協力開発機構**

＊**安保改定阻止国民会議**…日本社会党や総評などによって結成された団体。
＊**事前協議制**…新安保条約では、在日米軍の軍事行動に対する事前協議制も盛りこまれた。

（**OECD**）に加盟して資本の自由化も進めたのです。この年は**東京オリンピック**が開催された年でもありました。これらの結果、次の佐藤栄作内閣では、1968年に日本の**国民総生産（GNP）は、資本主義国で第2位**になりました。

❶ 4つの大型景気

好景気	その間のできごと
特需景気	1952年に国際通貨基金（IMF）と世界銀行に加盟
神武景気	1956年の『経済白書』に「もはや戦後ではない」と記される
岩戸景気	1960年に池田勇人内閣が「所得倍増」をかかげてスタート
いざなぎ景気	1968年に国民総生産（GNP）が資本主義国で第2位となる

>> 高度成長がもたらしたもの

高度成長は消費革命をもたらし、1950年代後半には**三種の神器**とよばれた耐久消費財が普及しました。**白黒テレビ・洗濯機・冷蔵庫**の3つです。1960年代末には3Cとよばれた

洗濯機　　白黒テレビ　　冷蔵庫

カラーテレビ・カー（自家用車）・クーラーが普及していきます。頭文字がみな「C」だから3Cなのですが、新三種の神器ともよばれてまぎらわしいため注意しましょう。

えっと、耐久消費財って何？

ちょっと補足

＊**新産業都市建設促進法**…1962年に地域格差の是正をめざして制定された法律。
＊**集団就職**…高度成長期には、中学校を卒業した農村の若者が、集団で都市へ就職に出た。

長期的な使用に耐えるものだよ。その逆が食料品とかたばこみたいな消耗品。今まではお金に余裕がなかったから、テレビや洗濯機なんて買えなかったけど、所得が増えて買えるようになったんだ。これが消費革命ってわけ。農村でも普及したんだよ。三種の神器の組み合わせは、よくひっかけられるから注意してね。

耐久消費財の普及

❶三種の神器……白黒テレビ・洗濯機・冷蔵庫
❷３Ｃ（新三種の神器）……カラーテレビ・カー・クーラー

神武景気のころに三種の神器が普及したって覚えるといいよ！

　高度成長期には**エネルギー革命（転換）**も進みました。火力発電の際に**石炭を使っていたのが、石油を使うように変わった**のです。このため石炭産業は衰退し、1960年には三井鉱山の三池炭鉱（坑）で、大規模な労働争議がおこりました。

≫ 高度成長のひずみ

　高度成長がつづいた反面、さまざまな社会問題がおこりました。農村が過疎化し、その逆に大都市は過密化しました。騒音や大気汚染が発生し、住宅が不足して郊外に大規模団地が建てられました。夫婦と子どもだけの核家族も増えました。教育熱が高まり、高校・大学への進学率が上昇して、受験競争が激化しました。そして公害が大きな問題となりました。

＊**大学紛争**…1968年から翌年にかけて、全国の大学でおこった学生運動。学生たちが大学当局に対し改革を求め、キャンパスに立てこもるなどした。

産業優先で環境保護は二の次にしてきたため、工場排水や大気汚染などにより、深刻な公害病が発生しました。熊本県の水俣病・三重県の四日市ぜんそく・富山県のイタイイタイ病・新潟水俣病の４つが有名です。被害者は企業や行政を訴え、四大公害訴訟とよばれました。いずれものちに**原告が全面勝訴**しています。こうした動きをうけて、佐藤栄作内閣は1967年に**公害対策基本法**を制定し、1971年に**環境庁**を設置しました。

四大公害訴訟
1. 水俣病（熊本県）
2. 四日市ぜんそく（三重県）
3. イタイイタイ病（富山県）
4. 新潟水俣病（新潟県）

公害問題などで住民運動がさかんになると、各地で**社会党や共産党の支持を受けた革新自治体が誕生**していきました。代表的なのは、**美濃部亮吉**（天皇機関説をとなえた美濃部達吉の子）が都知事に当選した東京都です。

≫ 日韓国交正常化とベトナム戦争

池田内閣のあとをついだ佐藤栄作内閣は、韓国との国交正常化と、沖縄の本土復帰の２つの外交政策に取り組みました。韓国とは賠償問題などでもめて、国交正常化交渉が難航していましたが、1965年に**日韓基本条約**を結びました。その内容でポイントなのは、**大韓民国を朝鮮にある唯一の合法政府**と認めたことです。つまり、韓

＊**減反政策**…米が生産過剰となったため、1970年からとられるようになった政策。米の作付面積を減らして生産量を調整した。

国側の求めで朝鮮民主主義人民共和国（北朝鮮）を否定したわけです。

この国交正常化には、同年からはじまったアメリカの北爆が関係していました。ベトナムが南北に分かれて**ベトナム戦争**をおこなったため、**アメリカが共産主義の北ベトナムを爆撃（北爆）**したのです。アメリカの友好国同士の日本と韓国がもめている場合ではありません。

韓国と北朝鮮のどちらともオトモダチにはなれないんだね……。

そうなんだよ。2国が敵対しあってると、どうしても片方だけを認めることになるね。まあ民間の交流ならアリなんだけどね。

ベトナム戦争で在日米軍基地が重要な基地として使われたため、**日本ではベトナム反戦運動**が盛りあがりました。もっともアメリカはこの戦争に勝つことができず、1973年に撤退しました。

≫ 近現代の沖縄

明治時代の沖縄では、琉球処分後もさまざまな面で、本土とは別の政策がとられました。府県会はひらかれず、**衆議院議員の選挙にも参加できない**ままでした。これに反発する運動をおこしたのが**謝花昇**です。

太平洋戦争末期の**沖縄戦**では、男子中学生が鉄血勤皇隊に組織されたほか、女学生たちも**ひめゆり隊**などの看護隊に動員されました。戦後、沖縄はアメリカの直接軍政がしかれ、サンフランシスコ平和条約でも独立が認められず、**小笠原諸島とともにアメリカの施政**

＊**多党化**…安保闘争の時に社会党から離脱して民主社会党が結成されたり、1964年に宗教団体を基盤とする公明党が結成されたりするなど、1960年代には野党の多党化が進んだ。

権下におかれつづけました。

沖縄って悲惨な歴史だったんだね。

そうなんだよ。とくに沖縄戦の惨劇は見るに堪えないよ。でもそれ以前だってひどい状況にあったといえるね。

佐藤栄作内閣が「(核兵器を)もたず、つくらず、もちこませず」の**非核三原則**の方針をかかげて沖縄問題に取り組むと、まず1968年に**小笠原諸島**が返還されました。翌年、佐藤首相とニクソン大統領の首脳会談で沖縄返還が合意されて、1971年に**沖縄返還協定**が調印されました。翌**1972年、ようやく沖縄は日本に復帰**しましたが、**米軍基地は存続**しました。

沖縄と小笠原の返還

ここできめる!

1. **小笠原諸島返還(1968年)**
2. **沖縄返還(1972年)**

正誤でチェック!

次の文の正誤を判定し、正しければ㊣、誤りなら㊥と答えなさい。

1972年に返還される以前の沖縄は、国連の施政権下に置かれていた。

誤 国連ではなくアメリカ。サンフランシスコ平和条約に国連の信託統治制度についての記述があるため勘違いされることが多いが、信託統治は実施されなかった。

第❸講
現代の日本

> 😊 **この講のポイント**
>
> 長くつづいた高度経済成長は、石油危機で終わりました。アメリカとの**貿易摩擦**が深刻化する中でのプラザ合意は、バブル経済のひきがねとなります。そのバブルの崩壊後には、55年体制も崩壊します。

≫ 石油危機と高度成長の終わり

　ベトナム戦争に勝利できないアメリカは、財政を悪化させていき、1971年には**ニクソン**大統領が**ドルの金兌換を停止**しました。これは、ニクソン＝ショックとか、**ドル＝ショック**とよばれるできごとで、為替レートは1ドル＝360円から1ドル＝308円に変更されました。しかし、それもつかの間、1973年には**変動為替相場制**に移行します。それは佐藤栄作内閣のあとの**田中角栄内閣**のときのことでした。

　田中内閣は「**日本列島改造論**」をとなえて、高速道路網の整備などの公共事業を推進するなど、高度成長政策をつづけました。しかし、高度成長がストップしてしまうできごとがおこります。**第1次石油危機（オイル＝ショック）**です。**第4次中東戦争**をきっかけに、石油輸出国機構（OPEC）が石油価格を引き上げたため、

＊**先進国首脳会議（サミット）**…第1次石油危機をきっかけに毎年開かれるようになった会議で、日本は最初から参加している。

エネルギー革命（転換）で石油にたよるようになっていた日本経済は大打撃をうけたのです。狂乱物価に見舞われ、消費者はトイレットペーパーの買いだめに殺到する騒ぎもおこし、企業は減量経営をはじめました。

何でトイレットペーパーを買いだめするの？

群集心理ってやつだね。「お隣さんが買ってるから私も買わなきゃ」って。

為替レートの変遷

❶ **ドッジ＝ライン**……1ドル＝360円（1949年）
❷ **ニクソン＝ショック**……1ドル＝308円（1971年）
❸ **変動為替相場制**（1973年）

≫ 日中国交正常化とロッキード事件

　同じ共産主義国の中国とソ連が対立すると、ソ連と敵対するアメリカは中国に接近し、ニクソン大統領は中国を訪問しました。これにならって日本も1972年に田中角栄首相が中国を訪問し、**日中共同声明**に調印して**国交正常化**を実現しました。このとき日本は、**中華人民共和国政府**が**中国の唯一の合法政府**であることを認めました。逆に中華民国（台湾）とは断交したのです。

＊**日中平和友好条約**…1978年、福田赳夫内閣のときに日本と中国のあいだで結ばれた条約。

台湾ってどうなっちゃったの？

サンフランシスコ講和会議のあと、日本は資本主義国の中華民国つまり台湾と、個別に平和条約を結んだんだよ。ところが、中華民国（台湾）と対立する中華人民共和国と国交を正常化させたから、中華民国（台湾）との平和条約を廃棄することになっちゃったんだ。

　この田中首相は、金脈問題といわれる政治資金調達をめぐる疑惑で辞職すると、**ロッキード事件**で逮捕されました。**アメリカの航空機の売りこみをめぐってワイロをもらっていたのです。**

≫ その後の内閣のできごと

　田中内閣のあとをついだのは三木武夫内閣でした。その後の内閣のできごとをざっとたどりましょう。

> ### この時期の内閣のできごと
> ❶ 三木武夫……ロッキード事件で田中前首相逮捕（1976年）
> ❷ 福田赳夫……日中平和友好条約締結（1978年）
> ❸ 大平正芳……イラン革命をきっかけに第2次石油危機おこる
> 　　　　　　　（1979年）
> ❹ 鈴木善幸……第2次臨時行政調査会設置

　1980年代には日本から欧米への自動車輸出が増加し、深刻な貿易摩擦問題がおこっていました。1985年、中曽根康弘内閣のときにひらかれた先進5か国財務相会議（G5）でプラザ合意が成立すると、

＊**防衛費GNP1％枠**…三木武夫内閣が防衛費をGNP（国民総生産）の1％内にとどめることを決定したが、のちに中曽根康弘内閣が突破した。

急速な円高が進みました。これにより日本はバブル経済となりました。また、中曽根内閣では行政改革が進められ、電電公社・専売公社・国鉄の三公社が民営化されました。

> **この時期の内閣のできごと**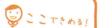
> ❶ 中曽根康弘……プラザ合意成立（1985年）。三公社民営化。
> ❷ 竹下登……政界汚職のリクルート事件。消費税導入（1989年）。
> ❸ 海部俊樹……湾岸戦争に戦費分担。
> ❹ 宮沢喜一……PKO（国連平和維持活動）協力法による自衛隊の海外派遣。
> ❺ 細川護煕……非自民連立内閣。55年体制崩壊。

≫ 55年体制の崩壊

　バブル経済は宮沢喜一内閣のときに崩壊しました。宮沢内閣が政治改革にもたつくと、1993年、反発した議員たちが自由民主党から割って出て、新しい政党をつくりました。与党は過半数を割りこみ、総選挙の結果、日本新党の細川護熙を首相とする連立内閣ができました。自民党と共産党をのぞく8党派を与党とする内閣です。自民党は下野して55年体制は終わりました。このとき衆議院議長となったのは、日本社会党の女性党首の土井たか子でした。

＊輸入自由化…1988年に牛肉・オレンジの輸入自由化を、1993年には米市場の部分開放を決定しました。
＊日米構造協議…1989年から始まったもので、これを通じてアメリカは日本の経済制度を批判しました。

Index さくいん

あ

愛国社	245
会津塗	185
青木周蔵	261
赤松満祐	116
商場知行制	167
悪党	107
明智光秀	144
上げ米	196
阿衡の紛議	74
足尾銅山	282
足利尊氏	109、110、117
足利基氏	114
足利義昭	142
足利義満	115、118
飛鳥浄御原宮	47
飛鳥浄御原令	48
安達泰盛	106
安土城	143
油粕	179
安部磯雄	281
阿部正弘	219
アヘン戦争	212、218
新井白石	177
安政の大獄	224
安藤信正	225
安保闘争	345

い

井伊直弼	221
イエズス会	140
生田万の乱	210
池田勇人内閣	346
異国船打払令（無二念打払令）	
	209
胆沢城	69
石橋湛山	290

石包丁	24
石山本願寺	143
板垣退助	242、245
伊丹	185
市川房枝	297
一乗谷	134
五日市憲法草案	249
一国一城令	151
伊藤博文	252、266、272
糸割符制度	168
糸割符仲間	168
稲荷山古墳	34
猪苗代水力発電所	291
犬養毅	285
犬養毅内閣	305
井上馨	260
井上準之助	301
伊能忠敬	208
今川義元	142
磐井の乱	38
岩倉使節団	241
岩倉具視	241
磐舟柵	45
院政	91

う

ウィリアムーアダムズ	169
植木枝盛	249
ヴェルサイユ条約	289
氏	32
内村鑑三	270
駅家	53
厩戸王	39
運脚	57

え

永仁の徳政令	106

ええじゃないか	230
駅家	53
会合衆	135
衛士	57
江田船山古墳	34
越後縮	185
越後屋	192
江藤新平	247
江戸	186
江戸幕府	151
エネルギー革命（転換）	348
恵美押勝の乱	64
MSA協定	343
撰銭令	129
延喜格式	71
延喜の荘園整理令	75
延喜の治	75
延久の荘園整理令	90
延暦寺	92、143

お

応永の乱	115
王政復古の大号令	230
応仁の乱	130
近江大津宮	46
大内氏	119
大内兵衛	317
大内義弘	115
大江広元	97
大久保利通	237、242
大隈重信	248、261
大坂	186
大阪事件	250
大坂の役（大坂夏の陣）	151
大阪紡績会社	277
大塩平八郎の乱	210
大津事件	262

大伴金村	38	刀狩	147	関白	74、144
大友義鎮（宗麟）	141	片山哲内閣	336	桓武天皇	65
大輪田泊	94	学校教育法	331	管理通貨制度	306
小笠原諸島	351	桂・タフト協定	272	咸臨丸	222
岡田啓介内閣	308	桂太郎	285	管領	113
沖縄県	244	加藤高明	294	観勒	37
沖縄戦	350	加藤高明内閣	295		
沖縄返還協定	351	過度経済力集中排除法	332	**き**	
荻原重秀	176	姓	32		
桶狭間の戦い	142	かぶき者	174	生糸	223
尾崎行雄	285	株仲間	191	棄捐令	205
織田信長	142	鎌倉公方	114	祇園会	134
小野妹子	40	鎌倉府	114	祇園祭	134
		樺太	208	企画院	313
か		樺太・千島交換条約	244	企業勃興	280
		ガラ紡	277	紀元節	253
改易	151	家禄	235	岸信介	345
海軍伝習所	219	為替	129	『魏志』「倭人伝」	28
海国兵談	206	河村瑞賢	188	寄進地系荘園	82
開拓使官有物払下げ事件	247	冠位十二階の制	40	寄生地主	276
買い出し	337	閑院宮家	177	貴族院	256
海舶互市新例	178	寛永通宝	193	北一輝	309
臥雲辰致	277	環境庁	349	切符制	323
加賀の一向一揆	124	勘合	118	吉備真備	61、65
賀川豊彦	296	環濠集落	24	義民	202
嘉吉の乱	116	勘合貿易	118	己酉約条	165
革新倶楽部	294	韓国併合条約	273	教育委員会法	331
学童疎開	323	『漢書』「地理志」	27	教育基本法	331
学徒出陣	323	完新世	18	供出制	322
学問のすゝめ	240	寛政異学の禁	205	京都所司代	157
景山英子	250	関税自主権	222	京都西陣	185
勘解由使	69	寛政の改革	204	享保の改革	195
囲米	205	貫高	133	享保の大飢饉	198
鹿児島	140	関東大震災	293	清浦奎吾内閣	294
ガス灯	239	関東取締出役	207	極東国際軍事裁判	335
化政文化	207	観応の擾乱	111	居留地	222
華族	234	漢委奴国王	28	記録荘園券契所（記録所）	90
片岡直温	298			義和団事件	269

金貨	192	
銀貨	192	
禁教令	168	
金玉均	263	
緊縮財政	301	
禁中並公家諸法度	154	
均田制	216	
金本位制	274	
禁門の変（蛤御門の変）	228	
金融恐慌	298	
金融緊急措置令	337	
金輸出解禁（金解禁）	301	
金輸出再禁止	306	

く

空海	65
公営田	79
盟神探湯	42
公事	83
公事方御定書	197
楠木正成	109
百済	31、37
工藤平助	201
国造	33
口分田	55
蔵物	189
蔵屋敷	189
久留米絣	185
蔵人頭	70
黒砂糖	167、215
黒田清隆	253、257
郡・区・町・村	253
郡司	51
群集墳	35
軍部大臣現役武官制	266、284

け

慶賀使	167
経済安定九原則	338
経済協力開発機構（OECD）	346
警察予備隊	340
傾斜生産方式	337
計帳	55
慶長小判	176
刑法	256
下剋上	131
血税一揆	235
血盟団事件	305
検非違使	70
検見法	196
乾元大宝	76
元寇	105
元弘の変	109
遣隋使	40
原水爆禁止運動	343
憲政党	265
憲政の常道	294
玄昉	61、65
憲法十七条	40
建武式目	110
元老	254
元禄小判	176

こ

五・一五事件	305
弘安の役	105
庚寅年籍	48
広益国産考	180
公害対策基本法	349
広開土王碑	31
公害問題	349
江華島事件	243
高句麗	30

高句麗好太王碑	31
庚午年籍	46
甲午農民戦争	264
工場法	282
公職追放令	329
甲申事変	263
更新世	18
幸徳秋水	270
孝徳天皇	44
高度経済成長	346
弘仁格式	71
公武合体論	225
興福寺	92
講武所	219
工部省	237
光明天皇	110
皇民化政策	326
孝明天皇	225
五箇条の誓文	232
後亀山天皇	115
『後漢書』「東夷伝」	28
国学	54
国際連合	345
国際連盟	290
国司	51
国訴	203
国体明徴声明	308
石高	146
国分寺建立の詔	62
国民学校	323
国民精神総動員運動	313
国民徴用令	313
黒曜石	22
小倉織	185
国立銀行条例	274
後小松天皇	115
後三条天皇	90

後三年合戦	86	佐倉惣五郎	203	士族	234
五・四運動	290	桜田門外の変	224	下地中分	104
55年体制	344	鎖国令	170	七道	51
後白河天皇	93	指出検地	133	七分積金	204
後白河法皇	95	薩英戦争	227	執権	101
御成敗式目	102	雑訴決断所	109	幣原喜重郎	295
五大改革指令	330	薩長連合	228	幣原喜重郎内閣	330
後醍醐天皇	109	薩摩藩	215	地頭	97
国会開設の勅諭	248	佐藤栄作内閣	351	地頭請	104
国会期成同盟	247	侍所	97、113	持統天皇	48
国家総動員法	313	三・一五事件	300	品川弥二郎	258
後藤象二郎	250	三・一独立運動	290	斯波	113
後鳥羽上皇	101	産業合理化	301	渋沢栄一	274
近衛文麿	319	産業報国会	313	シベリア出兵	288
五品江戸廻送令	223	参勤交代	153	島津久光	226
五榜の掲示	232	三国干渉	264	島原の乱	170
後水尾天皇	154	三斎市	127	持明院統	108
小村寿太郎	262	三種の神器	347	下肥	126
米騒動	288	三世一身法	61	下田	219
御料所	114	三大事件建白運動	250、261	霜月騒動	106
健児の制	69	山東京伝	206	下関条約	264
墾田永年私財法	62	山東出兵	300	社会民主党	281
近藤重蔵	208	サンフランシスコ講和会議	341	シャクシャインの戦い	167
		サンフランシスコ平和条約	341	謝花昇	350
さ		三浦の乱	120	朱印船貿易	166
				集会条例	247
西園寺公望	285	**し**		衆議院	256
西郷隆盛	242、247			自由党	248
最澄	65	GHQ	329	自由民主党	344
在庁官人	81	シーメンス事件	286	宗門改帳	155
斎藤実	307	自衛隊	343	重要産業統制法	303
財閥解体	331	紫衣事件	154	守護	97
サイパン島	321	紫香楽宮	62	聚楽第	145
堺利彦	270	私擬憲法	249	貞観格式	71
坂下門外の変	225	式部省	51	承久の乱	101
坂上田村麻呂	69	地下請（百姓請）	122	尚泰	244
佐賀の乱	247	自作農創設特別措置法	332	上知令	213
防人	46、57	市制・町村制	253		

正徳小判	177	砂川事件	342	宗氏	120、165
聖徳太子	39	スペイン	139	『宋書』倭国伝	33
称徳天皇	64	住友	280	宋銭	128
尚巴志	121	住友家	183	惣百姓一揆	203
聖武天皇	61	角倉了以	188	惣無事令	144
定免法	196	受領	80	雑徭	56
生類憐みの令	176			蘇我馬子	39
昭和恐慌	302	**せ**			
初期荘園	62	征夷大将軍	99	**た**	
女子挺身隊	323	征韓論争	242	第1次伊藤博文内閣	252
職工事情	283	政体書	233	第1次大隈重信内閣	266
所得倍増	346	青鞜	297	第一次護憲運動	285
白河天皇	91	聖堂学問所	175	第1次近衛文麿内閣	312
新羅	31、38	西南戦争	247、275	第一次世界大戦	286
白黒テレビ	347	政費（経費）節減	258	第1次石油危機（オイル＝ショック）	352
新安保条約	345	聖明王	37		
新貨条例	274	西洋事情	240	第1次長州征討	228
神祇官	51	清和源氏	86	第1次山本権兵衛内閣	285
慎機論	209	世界恐慌	302	大院君	262
親魏倭王	28	関ヶ原の戦い	150	大学	54
壬午軍乱	262	石鏃	20	大覚寺統	108
壬申の乱	47	摂関政治	73	代官	157
新体制運動	319	摂政	74	大逆事件	282
新田開発	180	前九年合戦	86	大区・小区	253
神道指令	329	戦国時代	131	太閤検地	146
新婦人協会	297	全国水平社	296	大黒屋光太夫	207
人民戦線事件	317	千石簁	182	醍醐天皇	75
		宣旨枡	90	第3次桂太郎内閣	284
す		洗濯機	347	大正政変	285
出挙	58	専売制	215	大正デモクラシー	296
推古天皇	39	千歯扱	182	大審院	246
枢密院	253	前方後円墳	30	大政奉還	229
須恵器	36			大政翼賛会	319
菅原道真	75	**そ**		大戦景気	290
調所広郷	215	租	56	大同団結運動	250
鈴木貫太郎内閣	324	宋	78	第2次大隈重信内閣	286
鈴木文治	296	惣（惣村）	122	第2次桂内閣	282

第二次護憲運動	294	橘諸兄	61	鎮守府	66
第2次西園寺公望内閣	284	伊達政宗	168	鎮西探題	105
第2次世界大戦	315	田荘	32		
第2次山県有朋内閣	266	田中角栄内閣	352	**つ**	
第2次山本権兵衛内閣	293	田中義一内閣	298、300	通信使	165
第2次若槻礼次郎内閣	304	田中勝介	168	津田左右吉	317
大日本帝国憲法	253	田中正造	282		
台場	219	田沼意次	199	**て**	
代表越訴型一揆	202	為永春水	212	鉄砲	139
大仏造立の詔	62	樽廻船	189	寺内正毅	287
太平洋戦争	321	俵物	200	寺島宗則	260
大宝律令	48	段祺瑞	287	天智天皇	46
大犯三カ条	98	壇那寺	155	天正遣欧使節	141
太陽暦	239	壇の浦の戦い	97	天長節	253
第4次中東戦争	352			天皇機関説事件	308
平清盛	94	**ち**		天皇大権	255
平忠常	86	治安維持法	295	田畑永代売買の禁令	162
平将門の乱	85	治安警察法	266	田畑勝手作の禁令	162
平頼綱	106	知行国制	92	天保の改革	211
大老	157	地租改正	236	天保の薪水給与令	212
台湾	265	地租改正条例	236	天保の大飢饉	210
台湾出兵	244	秩父事件	250	天武天皇	47
多賀城	66	秩禄処分	235	天明の打ちこわし	204
高野長英	209	地方改良運動	282	天明の大飢饉	201
高野房太郎	281	地方官会議	246	天暦の治	76
高橋是清	306	地方自治法	334	天龍寺船	117
高橋是清内閣	292	中尊寺金色堂	87		
高向玄理	41	調	56	**と**	
高床倉庫	24	張作霖爆殺事件	300	土一揆	123
滝川幸辰	308、317	銚子	185	問丸	129
武田勝頼	143	長州藩	215	問屋制家内工業	184
足高の制	196	朝鮮式山城	46	問屋場	187
太政官	51	超然主義	257	道鏡	64
太政官制	233	朝鮮侵略	148	東京オリンピック	347
打製石器	19	朝鮮戦争	338、340	堂島米市場	191
橘奈良麻呂の変	63	朝鮮総督府	273	東条英機内閣	320
橘逸勢	73	徴兵令	235	唐人屋敷	171

統帥権	255	長崎	207、223	日米和親条約	219
統帥権干犯問題	302	長篠合戦（長篠の戦い）	143	日満議定書	307
唐箕	182	中先代の乱	110	日韓基本条約	349
東洋経済新報	290	中大兄皇子	43	日産	307
土偶	21	中村正直	240	日ソ共同宣言	345
徳川家綱	174	長屋王	60	日ソ中立条約	320
徳川家斉	204	奴国	28	新田義貞	109
徳川家宣	177	名護屋城	148	日窒	307
徳川家治	199	名主	159	日中共同声明	353
徳川家光	153、170	鍋島直正	216	日中戦争	312
徳川家茂	225	生麦事件	227	日朝修好条規	243
徳川家康	150	奈良晒	185	二・二六事件	309
徳川綱吉	175	成金	291	二宮尊徳	180
徳川秀忠	151	南都	92	日本共産党	297
徳川（一橋）慶喜	229	南蛮人	140	日本銀行	276
徳川吉宗	195	南蛮貿易	140	日本国憲法	334
独占禁止法	332	南部仏印進駐	320	日本社会党	333
得宗	105	南北朝の合体	115	日本自由党	333
特別高等警察（特高）	300			日本鉄道会社	280
十組問屋	191	**に**		日本農民組合	296
ドッジ＝ライン	338	二・一ゼネスト	335	日本之下層社会	283
鳥羽・伏見の戦い	232	新嘗祭	42	日本町	166
富岡製糸場	238	ニクソン	352	日本列島改造論	352
伴健岑	73	２個師団増設問題	284	日本労働総同盟	296
伴善男	73	西陣織	184	二毛作	126
豊臣秀吉	144	西原借款	288	人間宣言	329
虎の門事件	294	西廻り海運（航路）	188	人足寄場	204
ドル＝ショック	352	二十一カ条の要求	286	寧波の乱	119
曇徴	37	二十四組問屋	191		
屯田兵	236	日英通商航海条約	262	**ぬ**	
		日英同盟	270	渟足柵	45
な		日独伊三国同盟	319		
内閣制度	252	日独防共協定	311		
内国勧業博覧会	238	日米安全保障条約	342		
内務省	237、243	日米行政協定	342		
中江兆民	240	日米修好通商条約	221		
長岡京	68	日米通商航海条約	314		

ね

根室	207
年貢	83

の

農業基本法	346
農業全書	180
農地改革	331
野田	185

は

配給制	323
廃藩置県	234
破壊活動防止法	343
白村江の戦い	46
箱館	219、223
馬借	129
支倉常長	168
畠山（氏）	113、124
旗本	157
八月十八日の政変	228
八省	51
鳩山一郎	344
浜口雄幸内閣	301
林子平	206
原敬	288
パリ講和会議	289
ハリス	219
藩校（藩学）	215
藩札	154、193、215
蛮社の獄	209
蕃書調所	219
半済令	112
版籍奉還	233
班田収授法	54

ひ

菱垣廻船	189
非核三原則	351
東廻り海運（航路）	188
引付（衆）	103
飛脚	187
肥前の有田焼	185
肥前藩（佐賀藩）	216
備中鍬	182
人返しの法	211
一橋慶喜	227
日比谷焼打ち事件	271
卑弥呼	28
ひめゆり隊	350
百万町歩開墾計画	60
評	52
評定衆	102
平泉	87
平塚らいてう	297
平戸	169
平沼騏一郎内閣	314
広田弘毅内閣	310
閔妃	262

ふ

武	33
フェートン号事件	209
福沢諭吉	240
福島事件	250
福原京	96
武家諸法度	151
府県制・郡制	253
伏見	185
藤原京	48、52
藤原純友の乱	85
藤原仲麻呂	63
藤原広嗣	61

（続き）

藤原不比等	59
藤原道長	77
藤原通憲（信西）	93
藤原基経	74
藤原百川	65
藤原頼通	77
婦人参政権獲得期成同盟会	297
不戦条約	301
札差	190
普通選挙法	295
太占	42
不入の権	83
踏車	182
夫役	83
不輸の権	82
フランシスコ＝ザビエル	140
文永の役	105
文化・文政時代	207
墳丘墓	25
分国法	134
分地制限令	162
文治政治	174

へ

平治の乱	93
平城京	59
平民	234
平民社	270
平民新聞	270
ベトナム戦争	350
ペリー	218
変動為替相場制	352

ほ

ボアソナード	256
保安条例	250
貿易摩擦	352

保元の乱	93	松前藩	167	村請制	161
宝治合戦	103	マニファクチュア（工場制手工		村上天皇	76
北条高時	107、117	業）	184	村田清風	216
北条時政	100	間宮林蔵	208		
北条時宗	105	満州事変	305	**め**	
北条時頼	103			明治十四年の政変	247
北条泰時	102	**み**		明徳の乱	115
北条義時	100	御内人	106	明六社	240
ポーツマス条約	271	三浦泰村	103		
北部仏印進駐	319	三島通庸	250	**も**	
北嶺	92	水城	46	毛利元就	131
干鰯	179	水野忠邦	211	最上徳内	201
戊戌夢物語	209	三井	280	以仁王	96
戊申詔書	282	三井高利	192	木簡	52
戊辰戦争	230、232	ミッドウェー海戦	321	物部守屋	39
細川（氏）	113、119、130	三菱	280	モラトリアム	299
渤海	66	源高明	76	モリソン号事件	209
法勝寺	91	源義家	86		
堀田正睦	221	源義朝	93	**や**	
ポツダム宣言	324	源義仲	96	八色の姓	47
穂積八束	257	源頼朝	96	安田	280
堀河天皇	91	源頼信	86	矢内原忠雄	317
ポルトガル	139	源頼義	86	柳沢吉保	175
ポルトガル人	139	美濃部達吉	308、317	八幡製鉄所	279
本年貢	160	美濃部亮吉	349	山県有朋	264
本百姓	159	屯倉	32	山城の国一揆	124
		名主	83	邪馬台国	28
ま		旻	41	山名	113、130
磨製石器	20	明銭	128	山名氏清	115
町衆	134	民撰議院設立建白書	245	闇市	337
町奉行	157	民法	256	ヤルタ会談	324
松岡洋右	320	民約訳解	240		
マッカーサー	328	民力休養	258	**ゆ**	
松方正義	249、275			由井正雪の乱	174
末期養子の禁	174	**む**		友愛会	296
松平容保	227	陸奥宗光	262	雄略天皇	33
松平定信	204	宗尊親王	103	湯島聖堂	175

よ

庸‥‥‥‥‥‥‥‥‥‥‥‥‥ 56
養老律令‥‥‥‥‥‥‥‥‥‥ 60
翼賛選挙‥‥‥‥‥‥‥‥‥ 322
横穴式石室‥‥‥‥‥‥‥‥ 35
横浜‥‥‥‥‥‥‥‥‥‥‥ 223
横山源之助‥‥‥‥‥‥‥‥ 283
与謝野晶子‥‥‥‥‥‥‥‥ 270
吉田茂‥‥‥‥‥‥‥‥ 334、341
吉田茂内閣‥‥‥‥‥‥‥‥ 338
吉田松陰‥‥‥‥‥‥‥‥‥ 224
世直し‥‥‥‥‥‥‥‥‥‥ 203
世直し一揆‥‥‥‥‥‥‥‥ 230
寄合‥‥‥‥‥‥‥‥‥‥‥ 122
寄親・寄子制‥‥‥‥‥‥‥ 133

ら

楽市・楽座令‥‥‥‥‥‥‥ 143
楽市令‥‥‥‥‥‥‥‥‥‥ 133
ラクスマン‥‥‥‥‥‥‥‥ 207
楽浪郡‥‥‥‥‥‥‥‥‥‥‥ 27

り

陸軍皇道派‥‥‥‥‥‥‥‥ 309
立憲改進党‥‥‥‥‥‥‥‥ 248
立憲政体樹立の詔‥‥‥‥‥ 246
立憲政友会‥‥‥‥‥ 266、300
立憲同志会‥‥‥‥‥‥‥‥ 285
立憲民政党‥‥‥‥‥‥‥‥ 301
立志社‥‥‥‥‥‥‥‥‥‥ 245
リットン調査団‥‥‥‥‥‥ 307
琉球王国‥‥‥‥‥‥‥‥‥ 121
琉球処分‥‥‥‥‥‥‥‥‥ 244
琉球藩‥‥‥‥‥‥‥‥‥‥ 244
琉球漁民（漂流民）殺害事件‥
‥‥‥‥‥‥‥‥‥‥‥‥ 244
柳条湖事件‥‥‥‥‥‥‥‥ 305

柳亭種彦‥‥‥‥‥‥‥‥‥ 212
領事裁判権‥‥‥‥‥‥‥‥ 222
令義解‥‥‥‥‥‥‥‥‥‥‥ 71
令集解‥‥‥‥‥‥‥‥‥‥‥ 71
綸旨‥‥‥‥‥‥‥‥‥‥‥ 109

れ

冷戦‥‥‥‥‥‥‥‥‥‥‥ 339
冷蔵庫‥‥‥‥‥‥‥‥‥‥ 347
レザノフ‥‥‥‥‥‥‥‥‥ 207
レッド＝パージ‥‥‥‥‥‥ 340
連雀商人‥‥‥‥‥‥‥‥‥ 127

ろ

老中‥‥‥‥‥‥‥‥‥‥‥ 157
労働基準法‥‥‥‥‥‥‥‥ 330
労働組合期成会‥‥‥‥‥‥ 281
労働組合法‥‥‥‥‥‥‥‥ 330
ロエスレル‥‥‥‥‥‥‥‥ 253
六勝寺‥‥‥‥‥‥‥‥‥‥‥ 91
六波羅探題‥‥‥‥‥‥‥‥ 102
鹿鳴館‥‥‥‥‥‥‥‥‥‥ 260
盧溝橋事件‥‥‥‥‥‥‥‥ 312
ロッキード事件‥‥‥‥‥‥ 354
ロンドン海軍軍縮会議‥‥‥ 302

わ

若槻礼次郎‥‥‥‥‥‥‥‥ 298
倭寇‥‥‥‥‥‥‥‥‥‥‥ 118
ワシントン会議‥‥‥‥‥‥ 292
ワシントン海軍軍縮条約‥‥ 293
渡辺崋山‥‥‥‥‥‥‥‥‥ 209
和田義盛‥‥‥‥‥‥‥ 97、100
和同開珎‥‥‥‥‥‥‥‥‥‥ 59
湾岸戦争‥‥‥‥‥‥‥‥‥ 355

[著者]

石黒 拡親　Hirochika Ishiguro

愛知県出身。1990年、東京学芸大学教育学部卒業。現在、河合塾講師。「何をどれだけ覚えれば合格できるか」に的を絞った効率的な授業と、「歴史の流れがひと目でわかる」ように構築された板書が、広く受験生に支持される。講義で飛び出す「入試にはこれが出る！」という発言はすべて、過去の膨大な量の入試問題をデータベース化するという緻密な分析作業に基づいている。著書に『日本史用語2レベル定着トレーニング』（旺文社）、『日本史でるとこ攻略法』（文英堂）、『2時間でおさらいできる日本史』（大和書房）などがある。

公式サイト　http://www.derutoko.com

きめる！　共通テスト日本史

カバーデザイン	野条友史（BALCOLONY）
本文デザイン	石松あや（しまりすデザインセンター），石川愛子
巻頭特集デザイン	宮嶋章文
本文イラスト	山下以登，関谷由香理
キャラクターイラスト	関谷由香理
企画編集	髙橋龍之助（学研）
編集協力	高橋賢，近藤安代（KEN編集工房），佐野秀好，株式会社U-Tee，高木直子，松久弥生（有限会社 シグロ）
データ作成	株式会社 四国写研
印刷所	株式会社 リーブルテック

読者アンケートご協力のお願い

※アンケートは予告なく終了する場合がございます。

この度は弊社商品をお買い上げいただき、誠にありがとうございます。本書に関するアンケートにご協力ください。右のQRコードから、アンケートフォームにアクセスすることができます。ご協力いただいた方のなかから抽選でギフト券（500円分）をプレゼントさせていただきます。

アンケート番号：　305179

①

Gakken

きめる！KIMERU SERIES

［別冊］
日本史 Japanese History

文化史編

この別冊は取り外せます。矢印の方向にゆっくり引っぱってください。➡

第❶講
飛鳥文化

> **この講のポイント**
>
> **推古天皇の時代**にさかえた文化を**飛鳥文化**といいます。中国の南北朝文化の影響を受けたもので、6世紀に仏教が伝来したため、はじめての仏教文化となりました。

≫ 仏教

この時代の仏教は、それぞれの豪族が氏寺を建立する氏族仏教であることが特徴で、金堂や塔をもつ**寺院は、豪族の権威の象徴**になりました。蘇我氏による飛鳥寺（法興寺）や聖徳太子（厩戸王）による四天王寺、**法隆寺**（斑鳩寺）が有名です。

≫ 美術

❶おもな美術作品

建築	法隆寺金堂・五重塔
彫刻	飛鳥寺釈迦如来像（鞍作鳥作） 法隆寺金堂釈迦三尊像（鞍作鳥作） ｝北魏様式 中宮寺半跏思惟像（弥勒菩薩像） 広隆寺半跏思惟像（弥勒菩薩像） ｝南朝様式
工芸	法隆寺玉虫厨子須弥座絵 中宮寺天寿国繍帳（橘大郎女作）

＊**三経義疏**(さんぎょうのぎしょ)…仏教経典の注釈書で、聖徳太子があらわしたと伝えられる。

2　別冊　文化史編

　この時代の仏像は、北魏様式と南朝様式でつくられたものがあります。また、中宮寺天寿国繡帳は聖徳太子（厩戸王）がなくなったあとに、妃の橘大郎女がつくらせた刺繡です。

　ところで、飛鳥寺や四天王寺は当時建てた建造物がのこっていないため、美術作品としてはあげられません。いっぽう法隆寺の伽藍は、近くから発見された若草伽藍跡が最初に建立したものの跡で、現在の法隆寺は再建したものであることがわかりました。それでも世界最古の木造建築であることにはかわりません。

次の文の正誤を判定し、正しければ正、誤りなら誤と答えなさい。
法隆寺金堂の釈迦三尊像は、隋の文化の影響を強く受けている。
誤　隋の文化ではなく、その一つ前の南北朝文化。

第❷講
白鳳文化

> 🔵 **この講のポイント**
>
> **天武天皇**とその**皇后**の**持統天皇**の時代の文化を**白鳳文化**といいます。初唐文化の影響を受けたもので、律令国家建設期の明るい文化です。

≫ 仏教

　この時代の仏教は、国家が寺院を建立・管理するようになったことが特徴で、官立寺院として**大官大寺**や**薬師寺**があります。薬師寺は、天武天皇が皇后の病気が治るようにと願って建立した寺院です。

≫ 美術

❶おもな美術作品

建築	薬師寺東塔
彫刻	興福寺仏頭 薬師寺金堂薬師三尊像
絵画	法隆寺金堂壁画 高松塚古墳壁画

＊火葬…700年代に入ると、仏教にもとづく火葬がおこなわれるようになった。

法隆寺金堂壁画は飛鳥文化じゃないことに注意しよう！

興福寺仏頭はもともと山田寺の本尊だったもので、頭部だけがのこっています。高松塚古墳は終末期の古墳で、横穴式石室の壁に男性や女性や四神が描かれています。

>> 文学

文学では漢詩や和歌がつくられるようになりました。額田王や柿本人麻呂らの作品は、奈良時代の『万葉集』に掲載されました。壬申の乱後には、「大君は神にしませば」という句ではじまる天皇を神格化する歌がいくつも詠まれました。

正誤でチェック！

次の文の正誤を判定し、正しければ(正)、誤りなら(誤)と答えなさい。

法隆寺金堂の壁画は、中国盛唐文化の影響がおよんだころの作品で、中宮寺の天寿国繡帳とともに白鳳文化を代表する作品の一つである。

(誤)　盛唐文化ではなく初唐文化。また中宮寺の天寿国繡帳は飛鳥文化の作品。

第3講 天平文化

この講のポイント

奈良時代の文化を**天平文化**といいます。盛唐文化の影響をうけたもので、**聖武天皇が仏教をあつく信仰**したため、仏教色の強い文化となりました。

>> 仏教

この時代は、仏教に鎮護国家の役割が期待されました。政治をおこなうエライ人が仏教を信仰すれば、仏の加護により国が治まるという考えです。**聖武天皇**はこれにもとづいて、**国分寺**や大仏をつくったのです。大仏は**盧舎那仏**とよばれ、はじめ**近江国（滋賀県）の紫香楽につくろう**としましたが、のちに平城京に変えました。

ところで当時、**朝廷は僧侶が民間に布教したり、寺院外で活動するのを禁じていました。**国家としては、進んだ知識をもつ者を囲いこんでおきたかったからです。寺院や僧侶を保護するかわりに、統制していたわけです。しかし、それにさからって民間に布教していた僧侶がいました。**行基**です。行基は布教のかたわら橋などをつくって人びとから慕われ、大仏づくりに参加して大僧正となりました。

平城京には**東大寺**のほか、藤原氏の氏寺である興福寺などもつくられました。**南都六宗とよばれる教学集団**は、仏教理論の本格的

正誤でチェック！

次の文の正誤を判定し、正しければ㊣、誤りなら㊢と答えなさい。
大仏造立の詔にもとづき、東大寺に阿弥陀如来像が造られた。
㊢ 阿弥陀如来像ではなく盧舎那仏像。

な研究をはじめました。これはのちの天台宗や浄土真宗のような信者の集団ではなく、**経典の研究をおこなう学派**です。

▶ 美術

❶おもな美術作品

建築	東大寺法華堂（三月堂） 東大寺正倉院 唐招提寺講堂
彫刻	興福寺阿修羅像 ┐ 東大寺法華堂不空羂索観音像 ├ 乾漆像 唐招提寺鑑真和上像 ┘
絵画	正倉院鳥毛立女屏風 薬師寺吉祥天像
その他	正倉院宝物 百万塔陀羅尼（経）

薬師寺吉祥天像は、薬師寺といっても白鳳文化じゃないことに注意しよう。正倉院宝物は写真問題で出やすいよ！

東大寺正倉院は、角材を井桁に積み上げて壁にした校倉造というスタイルの建築で、螺鈿紫檀五絃琵琶などが納められていました。これらは**光明皇太后が献納した聖武天皇の遺品**で、唐や西アジアなどから伝わってきたものがあります。また、**唐招提寺**は、唐からまねかれた**鑑真**が開いた寺院です。鑑真は正式な僧侶になるためにまもらなければならない**戒律**を伝えました。

百万塔陀羅尼（経）は、称徳天皇が恵美押勝の乱の戦没者の冥福を祈ってつくらせたもので、世界最古の印刷物です。

＊**南都六宗**…華厳（けごん）宗・倶舎（くしゃ）宗・律（りつ）宗・法相（ほっそう）宗・成実（じょうじつ）宗・三論（さんろん）宗の６つ。
＊**塑像（そぞう）と乾漆像（かんしつぞう）**…天平文化の彫刻には、木の芯に粘土を塗り固めた塑像と、麻布を漆で塗り固めた乾漆像がある。

>> 文学・史誌

奈良時代には歴史書が編纂されました。『古事記』は、天武天皇が「帝紀」「旧辞」を再検討させたものを稗田阿礼によみならわせ、712年に太安万侶が筆録して完成したものです。いっぽう『日本書紀』は、同じく「帝紀」「旧辞」をもとにしていますが、**中国の史書にならって漢文・編年体**で書かれており、720年に舎人親王が編纂しました。これ以後、『日本三代実録』までつづく**正史の六国史の最初**となりました。ほかにも律令国家は、713年に**諸国に命じて産物や地名**などを記録した『風土記』をつくらせました。

文学では漢詩や和歌がまとめられました。最古の漢詩集である『懐風藻』や最古の和歌集である『万葉集』がつくられたのです。『万葉集』にはさまざまな人びとの歌が集められており、山上憶良が農民の苦しい生活を歌った「貧窮問答歌」もここにあります。まだ当時はひらがなが生まれていなかったので、**漢字の音訓で日本語をあらわす万葉仮名**が使われました。これは『古事記』にも使われています。

また、このころ日本最初の図書館もできました。石上宅嗣の芸亭です。

❶おもな文学作品

史誌	古事記
	日本書紀
	風土記
漢詩集	懐風藻
和歌集	万葉集

＊妻問婚（つまどいこん）…奈良時代の結婚のかたちには、男性が女性の家に通う妻問婚があった。

第❹講
弘仁・貞観文化

> 🗨 **この講のポイント**
> 平安時代の文化は3つに分けられます。平安前期の文化を**弘仁・貞観文化**といいます。晩唐文化の影響をうけて、漢文学がさかんとなった文化です。

≫ 仏教

　遣唐使に従って中国に渡った**最澄**と**空海**は、帰国後、**天台宗**と**真言宗**をそれぞれひらきました。天台宗は**比叡山延暦寺**を拠点としたのに対し、真言宗は**高野山金剛峰寺**と教王護国寺（東寺）を拠点としました。2つの宗派は**密教**化し、**加持祈禱**を重視して**現世利益**を求めたため、貴族の支持をうけました。それとともに、山伏の信仰である**修験道**がおこりました。これは密教と山岳信仰がむすびついたもので、実践的な山岳修行をおこなって呪力を体得しようとしました。

　いっぽうすでに奈良時代後期から、**古来の神々に対する信仰と仏教がまじりあう神仏習合**がおこっていました。神社の境内に**神宮寺**とよばれる寺を建てたり、薬師寺僧形八幡神像のような、僧侶の姿をした神像がつくられたのです。平安時代に入ると、神仏習合の考

＊**円仁（えんにん）と円珍（えんちん）**…天台宗は、最澄の弟子の円仁・円珍によって本格的に密教が取り入れられた。円仁の著書に『入唐求法巡礼行記（にっとうぐほうじゅんれいこうき）』がある。

えはいっそう強まりました。

>> 美術

この時代の彫刻は一木造のものが多く、また観心寺如意輪観音像のような神秘的で密教的な作品もつくられました。密教の影響は絵画にもあらわれました。**曼荼羅は密教の世界を描いたもの**です。

❶おもな美術作品

建築	室生寺金堂・五重塔
彫刻	薬師寺僧形八幡神像 神護寺薬師如来像 観心寺如意輪観音像
絵画	神護寺両界曼荼羅 教王護国寺両界曼荼羅 園城寺不動明王像（黄不動）

書道では、嵯峨天皇・空海・橘 逸勢の3人が**三筆**としてたたえられました。空海が最澄に書き送った書状の『風信帖』が、達筆として有名です。

ゴロで覚える！

三筆
たちっぱなしで　そら　さがせ
橘逸勢　　　　　空海　嵯峨天皇

>> 文学・教育

文学では漢詩文がさかんになり、嵯峨天皇の命で編纂された『凌雲集』などの勅撰漢詩文集がつくられました。ほかに現存最古の説話集である『日本霊異記』が景戒によって編纂されました。史書では、『日本書紀』をつくったあとも正史の編纂が進められ、10世紀初頭の『日本三代実録』まで、あわせて6つの正史がつくられます。

次の文の正誤を判定し、正しければ正、誤りなら誤と答えなさい。
8世紀には仏教と在来の神々に対する信仰が厳格に区別され、そのための施設も別々の場所に設けられた。

誤　厳格に区別されたのではなく、逆に奈良末期から神仏習合がおこっていた。

天平文化のときの『懐風藻』は「勅撰」じゃない、つまり天皇の命で編纂されたわけじゃないことに注意しよう！

　また、有力な貴族は**大学別曹**をもうけ、一族の子弟を寄宿させて勉強させました。藤原氏の勧学院などがあります。空海は庶民の教育のために綜芸種智院をもうけました。

==

＊大学別曹…ほかに在原(ありわら)氏の奨学院(しょうがくいん)、橘氏の学館院(がっかんいん)、和気(わけ)氏の弘文院(こうぶんいん)がある。

第❺講
国風文化

> **この講のポイント**
> 10〜11世紀の**摂関政治の時代**の文化を、**国風文化**といいます。これまでに受けいれてきた唐の文化を日本の風土にあわせた、優雅で洗練された文化です。

≫ 仏教

　この時代も天台宗や真言宗は力をもっていましたが、**来世の極楽往生**を願う**浄土教**が流行しました。これは阿弥陀仏の救いによって、死後、極楽浄土に生まれ変わることを願う信仰です。10世紀半ば、**空也**は京中でこの教えを説いて市聖とよばれました。ついで**源信**は『**往生要集**』で極楽往生の方法を説き、慶滋保胤は『日本往生極楽記』で極楽往生の実例をあらわしました。浄土教は貴族だけでなく庶民のあいだにも広まりましたが、この世が滅びる日がくるという**末法思想**が流行すると、ますますさかんになりました。

≫ 美術

　平等院鳳凰堂は、**藤原頼通**が京都の**宇治**に建てた**阿弥陀堂建築**です。頼通の父の**藤原道長**も浄土教を信仰して**法成寺**を

＊**本地垂迹説**（ほんじすいじゃくせつ）…神は仏の仮の姿であるとする説。神仏習合がさかんになるなかで広まった。

建てましたが、現在はのこっていません。鳳凰堂の中にある阿弥陀如来像は、**定朝がつくった寄木造による彫刻**です。寄木造は仏像をいくつかの部品に分けてつくるもので、効率がよいため、大量の仏像の需要にこたえました。絵画では、阿弥陀如来が死者を迎えにくる来迎図が描かれました。

浄土教にまつわる美術に対して、国風美術といえるものがあります。貴族の住宅は**寝殿造**の様式で建てられ、室内の襖や屏風には、日本の風物を描く**大和絵**が描かれました。書道もこれまでの唐様にかわって和様の書体が流行し、三蹟とよばれた小野道風・藤原佐理・藤原行成の名手があらわれました。藤原佐理の書に『離洛帖』があります。

🟦 おもな美術作品

建築	平等院鳳凰堂（藤原頼通）
彫刻	平等院鳳凰堂阿弥陀如来像（定朝）
絵画	高野山聖衆来迎図

>> 文学

この時代には平仮名や片仮名の**仮名文字**が発達しました。平仮名が漢字をくずしてつくられたのに対し、片仮名は漢字の一部をとってつくられました。仮名文字がうまれたことによって、漢字だけではあらわせなかった日本人らしい感情をゆたかに表現できるようになりました。こうして和歌や物語・日記文学がさかんになったのです。『**古今和歌集**』は、醍醐天皇の命で905年に編

🟦 おもな文学作品

和歌	古今和歌集（紀貫之）
物語	竹取物語 伊勢物語 源氏物語（紫式部）
日記・随筆	土佐日記（紀貫之） 枕草子（清少納言） 紫式部日記（紫式部） 更級日記（菅原孝標の女）

次の文の正誤を判定し、正しければ(正)、誤りなら(誤)と答えなさい。
平安時代の中期の文化では、漢字の一部をとった平仮名と、草書体をくずした片仮名が作られた。
(誤) 平仮名と片仮名が逆。

纂された勅撰和歌集で、編者の**紀貫之**は『**土佐日記**』の作者としても有名です。日記は、子孫に先例を学ばせる目的もあって書かれました。

≫ その他

　人びとの衣服を見てみましょう。貴族の正装は、男性が束帯・衣冠なのに対し女性は女房装束（十二単）でした。貴族は吉凶を気にかけ、**陰陽道**の影響で**物忌**（家に引きこもる）や**方違**（凶の方角を避けて移動する）などの行動の制限を受けました。また、政争などで恨みをのこして死んだ霊をまつる**御霊信仰**が広まり、祇園御霊会や菅原道真をまつる北野御霊会がおこなわれました。

＊元服（げんぷく）と裳着（もぎ）…貴族の成人式。10代前半で男子は元服、女子は裳着とよばれる式をあげて、成人として扱われた。

第❻講
院政期の文化

> 💬 **この講のポイント**
>
> 平安末期の文化を**院政期の文化**といいます。浄土教などの中央の文化が、地方に伝播していきました。このため**地方に阿弥陀堂建築**が建てられたのです。また、上皇や貴族はしばしば**熊野**に参詣しました。

>> 美術

❶おもな美術作品

建築	中尊寺金色堂（藤原清衡） 富貴寺大堂 白水阿弥陀堂
絵画	源氏物語絵巻 信貴山縁起絵巻 鳥獣戯画 伴大納言絵巻
装飾経	扇面古写経 平家納経（平清盛）

 次の文の正誤を判定し、正しければ㊣、誤りなら㊡と答えなさい。
9世紀になると、密教文化がさかんになり、九州でも富貴寺大堂がつくられた。
㊡ 富貴寺大堂がつくられたのは9世紀ではなく院政期。また、密教文化ではなく浄土教。

> **ゴロで覚える！ 院政期の絵巻物**
> **げん　　　しん　　　　ちょう　　ばん** 院政期！
> **源**氏物語絵巻　**信**貴山縁起絵巻　**鳥**獣戯画　**伴**大納言絵巻

　中尊寺金色堂は、奥州藤原氏によって陸奥**平泉**に建立された阿弥陀堂建築です（⇒本編 P.87）。同じように地方に建立された阿弥陀堂建築に、大分県の**富貴寺大堂**や、福島県の白水阿弥陀堂があります。

　絵画では絵と文章からなる絵巻物がつくられました。『**鳥獣戯画**』は**動物を擬人化して当時の社会を風刺**したもので、『**伴大納言絵巻**』は**応天門の変を題材**としたものです。このほか、平清盛がつくった『**平家納経**』は厳島神社に奉納されました。

〉〉 文学・芸能

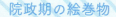おもな文学作品　　　　　　　※国風文化に分類されることもある

軍記物語	将門記……平将門の乱を描く
	陸奥話記……前九年合戦を描く
歴史物語	栄花物語※……藤原道長の栄華を中心に描く
	大鏡……摂関政治を客観的に描く
その他	**梁塵秘抄**（後白河法皇）……今様
	今昔物語集……説話集

　この時代は、武士が台頭してきたことをうけて軍記物語が書かれました。その1つ『**陸奥話記**』は、前九年合戦を描いたものです。また、漢文で書かれた六国史に対して、仮名を用いた**和文体で書かれた歴史物語**も登場しました。『栄花物語』は藤原道長を賛美しているのに

　＊厳島神社…安芸国(現広島県)にある平氏の氏神。

16   別冊　文化史編

対し、『大鏡』は逆に批判的に書いています。

　民衆の芸能が貴族社会に広がったのもこの時代の特徴です。もともと田植えのときにおこなう豊作を祈る歌舞の田楽が、庶民だけでなく貴族のあいだでも大流行しました。また、後白河法皇は当世風の歌謡である今様を集めた『梁塵秘抄』を編纂しました。

補足　＊『今昔物語集』…インド・中国・日本の説話を数多く集めたもの。

第❼講
鎌倉文化

> **この講のポイント**
> 鎌倉時代には、伝統的な文化とともに、素朴で質実な武家文化も発達しました。中国からは宋・元の文化が伝わってきました。

≫ 仏教

　仏教の戒律では、「生き物を殺してはいけない」など、さまざまなルールがありました。しかし、それを厳しくまもれるのはお坊さんくらいなものです。これではお坊さん以外の人びとが、救われないことになってしまいます。そこに異をとなえて、**人びとが出家せずとも救われると説く、民衆救済を目的とするあらたな仏教**がおこりました。次の6つの宗派です。

🔽鎌倉新仏教

宗　派	開祖	主　著	寺　院
浄土宗	法然	『選択本願念仏集』	知恩院
浄土真宗	親鸞	『教行信証』	本願寺
時宗	一遍		清浄光寺
臨済宗	栄西	『興禅護国論』	建仁寺
曹洞宗	道元	『正法眼蔵』	永平寺
日蓮宗	日蓮	『立正安国論』	久遠寺

＊一遍の著書…一遍は死ぬ直前に著書を焼いたため、著作はのこっていない。

鎌倉新仏教は、大学入試の頻出テーマだよ！

法然がひらいた**浄土宗**は、ひたすら「**南無阿弥陀仏**」という**念仏をとなえれば（専修念仏）、救われる**という教えです。法然の弟子の**親鸞**は、師の教えを一歩進めて、**浄土真宗**（一向宗）をひらきました。阿弥陀仏を信じる心を重視する絶対他力の教えで、煩悩の深い人間（悪人）こそが阿弥陀仏の救おうとする対象であるという**悪人正機**の教えを説きました。この教えは、弟子の唯円が『歎異抄』に記しています。浄土宗や浄土真宗と同様に阿弥陀仏を信仰する**一遍**は、信心の有無にかかわらず、すべての人が救われるとする**時宗**をひらきました。諸国を遊行しながら先々で**踊念仏**をおこない、教えをひろめました。

つぎに、**坐禅の修行をおこなう禅宗**を見てみましょう。**栄西**と**道元**は宋に渡り、それぞれ**臨済宗**と**曹洞宗**を日本に伝えました。**臨済宗は坐禅をしながら公案という問題を解く**のに対し、曹洞宗はひたすら坐禅（只管打坐）をおこないました。**臨済宗は、幕府つまり北条氏が保護した宗派です**。のちには室町幕府の保護もうけました。このため、宋から禅僧がまねかれることがありました。**蘭溪道隆**は**北条時頼**にまねかれて**建長寺**をひらき、無学祖元は北条時宗にまねかれて**円覚寺**をひらきました。また、栄西は宋から茶をもたらし、『喫茶養生記』をあらわして茶の効能を説きました。

いっぽう**日蓮**は、他の宗派を激しく攻撃し、「**南無妙法蓮華経**」という**題目**をとなえることを重んじる**日蓮宗**（法華宗）をひらきました。著書『立正安国論』では、**国難到来つまり蒙古襲来を予言**

※伊勢神道…蒙古襲来をきっかけに神国思想が強まり、伊勢神宮の神官の度会家行（わたらいいえゆき）は、神が仏のモトであるとする反本地垂迹説をとなえ、伊勢神道をおこした。著書に『類聚神祇本源（るいじゅうじんぎほんげん）』がある。

しましたが、逆に幕府から弾圧を受けました。

　新仏教に対抗して、戒律を尊重する旧仏教勢力も改革をおこないました。法相宗の貞慶や華厳宗の高弁（明恵）らは戒律の尊重とその功徳を説き、律宗の叡尊と弟子の忍性はきびしい戒律を重んじながら、奈良に貧民や、難病で苦しんでいる人びとのために北山十八間戸を建てて救済事業をおこないました。

≫ 美術

❶おもな美術作品

建築	東大寺南大門（重源）……大仏様 蓮華王院本堂（三十三間堂）……和様 観心寺金堂……折衷様
彫刻	東大寺南大門金剛力士像（運慶・快慶ら） 六波羅蜜寺空也上人像（康勝）
絵画	北野天神縁起絵巻（藤原信実） 一遍上人絵伝（円伊）

　治承・寿永の乱の際、平氏によって東大寺が焼き打ちされ、大仏は壊されました。重源は宋からとり入れた大仏様という建築様式を用い、宋からきた陳和卿とともにその再建に取り組みました。戦国時代に大仏はふたたび壊されましたが、重源が再建した南大門は現在ものこっています。その内部にある金剛力士像は、運慶・快慶らの奈良仏師によってつくられたものです。

　絵画では、藤原隆信らが肖像画の似絵を描きました。**禅宗の高僧の肖像画は頂相**といいます。工芸では、甲冑の名工の明珍や、刀鍛冶の名工の長船長光や岡崎正宗らが活躍しました。宋で製陶法を学んだ加藤景正は、尾張で瀬戸焼をはじめました。

＊旧仏教…高弁(明恵)は高山寺(こうざんじ)、叡尊は西大寺(さいだいじ)、忍性は極楽寺(ごくらくじ)をそれぞれ拠点とした。

文学

おもな文学作品

和歌	山家集（西行） 新古今和歌集（藤原定家ら） 金槐和歌集（源実朝）
日記・随筆	方丈記（鴨長明） 徒然草（吉田兼好） 十六夜日記（阿仏尼） 玉葉（九条兼実）
軍記物・史書	平家物語 愚管抄（慈円） 吾妻鏡
説話	沙石集（無住）……仏教説話集

『愚管抄』はよく出るよ！ 中身までよく理解しておこう。

　和歌では、後鳥羽上皇が**藤原定家**らに命じて『**新古今和歌集**』を編纂させました。『十六夜日記』は、所領訴訟のために阿仏尼が鎌倉に赴いたときの日記です。平氏の栄枯盛衰を描いた『**平家物語**』は、**琵琶法師**たちの語りによって民間にひろめられました。『**愚管抄**』は、**摂関家出身で天台座主**（天台宗の長官）となった**慈円**があらわした歴史哲学書で、歴史の移り変わりを道理によって説明しています。『**吾妻鏡**』は**鎌倉幕府の公式記録**といえる歴史書です。

＊金沢文庫…鎌倉時代に北条（金沢）実時が、武蔵国金沢（現横浜市）につくった文庫。和漢の書を集めた。

第❽講
室町文化

> **この講のポイント**
>
> 室町時代の文化は、次の3つの文化に分けられます。**南北朝期の文化**、**足利義満時代**を中心とする**北山文化**、応仁の乱前後の**足利義政時代**を中心とする**東山文化**です。

▶ 仏教

　幕府の保護をうけた**臨済宗**では、足利義満の時代に**五山・十刹の制**という寺院の格付け制度がととのえられました。天竜寺をはじめとする京都五山と、建長寺をはじめとする鎌倉五山が定められ、五山の上には南禅寺がおかれました。五山の僧らのあいだでは水墨画や漢詩文もさかんで、**義堂周信**と絶海中津は五山文学の双璧とよばれました。こうした五山派とは反対に、**権力から離れて民間布教に力を入れた一派**を**林下**といいます。臨済宗寺院では大徳寺や妙心寺があり、とんち話で有名な一休宗純は、この大徳寺のお坊さんでした。

　東山文化のころには、浄土真宗に**蓮如**が出て、北陸などで布教して教団を大きくしました。蓮如は、講という信者組織をつくり、御文とよばれる手紙を送って教えを説くいっぽう、越前に吉崎御坊、京都

　＊京都五山…天竜寺・相国寺(しょうこくじ)・建仁寺(けんにんじ)・東福寺(とうふくじ)・万寿寺(まんじゅじ)の5つの寺。

山科に本願寺を建てました。日蓮宗では、**日親**が京都を中心に布教し、**戦国時代には京都の商工業者**らは**法華一揆**を結びました。1532年に法華一揆は**山科本願寺を焼き打ち**しましたが、1536年には逆に**延暦寺**に**天文法華の乱**で焼き打ちされ、**おとろえました。**

神道では、吉田兼倶が仏教や儒教を取りこんだ**唯一神道**をとなえました。

>> 美術

足利義満は京都北山に**金閣**をつくり、**足利義政**は京都東山に**銀閣**をつくりました。金閣は伝統的な寝殿造風と禅宗寺院の禅宗様が用いられ、銀閣の下層と隣に建てられた東求堂には、**書院造**が用いられました。書院

❶おもな美術作品

建築	鹿苑寺金閣（足利義満）	
	慈照寺銀閣（足利義政）	
	慈照寺東求堂同仁斎	
庭園	竜安寺石庭	枯山水庭園
	大徳寺大仙院庭園	
絵画	瓢鮎図（如拙）	
	四季山水図巻（雪舟）	

造は、室内に床の間や違い棚、明障子がもうけられた建築様式です。金閣と銀閣は、のちにそれぞれ禅宗寺院の鹿苑寺、慈照寺となりました。禅宗寺院では、**岩や白砂だけで滝や水を表現する**枯山水庭園がつくられました。

絵画では、**墨の濃淡で自然や人物をあらわす水墨画**が描かれるようになりました。北山文化のころに如拙が描いた『**瓢鮎図**』は、禅宗の公案（問題）を題材としたものです。その後、**東山文化のころに雪舟が水墨画を大成**しました。

ちょっと補足　※雪舟…大内氏の援助で明に渡り、水墨画を学んだ。帰国後は山口を中心に活躍した。

>> 文芸

　連歌は、和歌の上の句と下の句をリレー形式で詠みつぐものです。南北朝時代に二条良基は、連歌集の『菟玖波集』を編纂し、規則書として『応安新式』をあらわして、連歌の地位を高めました。のちに東山文化のころになると、正風連歌を確立した宗祇が『新撰菟玖波集』を編纂し、山崎宗鑑はより自由な気風の俳諧連歌をつくりました。

❶おもな文学作品

連歌	菟玖波集（二条良基） 新撰菟玖波集（宗祇） 犬筑波集（山崎宗鑑）
軍記物語・史書	太平記 増鏡 神皇正統記（北畠親房） 梅松論
有職故実	職原抄（北畠親房） 公事根源（一条兼良）
その他	風姿花伝（世阿弥） 樵談治要（一条兼良） 閑吟集

　南北朝期の文化では、**南北朝の内乱の全体を描いた軍記物語**の『**太平記**』がつくられたほか、歴史書が南北朝それぞれの立場から書かれました。鎌倉幕府成立から滅亡までを**公家の立場からあらわ**した『**増鏡**』、**北畠親房が南朝の正統性をあらわした**『**神皇正統記**』、内乱を**武家の立場から記した**『**梅松論**』です。北畠親房は、朝廷の儀式や先例を研究する有職故実の書である『職原抄』もあらわしました。

　東山文化のころには、一条兼良が政治のあり方について述べた『**樵談治要**』をあらわし、将軍足利義尚に献じました。庶民のあいだでは、『一寸法師』などの御伽草子が好まれたほか、小歌がはやって『**閑吟集**』が編集されました。

ちょっと補足

＊連歌集…『菟玖波集』と『新撰菟玖波集』は、勅撰に準ぜられた。

＊『樵談治要』…応仁の乱の時にあらわれた足軽を、「足かるは、超過したる悪党也（なり）」と非難している。

≫ 教育

関東管領の上杉憲実が下野に再興した足利学校には、全国から禅僧や武士が集まりました。また、肥後の菊池氏や薩摩の島津氏は禅僧の桂庵玄樹をまねき、土佐の吉良氏は南村梅軒をまねいて朱子学を講義させました。地方の寺院でも教育がおこなわれ、**教科書には、手紙の往復の形をとった『庭訓往来』や日常語の辞書である『節用集』などが使われました。**

地方で儒学を講義した禅僧

K あん さつ し　ま ひ ごの菊池　　南の村は土佐 きらい

桂庵玄樹　薩摩　島津氏　肥後　菊池氏　南村梅軒　土佐　吉良氏

≫ 芸能

室町時代には演劇も発達しました。芸術性の高い能（猿楽能）と、風刺性の強い喜劇の狂言です。**足利義満の保護をうけた観阿弥・世阿弥父子**は、猿楽能を大成し、世阿弥は能の理論をまとめた『風姿花伝（花伝書）』をあらわしました。また、**盆踊り**がはじまったのもこのころからです。盆踊りは、さまざまな趣向を凝らした扮装をして踊る風流踊と、念仏踊りが結びついて生まれました。

茶道（茶の湯）では、東山文化のころに村田珠光が**侘び茶**をはじめ、武野紹鷗があとをつぎました。花道では立花がはじまり、その名手として池坊専慶が出ました。

次の文の正誤を判定し、正しければ㊣、誤りなら㊤と答えなさい。
『節用集』は、鎌倉時代の民間伝説を編集した作品である。
㊤　『節用集』は室町時代の国語辞書。

第❾講
桃山文化

> 😊 **この講のポイント**
>
> 織豊政権の時代の文化を**桃山文化**といいます。戦国大名や豪商の権力と富を背景に、豪華で壮大な文化となりました。

≫ 美術

この時代をもっとも象徴するのが城郭建築です。**石垣**や土塁と堀をめぐらし、高層の**天守閣**が築かれました。城郭の内部には、**金箔地に華麗な彩色をほどこし**た**濃絵**の**障壁画**が描かれました。**狩野永徳**の『**唐獅子図屏風**』はその代表的作品です。同じ永徳の『**洛中洛外図屏風**』は庶民の生活や風俗を描いたものです。

おもな美術作品

建築	姫路城
	妙喜庵待庵（千利休）
絵画	唐獅子図屏風（狩野永徳）
	智積院襖絵（長谷川等伯）
	洛中洛外図屏風（狩野永徳）

≫ 芸能

茶の湯では、堺の豪商の千利休が武野紹鷗のあとをついで、質素・閑寂の精神を重んじる**侘茶**を大成しました。千利休がつくった茶室に妙喜庵待庵があります。

＊狩野派…東山文化の狩野正信（まさのぶ）にはじまる一派で、桃山文化のころには大和絵と水墨画を融合させた画風を確立して全盛期をほこった。

26　別冊 文化史編

　庶民のあいだでは、出雲阿国が考案したかぶき踊りが人気となって、阿国歌舞伎とよばれました。やがて**女歌舞伎に発展しましたが、江戸幕府は風俗を乱すという理由で禁止**しました。ほかに、堺の商人高三隆達が小歌に節をつけた隆達節や、**人形浄瑠璃**も人気をよびました。人形浄瑠璃は、はじめは簡単な語り物だったのが、琉球から伝わった**三味線**の伴奏と操り人形がとり入れられました。

>> 南蛮文化

　この時代にはポルトガル人とスペイン人による南蛮貿易がさかんになって、**南蛮文化**もおこりました。当時の南蛮人のようすは、日本人が描いた『**南蛮屏風**』に見ることができます。ヴァリニャーニは活字印刷機をもたらし、イソップ物語や平家物語を**ローマ字を用いて印刷**しました。それらは**キリシタン版（天草版）**とよばれています。現在も使われている「カステラ」や「カルタ」という言葉は、このころ入ってきたポルトガル語です。

==

正誤でチェック！

次の文の正誤を判定し、正しければ正、誤りなら誤と答えなさい。
桃山文化のころ、西洋人画家が南蛮人の風俗を南蛮屏風に描いた。
誤　西洋人画家ではなく日本人画家。

第10講 寛永期の文化

この講のポイント

江戸時代初期の文化を**寛永期の文化**といいます。3代将軍**徳川家光時代を中心**とする文化です。家光時代には寛永通宝が発行されましたね。

美術

徳川家康を祀る**日光東照宮**は、**権現造**の豪華な建築物なのに対し、八条宮智仁親王の別荘である**桂離宮**は、簡素な**数寄屋造**の建造物です。絵画では、狩野探幽が幕府御用絵師となり、俵屋宗達が装飾画を描きました。京都の本阿弥光悦は、多才で蒔絵や書や陶芸などの作品をのこしました。朝鮮出兵の際に連れてこられた陶工（➡本編 P.148）によってはじめられた肥前の**有田焼では、酒井田柿右衛門が赤絵の技法を完成**させました。

❶おもな美術作品

建築	日光東照宮……権現造 桂離宮（八条宮智仁親王）……数寄屋造
絵画	大徳寺方丈襖絵（狩野探幽） 風神雷神図屏風（俵屋宗達） 舟橋蒔絵硯箱（本阿弥光悦）

正誤でチェック！

次の文の正誤を判定し、正しければ㊣、誤りなら㊝と答えなさい。

薩摩焼・平戸焼・瀬戸焼などは、朝鮮出兵の際に諸大名によって連れてこられた朝鮮人陶工の手によってはじめられた。

㊝ 瀬戸焼は朝鮮出兵以前から生産されていた。

≫ 文芸

　文芸では、御伽草子にかわって、教訓・道徳などをテーマとした仮名草子があらわれました。連歌の第一句（発句）だけを独立させた俳諧では、松永貞徳の**貞門派**と西山宗因の**談林派**がおこりました。

＊**黄檗宗**（おうばくしゅう）…明から隠元（いんげん）が来日して、禅宗の一派である黄檗宗を伝え、京都の宇治に万福寺（まんぷくじ）を創建した。

第⑪講 元禄文化

この講のポイント

5代将軍**徳川綱吉の治世下**の元禄時代を中心とする文化を、**元禄文化**といいます。**上方とよばれた大坂・京都の町人**をおもなにない手とする文化です。

>> 美術

おもな美術作品

絵画	紅白梅図屏風（尾形光琳） 燕子花図屏風（尾形光琳） 見返り美人図（菱川師宣）
工芸	色絵藤花文茶壺（野々村仁清）

絵画では、**尾形光琳**が**俵屋宗達の画風を取り入れて、装飾画法を大成**しました。浮世絵は最初肉筆画でしたが、『**見返り美人図**』を描いた**菱川師宣**が、**浮世絵版画をはじめました**。しかし、このころはまだ多色刷はできませんでした。陶芸では、野々村仁清が色絵を完成して京焼の祖となり、染色では宮崎友禅が友禅染をはじめて、着物に華やかな模様をあらわしました。

正誤でチェック！

次の文の正誤を判定し、正しければ㊣、誤りなら㊦と答えなさい。

『見返り美人図』の作者は、錦絵をはじめたといわれる。

㊦　錦絵ではなく浮世絵版画。錦絵は多色刷版画のことで、まだはじまっていない。P.34に出てくる。

見返り美人図はカラーだけど、あれは版画じゃなくて肉筆画なんだよ。

>> 文芸

この時期の文芸では、井原西鶴・松尾芭蕉・近松門左衛門の3人が大きく活躍しました。**井原西鶴**は浮世草子という小説で、営利や享楽の世を才覚で生きる人びとを描きました。**松尾芭蕉**は俳諧紀行文の『**奥の細道**』をあらわし、蕉風（正風）俳諧を確立しました。**近松門左衛門は浄瑠璃や歌舞伎の脚本**を書きました。明の遺臣鄭成功が明の再興をはかる『国性（姓）爺合戦』などの時代物のほか、『曽根崎心中』などの世話物があります。『曽根崎心中』は**竹本義太夫**の語りによる**人形浄瑠璃**が、人びとの共感をよびました。

ほかに芸能では、歌舞伎が男性の役者だけによる野郎歌舞伎となり、**上方に和事（恋愛劇）の名優**として**坂田藤十郎**が、女形（女性役）の名優に芳沢あやめが出て、江戸には荒事（勇壮な演技）の名優として市川団十郎があらわれました。

	おもな文学作品
小説	日本永代蔵（井原西鶴）
俳諧	奥の細道（松尾芭蕉）
脚本	国性爺合戦（近松門左衛門） 曽根崎心中（近松門左衛門）

＊井原西鶴…『好色一代男』などの好色物や『武家義理物語』などの武家物も書いた。『日本永代蔵』は町人物。

>> 学問

❶儒学者の系統

朱子学
- 藤原惺窩〈京学〉
  - 林羅山 ― 林鵞峰 ― 林鳳岡(信篤)
  - 松永尺五 ― 木下順庵
    - 新井白石
    - 室鳩巣
- 南村梅軒〈南学〉…… 谷時中
  - 野中兼山
  - 山崎闇斎

陽明学
- 中江藤樹 ― 熊沢蕃山

古学
- 〈聖学〉 山鹿素行
- 〈堀川学派〉 伊藤仁斎 ― 伊藤東涯
- 〈古文辞学派〉 荻生徂徠 ― 太宰春台

系図そのものが問われることはないけど、それぞれの人物がどの学派に所属しているかはつかんでおく必要があるよ。

◆儒学

文治政治のベースとされた儒学の中で、とくに**朱子学**は封建秩序の維持に役立つため、幕府や藩に重んじられました。**藤原惺窩**の門人であった**林羅山**は、徳川家康に登用され、日本の通史である『**本朝通鑑**』を編纂しました。以後、**林家は代々幕府の教学の家**となりました。同じく藤原惺窩の流れをくむ**新井白石**の著作には、朝廷や武家政権の変遷を記した『読史余論』や自伝の『折たく柴の記』があります。同じ朱子学でも、土佐の南村梅軒(➡P.24)の流れをくむ南学からは**山崎闇斎**が出て、儒学と神道を融合させた**垂加神道**をとなえました。

いっぽう**知識と行為の一致を説く陽明学**は、朱子学を批判したため、幕府から警戒されました。中江藤樹の門人の**熊沢蕃山**は『大学或問』をあらわして幕政を批判したため、下総古河に幽閉され

正誤でチェック!

次の文の正誤を判定し、正しければ㊣、誤りなら㊎と答えなさい。

江戸時代前期、中江藤樹は、朱子学に対抗して、門人の大塩平八郎とともに古文辞学を提唱した。

㊎ 中江藤樹は陽明学を提唱した。また、大塩平八郎は江戸後期の陽明学者で、中江藤樹の門人ではない。

ました。

　これらに対し、朱子学や陽明学は後世に生まれたものだから孔子・孟子の原典に立ちかえるべきだと主張したのが古学です。山鹿素行は『聖教要録』をあらわして朱子学を批判し、幕府に処罰されました。京都の伊藤仁斎・東涯父子は、古義学派（堀川学派）をひらき、『政談』で武士が農村に土着するべきだと説いた荻生徂徠は、古文辞学派をひらきました。その門人の太宰春台は『経済録』をあらわして、藩による商業活動の重要性を説きました。

おもな著作
本朝通鑑（林羅山・林鵞峰）
読史余論（新井白石）
折たく柴の記（新井白石）
大学或問（熊沢蕃山）
聖教要録（山鹿素行）
政談（荻生徂徠）
経済録（太宰春台）

◆自然科学

　自然科学でも実証的な研究がさかんとなり、農学では宮崎安貞が『農業全書』をあらわしました（➡本編 P.180）。動物や薬草などの研究をおこなう本草学では、貝原益軒が『大和本草』をあらわしました。和算とよばれた日本の数学では、吉田光由が入門書の『塵劫記』をあらわしたのち、関孝和が和算を大成しました。天文学では、渋川春海が中国の暦を訂正して貞享暦をつくり、幕府天文方になりました。地理学では、西川如見は『華夷通商考』で海外事情を紹介しました。新井白石は、日本に密入国したイタリア人宣教師シ

おもな著書	
農学	農業全書（宮崎安貞）
	農具便利論（大蔵永常）
	広益国産考（大蔵永常）
本草学	大和本草（貝原益軒）
	庶物類纂（稲生若水）
和算	塵劫記（吉田光由）
	発微算法（関孝和）
地理学	華夷通商考（西川如見）
	西洋紀聞（新井白石）

＊国文学…契沖（けいちゅう）が『万葉集』の注釈書である『万葉代匠記』をあらわし、国学のさきがけとなった。北村季吟（きぎん）は源氏物語の註釈書である『源氏物語湖月抄（こげつしょう）』をあらわした。

ドッチを尋問し、『西洋紀聞』をあらわしました。歴史学では、水戸藩の徳川光圀の命で、『大日本史』の編纂が江戸の彰考館ではじまりました。

===

＊シドッチ…イエズス会宣教師で、1708年に屋久島に潜入してとらえられた。シドッチを尋問した新井白石は、『采覧異言（さいらんいげん）』もあらわした。

第⑫講
化政文化

> **この講のポイント**
> 19世紀の**文化・文政時代**（**大御所時代**）を中心とする文化を、**化政文化**といいます。江戸の町人をおもなにない手とする文化です。

>> 美術

①おもな美術作品

浮世絵	ポッピンを吹く女（喜多川歌麿） 市川鰕蔵（東洲斎写楽） 富嶽三十六景（葛飾北斎） 東海道五十三次（歌川広重）
文人画	十便十宜図（池大雅・与謝蕪村） 鷹見泉石像（渡辺崋山）
写生画	雪松図屏風（円山応挙）
西洋画	不忍池図（司馬江漢） 浅間山図屏風（亜欧堂田善）

　浮世絵では、18世紀に**鈴木春信**によって、カラーの**多色刷版画**である**錦絵**が創始されました。大量に出版されて人気となった浮世絵には、**喜多川歌麿**の美人画、東洲斎写楽の役者絵や相撲絵、**葛飾北斎**や**歌川広重**の風景画などがあります。文人画は中国か

＊宝暦（ほうれき）・天明（てんめい）期の文化…18世紀の文化を「宝暦・天明期の文化」とすることもある。

ら伝わった南画の影響を受け、池大雅は与謝蕪村との合作で『十便十宜図』を描きました。西洋画では、**司馬江漢**が日本の銅版画をはじめました。

>> 文芸

●おもな文学作品

洒落本	仕懸文庫（**山東京伝**）
黄表紙	金々先生栄花夢（恋川春町）
滑稽本	東海道中膝栗毛（**十返舎一九**） 浮世風呂（式亭三馬）
人情本	春色梅児誉美（**為永春水**）
合巻	偐紫田舎源氏（**柳亭種彦**）
読本	南総里見八犬伝（**滝沢馬琴**）
俳諧	おらが春（**小林一茶**）
川柳	誹風柳多留（柄井川柳）
浄瑠璃	**仮名手本忠臣蔵**（竹田出雲）
歌舞伎	**東海道四谷怪談**（鶴屋南北）
その他	**北越雪譜**（**鈴木牧之**）

寛政の改革の風俗取締まりによって、遊里文学の洒落本や、さし絵入りの**黄表紙**が弾圧されました（●本編 P.206）。その後、文化・文政時代になると取締りがゆるみ、さまざまな文芸が生まれました。都市を中心に貸本屋ができたことも手伝い、それらの作品は多くの人びとに読まれました。

笑いを基調に庶民の生活をいきいきと描いた**滑稽本**には、旅を題材とした**十返舎一九**の『東海道中膝栗毛』や、式亭三馬の『浮世風呂』があります。恋愛ものを扱った人情本の代表作家**為永春水**と、黄表紙をとじ合わせた合巻の代表作家**柳亭種彦**は、天保の

===

＊浮世絵…開国後に輸出された浮世絵は、モネやゴッホらのヨーロッパ印象派の画家に影響をあたえた。

改革で処罰されました（➡本編 P.212）。歴史や伝説を題材にした小説の**読本**では、**滝沢馬琴**が人気作家となりました。

俳諧では、**小林一茶**が人間味豊かな独自の句を詠みました。世相や政治を題材にした狂歌や川柳も流行し、**狂歌**では大田南畝、**川柳**では柄井川柳の作品が評判になりました。脚本では、竹田出雲が浄瑠璃の『**仮名手本忠臣蔵**』をあらわし、鶴屋南北が歌舞伎の『**東海道四谷怪談**』をあらわしました。

このほか、越後の**鈴木牧之**が雪国の生活や風俗を『**北越雪譜**』に描写し、三河の菅江真澄は東北各地を旅して民衆の生活を記録しました。

≫ 教育

江戸中期以降、諸藩は**藩士を教育するために藩校**をつくりました。庶民の教育のために郷学（郷校）をつくった藩もあります。岡山藩の池田光政は、藩校の花畠教場と郷学の**閑谷学校**をつくりました。民間でもさまざまな私塾がつくられました。**大坂の町人たちの出資によって設立された懐徳堂**では、朱子学や陽明学が町人に教えられました。ここに学んだ人物に、歴史や社会を**合理主義的に解釈**した富永仲基や**山片蟠桃**がいます。

町人たちの心をとらえた思想に、石田梅岩の**心学**があります。儒教道徳に仏教や神道の教えを取り入れて、**商業活動の正当性や町人の道徳を平易に説いた**ものです。弟子の手島堵庵・中沢道二らによって全国に広められました。

庶民向けには、読み・書き・そろばんを教える寺子屋がにぎわいました。教科書には、手紙形式の往来物などが使われました。

＊狂歌と川柳…狂歌は、五・七・五・七・七の短歌形式で社会や政治を皮肉ったのに対し、川柳は五・七・五の俳句形式で、世間のできごとなどを軽く風刺をきかせて詠んだ。

＊花畠教場…近年、池田光政に招かれた熊沢蕃山がつくった私塾という説が強まっている。

≫ 学問

◆国学

儒教や仏教などの外来思想が伝来する前の、**日本古来の道を明らかにしようとする学問を国学**といいます。契沖（● P.32）の流れをくむ荷田春満や賀茂真淵らによって古典研究を進め、『古事記伝』をあらわした本居宣長が国学を大成しました。同じころ、幕府の援助をうけて和学講談所を設け、**日本の古典を収集**した国学者に**塙保己一**がいます。塙は盲目ながらも、『群書類従』を編纂しました。本居宣長の死後、その影響をうけた平田篤胤が復古神道をとなえました。日本古来の純粋な信仰を尊ぶもので、豪農層などに広まりました。

おもな著作

国学	古事記伝（本居宣長）
	群書類従（塙保己一編）
蘭学	解体新書（前野良沢・杉田玄白ら）
	蘭学事始（杉田玄白）
	蘭学階梯（大槻玄沢）
	ハルマ和解（稲村三伯）
	暦象新書（志筑忠雄）

◆蘭学

享保の改革で漢訳洋書の輸入の禁が緩和されると、蘭学（洋学）が発展しました。前野良沢と**杉田玄白**らは『ターヘル＝アナトミア』を翻訳し、苦心の末『**解体新書**』を完成しました。2人の弟子の**大槻玄沢**は、蘭学入門書の『蘭学階梯』をあらわしたほか、江戸に私塾の芝蘭堂をひらき、太陽暦のお正月を祝ったりしました。玄沢の弟子の稲村三伯は、日本初の蘭和辞書『ハルマ和解』をつくりました。蘭学塾には、オランダ商館医師のドイツ人シーボルトが長崎にひらいた鳴滝塾や、緒方洪庵が大坂にひらいた適塾（適々斎塾）があります。いっぽう幕府は、天文方に翻訳のための**蛮書和解御用**を

＊咸宜園（かんぎえん）…広瀬淡窓（たんそう）が豊後日田（ぶんごひた）に開いた、儒学系の私塾。全国から多くの門人が集まった。

おきました。

　このほかの蘭学者には、西洋科学を学んでエレキテル（摩擦起電器）をつくった平賀源内や、『暦象新書』をあらわしてニュートン力学を紹介した志筑忠雄がいます。「鎖国」という言葉は、この志筑忠雄がケンペルの『日本誌』の一部を『鎖国論』として訳した際に生まれたとされています。

◆**思想**

　幕府や諸藩が財政難に苦しむと、政治や経済さらには社会体制の改革を主張する人びとがあらわれました。海保青陵は藩専売をとなえ、本多利明は貿易によって国を富ませることを主張しました。安藤昌益は封建制を批判し、万人が直耕することを理想としました。

❶おもな著作

稽古談（海保青陵）
経世秘策（本多利明）
自然真営道（安藤昌益）
新論（会沢安）

　天皇を尊ぶ**尊王論**をとなえる人びともあらわれました。**竹内式部**は京都の公家に尊王論を説き、**宝暦事件**で幕府に処罰され、**山県大弐**は『柳子新論』で尊王論をとなえ、**明和事件**で幕府に処罰されました。2人とも幕府を批判したことが悪かったのですが、尊王をとなえても処罰されなかった思想があります。将軍（幕府）は、天皇から政治を任されているととらえた**水戸学**です。水戸藩の藩校の弘道館をつくった藤田東湖や、『新論』をあらわした会沢安（正志斎）らの考えは、幕末の尊王攘夷運動に大きな影響をあたえました。

＊シーボルト事件…1828年、シーボルトが帰国の際に最新の日本地図をもち出そうとしていたことが発覚し、国外追放となった事件。地図をわたした天文方の高橋景保も処罰された。

≫ 生活

　農民の生活水準は向上し、端午や七夕などの五節句や、彼岸会・盂蘭盆会などの行事がもよおされました。農村には60日に1度の庚申の日の夜に、長生きを願って徹夜する信仰もありました。この組織を庚申講といいます。また、庶民のあいだでも湯治や物見遊山の旅がおこなわれ、伊勢神宮や善光寺への寺社参詣のほか、聖地や霊場をめぐる巡礼がさかんでした。「名所図会」とよばれるガイドブックも出版されました。約60年周期におこった**伊勢神宮**への集団参詣は、**御蔭参り**とよばれます。

＊遊び(の)日…江戸時代の村社会にあった休日。五節句やさまざまな神事の日に仕事を休んだ。

第⓭講
明治の文化

> **この講のポイント**
> 明治時代の文化は、新政府が先頭に立って西欧文化を取り入れることで花ひらきました。

≫ 宗教

　新政府はこれまでの**神仏習合を否定**し、1868年に**神仏分離令**を出しました。これをうけ、各地で**寺院や仏像を破壊**する**廃仏毀釈運動**がおこりました。政府はさらに**大教宣布の詔**を発し、**神道の国教化**を進めました。このため仏教は衰退しましたが、**島地黙雷**らは**仏教の復興・再建**につとめました。

　大学入試では、神仏分離令と廃仏毀釈運動がすごくよく出るよ！

　キリスト教は五榜の掲示で禁止されたため、浦上信徒弾圧事件がおこりました。しかし、外国からの強い圧力をうけたため、黙認せざるをえなくなり、やがて熱心に布教する人たちもあらわれました。ヘボンはローマ字をつくり、それで『和英語林集成』という辞書を編纂しました。

ちょっと補足

※神道国教化政策…1869年の版籍奉還の際、明治政府は「祭政一致」の方針で神祇官（じんぎかん）をおいた。大教宣布の詔を発したのはその翌年。

>> 思想

明治初期に**明六社**などが啓蒙思想（●本編P.240）を広めたあと、清国との緊張が高まった**明治20年代**には、**国家主義思想が台頭**しました。次の4人の主張が代表的です。

●国家主義思想

主　　義	中心人物	団体名	雑誌・新聞
平　民　主　義	徳富蘇峰	民友社	雑誌『国民之友』
国粋保存主義	三宅雪嶺	政教社	雑誌『日本人』
国　民　主　義	陸羯南	－	新聞『日本』
日　本　主　義	高山樗牛	－	雑誌『太陽』

民友社は『国民之友』の「民」と「友」をとったネーミングだよ。

平民主義をとなえた**徳富蘇峰**は、はじめは政府による欧化政策に反対していましたが、日清戦争を機に国家主義に転じ、海外膨脹論をとなえました。国粋保存主義をとなえた**三宅雪嶺**も、日本の伝統を重んじて、極端な欧化政策を批判しました。

>> 教育

新政府は人材育成のため、教育制度の改革にも取り組みました。まず文部省を設置して、1872年に**学制**を発布しました。フランス式の教育制度をモデルに、**国民皆学の方針**をうたったものです。ところが、学校の建設費や授業料が民衆の負担とされたため、「皆学」が実現できないどころか、反対一揆までおこるしまつでした。そこで1879年、学制を廃止して教育令を定め、自由主義的な教育制度にあらためました。しかしこれも改められ、結局1886年、初代文部大臣

＊女子教育…女学校などで良妻賢母（りょうさいけんぼ）の育成をめざす女子教育がおこなわれた。女性の教員を養成するための女子師範学校もつくられた。

森有礼によって**学校令**が制定され、ようやく学校制度が体系的にととのったのです。義務教育は小学校の4年間とされました。

その後、1890年に**忠君愛国の精神**を教育の基本とする**教育勅語**が発布されました。教育勅語は学校行事の際に読まれましたが、教師であった内村鑑三はキリスト教徒としての良心からこれに最敬礼をせず、周囲から攻撃されて教壇を追われました。同じような事件として、明治末期に帝大教授の**久米邦武**が辞職に追いこまれた事件があります。久米は「**神道は祭天の古俗**」という神道に批判的な**論文**を書き、神道家から攻撃されたのです。

1903年には、小学校教科書に国定教科書制度が採用され、教育に対する国家の統制が強まりました。そして日露戦争後の1907年には、義務教育の年数が4年から6年に延長されました。このころには授業料の問題もクリアして、就学率は90%をこえました。

現在大学とよばれている教育機関には、官立の東京帝国大学などの帝国大学が各地につくられるとともに、私立学校もつくられていきました。おもな私立学校には次のものがあります。

❶明治時代に創設されたおもな私立学校

学校名	創立者	現在の名称
慶応義塾	福沢諭吉	慶応義塾大学
同志社英学校	新島襄	同志社大学
東京専門学校	大隈重信	早稲田大学
女子英学塾	津田梅子	津田塾大学

≫ 学問

明治時代の学問は、はじめは御雇外国人としてまねいた多くの学者から学ぶ形ではじまりました。やがて日本人独自の研究がおこなわれ

＊御雇外国人…法律顧問のボアソナード（仏）やロエスレル（独）をはじめ多数いた。東大で医学を教えたドイツ人ベルツがあらわした『ベルツの日記』は、明治期の日本がわかる重要な資料となっている。

るようになり、自然科学の分野では次の業績がのこされました。

❶科学技術上の業績

人　物　名	業　　　績
北里柴三郎	破傷風の血清療法確立。伝染病研究所設立。ペスト菌の発見。
志賀潔	赤痢菌の発見。
高峰譲吉	アドレナリンの抽出。タカジアスターゼの創製。
鈴木梅太郎	オリザニン（ビタミンB_1）の抽出。
田中館愛橘	日本全国の地磁気測定。
長岡半太郎	原子構造の理論。
大森房吉	地震計の考案。

>> 美術

◆絵画

　明治政府は、はじめ工部美術学校を設立し、フォンタネージらの外国人教師に西洋美術を教授させました。ここに学んだ浅井忠は油彩画『収穫』を描き、明治美術会という洋画団体を結成しました。しかし、洋画の主流となったのはライバルの白馬会です。白馬会は、フランス印象派の画風を学んだ黒田清輝が結成した団体で、黒田は『湖畔』や『読書』をのこしました。

　いっぽう、日本美術に目を向けた御雇外国人もいました。フェノロサです。フェノロサは岡倉天心とともに古社寺の調査をおこない、**日本の伝統美術の保存と復興**を説きました。2人は、1887年に日本美術に重点をおく東京美術学校を設立しました。これに協力した日本画家として、『悲母観音』を描いた狩野芳崖や『竜虎図』を描いた橋本雅邦がいます。のちに岡倉天心と橋本雅邦は日本美術院

＊田口卯吉(たぐちうきち)…ヨーロッパの文明史論を学んで『日本開化小史(にほんかいかしょうし)』をあらわした。

を結成しますが、ここで活躍した日本画家に『生々流転』を描いた横山大観がいます。

◆建築

明治初期には、第一国立銀行や開智学校といった和風建築に西洋風を取り入れた建築物が、意欲的な日本人によってつくられました。その後、イギリス人御雇外国人の**コンドル**によって本格的な西洋建築がもたらされ、**鹿鳴館**や**ニコライ堂**が建設されました。コンドルのもとからは、辰野金吾や片山東熊らが育ちました。

❶おもな美術作品

建築	鹿鳴館・ニコライ堂（コンドル） 日本銀行本店（辰野金吾） 赤坂離宮（片山東熊）
彫刻	老猿（高村光雲）
絵画	『悲母観音』（狩野芳崖） 『収穫』（浅井忠） 『湖畔』・『読書』（黒田清輝） 『龍虎図』（橋本雅邦） 『生々流転』（横山大観）

>> 文芸

明治時代の文学は、大きな流れを次のようにとらえましょう。

明治初期には江戸時代の大衆文芸である戯作文学がまだ人気を保ち、仮名垣魯文の『安愚楽鍋』などが書かれました。その後、自由民権運動がさかんになる中で政治小説も書かれるようになりました。矢野龍渓の『経国美談』などがあります。明治20年前後になると、坪内逍遙が『小説神髄』を発表し、人間の内面や世相を写実的にあらわすことの重要性を訴えました。これにこたえて書かれたのが、二葉亭

※俳句…正岡子規は俳句雑誌『ホトトギス』を創刊し、俳句の革新運動をおこした。その門下の伊藤左千夫は、短歌雑誌『アララギ』を創刊した。

四迷の言文一致体による小説『浮雲』です。尾崎紅葉らの硯友社も写実主義をとなえました。

日清戦争前後には、感情や個性といった精神世界を重んずるロマン主義文学がさかんとなりました。北村透谷らが創刊した『**文学界**』が中心となり、樋口一葉の『たけくらべ』や森鷗外の『舞姫』などが代表的作品です。しかし**日露戦争前後**になると、**人間社会の現実をありのままに描く自然主義文学**が主流となりました。島崎藤村があらわした被差別部落出身の青年教師を主人公とする小説『破戒』のほか、田山花袋や長塚節らの作品があります。

こうした自然主義に対し、夏目漱石は知識人の苦悩する内面を描き、石川啄木は貧窮の中で社会主義思想を盛りこんだ詩を書きました。

●おもな文学作品

安愚楽鍋（仮名垣魯文）
経国美談（矢野龍溪）
小説神髄（坪内逍遙）
浮雲（二葉亭四迷）
舞姫（森鷗外）
五重塔（幸田露伴）
にごりえ（樋口一葉）
不如帰（徳冨蘆花）
破戒（島崎藤村）
蒲団（田山花袋）
土（長塚節）
吾輩は猫である（夏目漱石）
一握の砂（石川啄木）

>> 演劇・音楽

演劇界では、歌舞伎が人びとに親しまれました。明治初期には河竹黙阿弥が新しい作品を発表し、明治中期には9代目市川団十郎らが活躍した団菊左時代を迎えました。これに対し、川上音二郎らは民権思想を盛りこんだ壮士芝居を演じ、やがて新派劇に発展しました。日露戦争後には、坪内逍遙がつくった文芸協会や、小山内薫と2代目市川左団次がつくった自由劇場などが、西洋の近代劇を翻訳・上演しました。これらは新劇とよばれました。

正誤でチェック!

次の文の正誤を判定し、正しければ**正**、誤りなら**誤**と答えなさい。
日露戦争後から大正期に、北村透谷らが、『文学界』を創刊した。
誤 日露戦争後から大正期ではなく、日清戦争前後の時期。

46 別冊 文化史編

　音楽教育でも西洋文化が取り入れられ、西洋音楽をもとにした唱歌が小学校の教育に用いられました。やがて東京音楽学校も設立され、そこに学んだ滝廉太郎は、『荒城の月』や『花』などの美しい曲をつくりました。いっぽう山田耕筰は、大正期に日本ではじめて結成されたオーケストラを指揮しました。

ちょっと補足

＊三浦環（たまき）…オペラ『蝶々夫人（ちょうちょうふじん）』で欧米の歌劇に出演した、国際的なソプラノ歌手。

第14講
大正・昭和初期の文化

> **この講のポイント**
> 大正時代から昭和初期にかけての文化は、大正デモクラシーの影響をうけた大衆文化となりました。ほとんどの国民が文字を読めるようになる中で、新聞・雑誌をはじめとするマス＝メディアが急速に発達したからです。

≫ 大衆文化

このころ新聞の中には、発行部数100万部をこえるものがあらわれました。雑誌も総合雑誌の『中央公論』や『改造』に大衆雑誌の『キング』が創刊され、多くの読者を獲得しました。また、1冊1円の**円本**とよばれる安い文学全集が大流行し、大量出版の時代が到来しました。1925年からは**ラジオ放送**がはじまり、日本放送協会（NHK）が設立されました。映画は明治時代からありましたが、音のない無声映画で、昭和に入るとトーキーとよばれる音がついた映画がつくられるようになりました。これらは人びとを大いに楽しませました。

このあたりのできごとは、時期が問われることが多いよ！

＊大新聞（おおしんぶん）と小新聞（こしんぶん）…新聞には政治評論を中心とする大新聞と、江戸時代のかわら版の系譜を引く娯楽中心の小新聞があった。

>> 生活

　都市の発達により、人びとの生活が大きく変わりました。郊外には**水道やガスを完備**した和洋折衷の**文化住宅**がつくられ、**電灯**に照らされたちゃぶ台を囲む一家団欒の姿がみられるようになりました。ふだんは着物でも、外出時には洋服を着て出かける人が増え、休日には百貨店（デパート）が買い物客でにぎわいました。食事には、カレーライスやトンカツなどの洋食が広まりました。

　大都市では俸給生活者（サラリーマン）が増え、**タイピストや電話交換手**など、新しい職場に進出した女性は、**職業婦人**とよばれました。東京・大阪などの大都市では、鉄筋コンクリートのビルが建ち並ぶようになり、市電やバス（乗合自動車）が発達しました。

>> 大正デモクラシー

　大正デモクラシーを理論的に支えたのは、**民本主義**と**天皇機関説**でした。**吉野作造**がとなえた民本主義は、「政治の目的を一般民衆の福利におくべきだ」とする考えです。つまり政治をおこなう主体がたとえ君主であっても、政治は大勢の国民の幸せを重んじておこなうべきだというのです。こう考えれば、たとえ**主権在君の国家体制であっても、矛盾なく通用する**ところがミソなのです。そのために必要なものは、多数の国民が政治に参加できる普通選挙と、その結果当選した多数党による政党内閣となります。

　いっぽう**美濃部達吉**の天皇機関説は、天皇には万能無制限な権力が認められているわけではないとする憲法学説です。実は明治憲法には「天皇の統治権は憲法の制約をうける」という条文があるいっぽう、「すべて法律は帝国議会の協賛を経なければならない」ともある

＊モボ・モガ…流行の最先端を行くモダンボーイ・モダンガールの略。モガは髪を短くした洋装の女性。
＊『中央公論』…吉野作造の論文を掲載するなど、大正デモクラシーをリードした。

のです。ということは、天皇は好き放題に法律をつくれません。単純に天皇に主権があるとはいい切れないのです。そこで美濃部達吉は、**国家を法人ととらえて、国家に主権がある**と解釈したのです。これなら政策を決定するのは天皇ではなく、議会の多数派を基盤とする政党内閣だといえるのです。吉野が黎明会をつくって知識人に対して思想的影響をあたえると、吉野の指導のもとで東大の学生たちは新人会をつくりました。

>> 教育・学問

高等教育の拡充に力をいれた原敬内閣は、1918年に**大学令**を公布して、公立・私立大学を認めました。児童の教育では、**子どもの個性や自発性を重んじる自由教育運動**がさかんになり、綴方（作文）教育運動などが広がりました。**鈴木三重吉**が創刊した児童雑誌『**赤い鳥**』には、童話と童謡が掲載されて児童文学が発展しました。

人文科学の分野では、経済学者の**河上肇**が、人びとのあいだに広がる経済格差の問題をとらえて『**貧乏物語**』をあらわし、以後、**マルクス主義経済学**に傾倒していきました。**マルクス主義**は社会主義経済となることを必然とする考えで、野呂栄太郎らもその立場で『日本資本主義発達史講座』を編纂しました。

哲学では、西田幾多郎が西洋哲学と禅などの東洋思想を融合した新たな哲学を開き『善の研究』をあらわしました。歴史学では、『神代史の研究』をあらわした**津田左右吉**が、『古事記』『日本書紀』の研究に大きな成果をあげましたが、**日中戦争がはじまると、不敬として著書が発禁処分**となりました。このほか**柳田国男**が、**民間伝承を調査・収集する日本民俗学**を確立しました。

次の文の正誤を判定し、正しければ㊣、誤りなら㊤と答えなさい。
民本主義とは、国家の主権は人民にあるという考え方である。
㊤　民本主義は、民主主義とは違って人民に主権があると主張していない。主権在君を認めるところに特徴がある。

自然科学の分野では、次の業績がありました。

❶科学技術上の業績

分　野	人　物　名	業　績
物理学	本多光太郎	KS磁石鋼の発明。
電気工学	八木秀次	超短波用アンテナの発明。
細菌学	野口英世	黄熱病の研究。

≫ 文芸

　文学では、武者小路実篤、志賀直哉、有島武郎らの雑誌『白樺』に集まった白樺派が、人道主義的な作品を発表しました。ほかに永井荷風・谷崎潤一郎ら耽美派や、芥川龍之介・菊池寛らの新思潮派、横光利一・川端康成らの新感覚派が活躍しました。中里介山の『大菩薩峠』は、新聞に連載されて**大衆文学**の地位を築きました。1920年代には**労働者の過酷な生活などを描いたプロレタリア文学**もあらわれ、雑誌『種蒔く人』や『戦旗』に発表されました。代表的な作家に『太陽のない街』をあらわした**徳永直**や、『蟹工船』をあらわした**小林多喜二**がいます。

❶おもな文学作品

白樺派	暗夜行路（志賀直哉）
	或る女（有島武郎）
耽美派	腕くらべ（永井荷風）
	刺青（谷崎潤一郎）
新思潮派	羅生門（芥川龍之介）
新感覚派	伊豆の踊子（川端康成）
プロレタリア文学	太陽のない街（徳永直）
	蟹工船（小林多喜二）
大衆文学	大菩薩峠（中里介山）

　演劇では、島村抱月が女優の松井須磨子と芸術座をおこし、小山内薫と土方与志らは築地小劇場を設立しました。また、宝塚少女歌劇が設立され多くの観客を集め、喜劇俳優として榎本健一（エノケン）が

ちょっと補足

＊竹久夢二（たけひさゆめじ）…雑誌のさし絵などを描いた画家。もの憂い表情の美人画が一世を風靡（ふうび）した。

人気を得ました。

🗐 戦時中の文化

戦時中は戦意を高揚する映画や文学が国民に提供されました。文学界では、日本文学報国会が組織され、文学活動による戦争への協力がおこなわれたのです。画家を戦地に派遣して、戦争画を描かせることもありました。日中戦争を扱った戦争文学に、火野葦平の『麦と兵隊』や石川達三の『生きてゐる兵隊』があります。また、軍隊生活を風刺の笑いとともに描いた漫画『のらくろ』が、人気を集めました。

このあたりは日本史 A で出題される内容なんだ。

===

次の文の正誤を判定し、正しければ㊣、誤りなら㊙と答えなさい。
大正デモクラシーの時期には、プロレタリア文学として、小林多喜二の『太陽のない街』が発表された。
㊙ 小林多喜二ではなく徳永直。

第15講
戦後の文化

🗨 この講のポイント

敗戦直後はアメリカの占領下におかれて、映画や音楽などの大衆文化はアメリカの影響を受けました。やがて高度成長がはじまると、大量消費・使い捨ての文化が広がりました。

≫ 戦後の文化

　映画では、黒澤明が監督した映画『羅生門』が国際的にも高く評価されました。解放感あふれる「リンゴの歌」が流行し、庶民生活を描いた漫画『サザエさん』の新聞連載がはじまりました。
　学問の分野では、1949年に**湯川秀樹**が日本人としてはじめて、**ノーベル物理学賞**を受賞し、国民に明るい希望をあたえました。しかし同じ年、法隆寺金堂壁画が焼損したため、これをきっかけに翌年、**文化財保護法**が制定されました。文学では、大岡昇平が戦争体験にもとづいた文学作品を発表しました。

≫ 高度成長期の文化

　1953年に**テレビ放送**がはじまると、大量の情報が一般家庭に伝えられるようになるとともに、テレビが大衆娯楽とマスコミの中心と

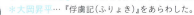

＊「リンゴの歌」…並木路子(なみきみちこ)が歌った流行歌。
＊大岡昇平…『俘虜記(ふりょき)』をあらわした。

なりました。プロ野球がテレビ中継され、長嶋茂雄などが人気スターとなりました。手塚治虫の漫画『鉄腕アトム』がアニメ化されると、子どもたちをテレビにくぎづけにしました。

　1964年には、アジアではじめての**オリンピック**が**東京**で**開催**されるのに合わせて、東京・新大阪間に**東海道新幹線**が開通しました。翌年には、名古屋・神戸間に名神高速道路が開通し、輸送の高速化が進みました。1970年には大阪で、日本万国博覧会が開催され、シンボルとして太陽の塔がたてられました。

東京オリンピックはすごくよく出るよ。

＊高松塚古墳壁画…1972年に奈良県明日香村で発見され、その保存がはかられた。